马克思主义基本原理概论
辅助读本

闫晓峰　王京香　任　斌　主编

知识产权出版社

全国百佳图书出版单位

内容提要

　　马克思主义基本原理概论辅助读本主要是为学生学习马克思主义基本原理概论提供参考与补充。本书主要是与马克思主义基本原理概论相结合帮助学生解决在校学习的不同时期、不同学习任务所面临的关键性问题。并为学生考研提供实操性的帮助。本书作为德育校本教学的教师和学生的共同用书，既可以作为教师备课的参考用书，也可以供学生课上学习和课外阅读，同时还可以作为课堂练习册使用。书中所设栏目形式多样，内容丰富，教师在使用时可灵活掌握。

责任编辑：于晓菲　　　　　　　　　　　　**责任出版：刘译文**

图书在版编目（CIP）数据

　　马克思主义基本原理概论辅助读本/闫晓峰，王京香，任斌主编. —北京：知识产权出版社，2013.11

　　ISBN 978-7-5130-2396-2

　　Ⅰ.①马… Ⅱ.①闫…②王…③任… Ⅲ.①马克思主义理论—研究生—入学考试—自学参考资料 Ⅳ.①A81

　　中国版本图书馆 CIP 数据核字（2013）第 263475 号

马克思主义基本原理概论辅助读本
MAKESI ZHUYI JIBEN YUANLI GAILUN FUZHU DUBEN

闫晓峰　　王京香　　任　斌　主编

出版发行：	知识产权出版社		
社　　址：	北京市海淀区马甸南村 1 号	邮　　编：	100088
网　　址：	http://www.ipph.cn	邮　　箱：	rqyuxiaofei@163.com
发行电话：	010 - 82000893 转 8101	传　　真：	010 - 82005070/82000893
责编电话：	010 - 82000860 转 8363	责编邮箱：	yuxiaofei@cnipr.com
印　　刷：	保定市中画美凯印刷有限公司	经　　销：	新华书店及相关销售网点
开　　本：	720mm×960mm　1/16	印　　张：	17.5
版　　次：	2014 年 1 月第 1 版	印　　次：	2014 年 1 月第 1 次印刷
字　　数：	310 千字	定　　价：	49.00 元

ISBN 978-7-5130-2396-2

主　　编　闫晓峰　王京香　任　斌

本书顾问　齐再前　潘宏波

前　言

    《马克思主义基本原理概论》是我校面向所有本科专业学生开设的一门高校政治理论公共课、必修课。其内容包括：马克思主义哲学、政治经济学和科学社会主义三个组成部分。本课程的目的是对学生进行系统的马克思主义理论教育，帮助学生掌握马克思主义的世界观和方法论，树立马克思主义的人生观和价值观，学会用马克思主义的世界观和方法论观察和分析问题，培养和提高学生运用马克思主义理论分析和解决实际问题的能力。

    作为北京联合大学的精品建设课程，编写此教材的目的，是希望学生通过学习，对课堂的学习效果加以巩固、对学生参加未来考核和更高层次考试奠定基础。为此，我们为我校学生编写了《马克思主义基本原理概论辅助读本》。本书在编写过程中，严格遵循教育部《马克思主义基本原理概论教学大纲》要求，注重从教材体系向教学体系的转化，在尊重《马克思主义基本原理概论》教材逻辑体系的基础上，对教材内容进行适当归纳、阐释，以案例和题库的方式丰富教材、补充教材。帮助学生做到理论学得懂，重点抓得住，实例能分析，实践能运用。在内容的选择上，做到抓住精髓，突出重点，知识点清晰明确；在案例选择上，做到贴近实际，贴近生活，贴近学生；在习题布置上，做到既满足日常教学需要，又能让学生有所提升。内容基本覆盖了"马克思主义基本原理概论"的主要观点、重要原理、包含了基本的考核知识点，同时又能够提高学生的实际应用能力。本书编著的具体分工是：绪论、第二章、第六章、第七章由任斌撰写；第一章、第四章、第五章由闫晓峰撰写；第三章由王京香撰写。最后，全书由闫晓峰统编修改审阅。

    我们希望能够通过我们的努力，为《马克思主义基本原理》课程的建设和发展做出努力。在本书编著的过程中，参考并引用了国内相关专家学者和教师的相关研究成果，在此深表谢意。由于本书编著者水平有限，书中难免有不当之处，恳请相关专家学者、广大教师和读者批评指正。

编　者

2013 年 9 月

目　录

绪论 马克思主义是关于无产阶级和人类解放的科学

【明确学习目标】

1. 学习目标概述

（1）从总体上了解和把握什么是马克思主义。

（2）为什么学习马克思主义、怎样学习马克思主义。

2. 重点掌握

本章重点：

（1）马克思主义是关于无产阶级和人类解放的科学；

（2）马克思主义在19世纪40年代产生的必然性；

（3）马克思主义是对人类文明成果的继承与创新；

（4）马克思主义发展的阶段和成果；

（5）马克思主义科学性与革命性的统一；

（6）马克思主义是行动的指南，努力学习、运用和发展马克思主义。

本章难点：

（1）关于马克思主义经典作家对马克思主义科学内涵的论述问题；

（2）关于对马克思主义科学内涵的进一步解读问题；

（3）关于如何把握马克思主义的理论体系的问题；

（4）关于对马克思主义曲解的两种主要表现的分析；

（5）关于马克思主义的理论品质和精髓问题；

（6）关于马克思主义的发展历程及其规律问题。

【教师导航分析】

本章逻辑概述

第一节　马克思主义的产生和发展

1. 马克思主义产生于19世纪40年代中期。

2. 马克思主义作为工人阶级和人类解放的科学包括马克思主义哲学、政治经济学和科学社会主义在内的统一整体。

3. 对马克思主义的形成产生最直接、最重大影响的，是德国古典哲学、英国古典经济学和19世纪的英法两国的空想社会主义学说。

德国古典哲学：黑格尔的辩证法（唯心主义）、费尔巴哈（唯物主义）。

英国古典经济学：威廉·配第、亚当·斯密、大卫·李嘉图。

英法两国的空想社会主义：圣西门、傅立叶、欧文。

4. 细胞学说、能量守恒和转化定律与生物进化论这自然科学的三大发现，为整个马克思主义的形成提供了坚定的自然科学基础。

5. 标志马克思主义基本形成的著作《关于费尔巴哈的提纲》、《德意志意识形态》一书。

6. 《哲学的贫困》、《共产党宣言》，则标志着马克思主义的公开问世。

7. 中国特色社会主义理论体系包括邓小平理论、"三个代表"重要思想以及科学发展观等重大战略思想在内的科学理论体系。

第二节　马克思主义科学性与革命性的统一

1. 马克思主义是关于工人阶级和人类解放的科学。如何正确理解马克思主义的科学内涵？

第一，马克思主义是马克思、恩格斯共同创立的。

第二，马克思主义不仅包括它的创始人马克思、恩格斯的理论，而且包括它的继承人的理论，特别是列宁、毛泽东、邓小平等人的理论。

第三，列入马克思主义范畴的理论，必须是在基本观点、基本立场、基本方法、价值取向等方面与马克思、恩格斯创立的理论前后相继、一脉相承，在本质上相一致的。

第四，马克思主义的各个组成部分，不是彼此孤立、互不联系的，而是组成一个具有内在逻辑联系的科学体系，其中马克思主义哲学是科学的世界观和方法论，政治经济学是马克思义的理论基础，处于核心地位的则是科学社会主义理论。

2. 马克思主义的根本理论征是以实践为基础的科学性和革命性的统一。

实践的观点是马克思主义的基本观点，是马克思主义的出发点和归宿。

3. 与时俱进是马克思主义的理论品质。

4. 就理想的内容来划分，有生活理想、职业理想、道德理想、社会理想，社会理想是最根本的、全部理想的核心。

马克思主义最高的社会理想，就是推翻资本主义、实现共产主义。

共同理想是实现最高理想的必经阶段和必要基础。

实现共同理想，必须坚持以最高理想为根本方向。

第三节　学习、运用和发展马克思主义

学习马克思主义的目的：

第一，树立正确的世界观、人生观、价值观。

第二，掌握认识世界和改造世界的伟大工具。

第三，全面提高人的素质。理论联系实际是学习马克思主义的根本方法。

我国今天所面临的最大的社会实际，就是我国正处于并将长期处于社会主义初级阶段。

要做到理论联系实际，在实际工作中必须反对经验主义和教条主义两种倾向。

实际工作中的经验主义片面夸大感性经验的作用，轻视理论，把局部经验当作普遍真理，到处搬用。

教条主义片面夸大理论和书本知识的作用，轻视感性经验一切从本本出发，把理论当成万古不变的教条，生搬硬套。

【观点案例点评】

案例1　错死了人？抄错了文？

魏代邯郸淳的《笑林》有这样一则笑话："东家丧妻母，住祭，托馆师撰文，乃按古本误抄祭妻父者与之。识者看出，主人大怪馆师。馆师曰：'古本上是刊定的，如何会错？只怕是他家错死了人。'"那么，究竟是"他家错死了人"还是书本上刊定的祭文有错误呢？显然两者都不错，错就错在书本上刊定的条文款式男女有别，有的用以吊唁男的，有的用以吊唁女的！而这个代书祭文的馆师不问死者是男是女，照着它抄一篇完事。在他看来，"古书上是刊定的，如何会错？"不是我馆师抄错了文，而是他家"错死了人"！

观点案例点评：

这则笑话的"醒人"之处，就是它给我们提出了一个如何对待书本理论和客观实际的关系问题。辩证唯物论的真谛和基本原则，就是坚持从实际出发，理论联系实际，这是我们对待书本知识的正确态度。与之相对的形而上学，则割裂理论与实际的关系，要么否认理论的指导作用，要么夸大理论的指导作用。在这则笑话里，表现为"唯书"是从，把书本知识看作是"万灵仙丹"，似乎只要得到了它，就可以不费吹灰之力而包治百病，这是现实中的教条主义。

案例2　远未成为历史的马克思

镜头1　马克思被西方媒体评为"千年风云人物"

《光明日报》1999年12月30日载：在千年交替之际，西方媒体最近纷纷推出自己评选的千年风云人物，马克思主义的创始人、无产阶级的伟大导师卡尔·马克思在多家西方媒体评选千年风云人物的活动中名列第一或第二。

在英国广播公司进行的一次网上民意测验中，卡尔·马克思被评为千年思想家，高居榜首，得票率分别高于名列第二、第三和第四的相对论的创立者爱因斯坦、万有引力的发现者牛顿和进化论的提出者达尔文。马克思（1818～1883）于1848年与恩格斯一道发表了科学共产主义的纲领性文件《共产党宣言》，并于1867年出版了他的不朽巨著《资本论》的第一卷。马克思关于无产阶级革命的伟大学说成了世界各国无产阶级运动的指南。《共产党宣言》迄今已用200多种语言出版，是全球公认的"传播最广的社会政治文献"。

在路透社评选千年风云人物的活动中，马克思仅以一分之差名列第二。路透社在报道评选结果时说，"马克思的《共产党宣言》和《资本论》对过去一个多世纪全球的政治和经济思想产生了深刻的影响"。在路透社邀请34名、来自各国政界、商界、艺术界和学术界专家名人进行的这次千年人物评选中，名列第一的是爱因斯坦。

镜头 2　马克思被德国民众评为"最伟大的德国人"

2003 年 9 月，德国德意志电视二台进行了一项为期三个月名为"最伟大的德国人"的调查。前东德地区大都将选票投给了共产主义理论的奠基人卡尔·马克思，而人口占据多数的前西德地区则主要将选票投给了第二次世界大战后西德的第一位总理康拉德·阿登纳。11 月 28 日公布的最终的投票结果是：西德战后第一位总理康拉德·阿登纳位居第一，1517 年欧洲宗教改革运动发起者、德国基督教新教创始人马丁·路德位居第二，位居第三的是共产主义理论的奠基人、《共产党宣言》的作者卡尔·马克思。前 3 名的得票总数为：阿登纳 57 万，马丁·路德 52 万，马克思 50 万。

二战结束后，德国饱经世界大战硝烟的洗礼，沦为战败国，百废待兴。阿登纳带领德国人民走出了二战的阴影，并创造了二战后复苏的"经济奇迹"。因此，阿登纳在德国民众中享有崇高的声望。

在投票的人看来，追求自由、公平社会的卡尔·马克思是最应受到敬仰的，马克思在东部的五个州获得了 40% 的投票，但在西部只获得了 3% 的投票，差距十分悬殊。

此次评选得到了德国民众的热烈响应，参加评选的人数达到 330 万，候选人也多达 1300 位。德国民众先是从这 1300 位候选人中选出了 100 名最伟大的德国人，然后从中评选出了 10 名最伟大的德国人，除了前面提到的三位外，另外七位是被纳粹屠杀的反希特勒战士索菲·斯谷尔和汉斯·斯谷尔、著名音乐家巴赫、发明西方印刷术的约翰斯纳·古登堡、"铁血首相"俾斯麦、物理学家爱因斯坦。

镜头 3　马克思被英国媒体评为"全球最伟大的哲学家"

2005 年 6 月，英国广播公司（BBC）广播四频道《在我们这个时代》栏目就"谁是现今英国人心目中最伟大的哲学家"展开调查。经过一个月的评选，7 月 14 日公布的调查结果显示，著有《共产党宣言》和《资本论》的伟大共产党人先驱、共产主义理论奠基人和杰出代表卡尔·马克思最终以 27.93% 的得票率脱颖而出，被评为世界上最伟大的哲学家。而排在第二位的是苏格兰哲学家大卫·休谟，他的得票率为 12.67%，以 6.8% 得票率位居第三位的则是伟大哲学家路德维希·维特根斯坦。柏拉图、康德、苏格拉底、亚里士多德等更是望尘莫及，黑格尔甚至没有进入前 20 名。

这次选举共有 3.4 万人投票，能够进入"十大"的全部都是西方哲学家。生于 20 世纪的"十大哲学家"，只有哲学家兼数理逻辑学家维特根斯坦，以及提出可否定原理的英国自然科学和社会科学的哲学家波普尔，数学家兼逻辑学家罗素，以及存在主义代表人物沙特在一个月前的初选虽然能够进入"二十大"，但最终未能在"十大"排行榜中占有一个席位。

值得一提的是，在BBC评选"最伟大的哲学家"过程中，英国《经济学家》杂志曾经号召其读者把马克思从候选名单上拉下，希望读者选休谟。《经济学家》认为马克思已经过时了，而资本主义是有效的，等等。但英国公众得出了自己的决断。很多人认为今天世界各处发生的一切并不能否定马克思，只能证实他写的内容。

马克思能够在英国这样一个老牌资本主义国家这么受欢迎，让发起这个评选的栏目主持人梅尔文·布拉格都深感吃惊。他认为：马克思似乎对全世人界的主要问题都给出了答案，他当选为最伟大哲学家有诸多因素，但是能够解释一切的理论是他夺冠的最重要原因。

观点案例点评：

20世纪末人类在公元纪年后经历的第二个千年即将过去，新的千年即将开始。正是在这样的时候，人们开始盘点过去的一千年。以千年为单位来评价人物，背景放大了，人物形象缩小了。在一千年的历史天空中，风云人物和思想大师如群星闪耀。马克思能被人们看作是其中最亮的一颗星辰，这是十分难得的，超出了许多人的想象。

值得注意的是，做出这样评价的不是东方社会主义国家的人们，而是西方资本主义国家的人们。这是耐人寻味的。西方是资本主义的故乡，也是马克思主义的故乡。资本主义经过几百年的发展，特别是第二次世界大战后的繁荣，现在的西方国家在许多方面比较成熟。但是，生活在那个社会的人们并没有失去基本的清醒。马克思接连在几次评选中胜出，就说明这一点。人们认识到，西方社会的若干进步，是马克思学说和工人斗争的结果。只要资本主义存在，马克思对资本主义的批判就不会过时。

马克思与马克思主义是有所区别的。西方有些人可能崇拜马克思，但并不赞同马克思主义。我们确实也不能因为这一评选结果，就简单的认为西方社会的大多数人都接受马克思主义。事实比这复杂得多。比如，西方人对马克思的热评，与社会民主党人在西方社会中影响的扩大有一定的关系。社会民主主义或民主社会主义当然不是科学社会主义，但它毕竟也受到马克思的影响，并把马克思作为自己重要的思想领袖。现代西方人能够接受多少马克思主义，那是他们的事，但他们这样崇敬马克思，这至少间接地表明了马克思和马克思主义在西方社会的影响，表现了马克思主义在当代世界的生命力。

案例3　马克思主义创始人的人格魅力与马克思主义的产生

镜头1　马克思素描

他，中等身材，双肩结实而宽阔，前额宽大而优美，眼睛炯炯有神，用一位监视过他的密探的话说，"闪烁着超自然的魔力"。

他两颊长满又密又黑的胡子，头发蓬松，犹如披着狮鬃。这种面色黝黑的印象使他有了"摩尔"这个绰号，而那些并不比他年轻多少的朋友们，也因此叫他"马克思老爹"。

他的动作并不灵巧，却豪迈自恃。

像孔子一样，与身长相比，他两腿略短。这是犹太人和中国人常见的情形。名符其实的"坐着的巨人"：他不仅为了写书而经常坐着，而且在坐着的时候显得身材更高一些。

他，是个读书人，喜欢啃书本，自称"吃书的机器"。

因而就有了"出奇的渊博"，他的大脑像待发的军舰，准备随时开向任何思想的海洋。但是，只要还有一本有价值的相关的书没有看，就决不动笔，这是他的"理论良心"。

他习惯通宵工作，常常连续写作三十小时，然后给朋友写信说，我已经被写作激情，甚至"高度的"激情所控制。

他为无产者留下了《资本论》，留下了大量光辉的著作。他的任何一本书，都足以使他名垂史册。

他还是这样一位罕见的思想家，手稿与著作有同样的价值，而且比著作引起更大轰动。

他以自己的思想哺育了两个半球的工人运动，而以他的名字命名的思想体系至今仍是世界上一种重要的力量。

他鄙视空谈家和幻想家。

在他身上，思想家和实践家融为一体，他渴望革命风暴，认为它能把庸人情绪一扫而光。

他是世界无产阶级的领袖，是最早的工人阶级政党的倡导者、组织者和领导者。

恩格斯说，在和平的时期，事变证明有时正确的是我，而在革命时期，马克思则几乎不出错。他能迅速地抓住刚刚发生的事件的本质和趋势。

他的声音铿锵有力，不愧是人们的首领，是制定准则、左右全局的人。

他讲话时爱用生动的手势加以强调。

他发表的演说简洁而有条理，逻辑性很强。他决不浪费笔墨，一字一句都有深刻的涵义。

更不用提他那无情讽刺的才能了，从早年起就令他的对手胆战心惊。

他，待人接物完全不顾人间的繁文缛节。

他真诚朴实，不善于作假和伪装，在需要讲究礼节而必须掩饰情感的场合，这个十分刚强和高傲的人会像小孩子一样手足无措，常令他的朋友们发笑，——而他的妻子真的管他叫“我的大孩子”。

他是有趣的谈话伙伴，有“充分涌流”的幽默和风趣。他也喜欢享受生活的乐趣，不论是一片美丽的风景和一杯醇美的啤酒，都乐于享受——尽管他常常没有这样的条件。

他是个儿女情长的铮铮铁汉。他知道什么是真正的爱情，特里尔最美丽的姑娘追随他，牵手穿越人世间的风风雨雨。

他也知道什么是真正的友情，他与恩格斯的无双联盟超过了人类关于友谊的最动人的传说。

亲情更使他陶醉，他喜欢孩子，把孩子们的“喧闹”叫做“安静”。

……

马克思究竟是怎样的人，他的一生是最好的写照。

镜头2 学者马克思

马克思在语言上有特殊才能。他在写作时，用他的友人的话说，有时甚至达到了咬文嚼字的程度。他非常注意语言的简洁性和正确性，同时也不忘记文字的独创性和生动性。在他的经济学著作中，许多严谨的概念都是用生动的比喻和典故表达出来的。当他的巨著《资本论》出版后，一些专家这样评论说，这部书与通常的经济学著作相比，在文字叙述上的一大特点是“通俗易懂，明确……非常生动”，“使最枯燥无味的经济问题具有一种独特的魅力”。

还在青年时代，马克思就已经掌握了拉丁语、古希腊语和法语。定居伦敦后，他又学会英语。德、英、法三种文字就成了他表达思想的主要文字。李卜克内西说，马克思用英文和法文写作就像真正的英国人和法国人一样：给《纽约每日论坛报》写文章用的是典范的英文，《哲学的贫困》用的是典范的法文。此外，马克思还能用意大利语、西班牙语、罗马尼亚语等许多种语言熟练地阅读；到了50岁，他居然开始学习俄语（被认为是很难学的一种语言，因为和西欧语言差别很大）并很快就能津津有味地读俄文书了。马克思对普希金、果戈理等文学家十分喜爱，读了俄国革命民主主义作家车尔尼雪夫斯基的作品后，对他也非常敬重。

1848年革命失败后，欧洲工人运动处在停滞状态，而资本主义在迅速发展。马克思这时退回书房，潜心研究资本主义生产方式，为揭示社会发展的未来趋向锻造理论武器。

他大量地阅读，大量地写摘要、札记。他研究最多的是经济学。他深入透彻地研究了政治经济学史，从古希腊的色诺芬一直到自己同时代的经济学家；他研究了各个时期的经济史，特别是资本主义的经济史；他还研究农艺学，对工艺学在资本主义生产中的运用，对科学技术的发现和发明都有精深的了解。在他的笔记中，他对几个世纪以来数学、物理学和其他科学在生产中的应用，都做了详细的摘录。他对货币和价格理论、流动资本的周转、资本主义企业中的账簿计算等问题，都下了很深的功夫。他还读了卷轶浩繁的官方报告，其中包括大量的工厂调查员报告"蓝皮书"——这些资料是被国会议员们当作废纸卖掉的，而马克思又以低价从旧书商那里买来。

不只是经济学，马克思对古往今来的哲学、文学也都有精深的研究。他曾经有过写哲学史的设想。他对伟大的文学家充满了热爱，从荷马、埃斯库罗斯到但丁、莎士比亚、塞万提斯、歌德、巴尔扎克的作品，都非常熟悉；他把莎士比亚看作人类的伟大戏剧天才，对他的戏剧可以成段成段地背诵。他还喜好演算数学，把这当成一种休息。他对数学有特别的偏爱，认为一种科学只有在成功地运用数学时，才算达到了真正完善的地步。

马克思对各国的历史、政治、外交、国际关系都进行过扎实的研究，并一直给予极大的关心，他对历史始终有浓厚兴趣。读过古往今来的大批历史著作、游记、回忆录、传记等。他的涉足范围从欧洲到美洲和亚洲，甚至一直到远在东方的中国。他直到晚年还写下了大量的历史学笔记。他一生写出了众多论述国际问题的文章和小册子，只要阅读一下它们，就不能不对作者的丰富知识和真知灼见表示惊叹。

马克思最讨厌的事情是说空话。他的一大工作习惯是必须对研究对象做最彻底的探究，否则决不轻易发表意见。他的这个习惯是如此"顽固"，以致在写作时既容易又困难。说容易，是因为他知识渊博、思想丰富，不论什么问题，都能迅速调动他那深刻广博的智力储备。说困难，是因为他总是追根问底。经常从一个问题研究到另一个问题，从一个领城跨到另一个领域，似乎永无止境；而且，为了哪怕引用最小的一件事实，他也要寻找最初的出处，而决不满足于使用第二手材料。恩格斯有一次半开玩笑地说，马克思不把世界上的书读完，他是决不会动笔写的。这种严谨的学术态度使得他的著作中所运用材料之广泛、丰富、精确，即使连他的敌人也不得不佩服。人们可以不同意他的观点。但是没有人能够真正在材料上挑出毛病。

马克思自己过去的藏书，在颠沛流离的革命动荡年代中失落了很多。定居伦敦后，他又开始不断收集图书。但仅仅自己家中的书是远不够他用的。以藏书宏富而闻名于世的英国博物馆图书馆，就成了马克思每天必去的地方。可以说，马克思把自己的大半生都交给了那里。

自从 1850 年 6 月马克思得到英国博物馆图书馆的阅览证后，除了天气恶劣、生病和暂时外出，马克思差不多每天从早晨 9 点到晚上 7 点都在那里查阅资料、做摘要、写著作。晚间在家中又继续工作，常常通宵达旦。

由于工作过于紧张，他那本来健壮的身体从 19 世纪 50 年代起就逐渐开始出毛病了。头痛、肝病、痔疮……这些病症侵蚀着他的健康，使他大受其苦。医生一再要求他加强体育锻炼并禁绝夜间工作，但这些要求，不到万不得已时他是不会认真照办的。过度工作、缺少锻炼，加上饮食不良，是马克思未能长寿的重要原因。在他去世许多年后，李卜克内西回忆说，如果马克思能够早下决心过一种正常的生活，那么他一定会长寿。

镜头 3 马克思和恩格斯的动人友谊

马克思说过，真理好比隧石。受到的敲打越厉害，发出的光越灿烂。真情何尝不是如此。真正的友谊是在患难中、在生活风浪的不断敲打中放射出它炫目的光芒的。贫困动荡的流亡生活，就像凶险的大海，把每一个流亡者当作海上漂浮的树叶抛来抛去。当马克思、恩格斯以及他们的战友们作为流亡者登上英国国土的时候，面对的就是这样的命运。

对马克思一家来说，流亡生活意味着无穷无尽的痛苦、烦恼和绝望。当凶恶的风浪一个接一个打来的时候，他们只能赤手空拳去抵挡。有许多次，这一家眼看要被海浪吞没，在关键时刻，是恩格斯的无私帮助解救了他们。为了支持马克思的生活和理论工作，恩格斯离开伦敦前往曼彻斯特，去从事他自己非常讨厌的"鬼商业"。

马克思定居伦敦之后，唯一比较经常的经济来源就是给报刊撰稿所得的稿酬。可是当时较大的报刊都掌握在资产阶级手里，他们常常任意处置马克思的稿件，使马克思得不到应有的稿酬。有一年冬天，马克思向恩格斯求援："这里严寒已经降临，我们家一点煤都没有，这逼着我又来压榨你。虽然对我来说这是世界上最苦恼的事。"恩格斯的回答总是写一封鼓励的信，再加上几英镑、几十英镑的汇款。恩格斯通常是每个月按时给马克思寄钱，碰到特殊情况再另加汇款。由于时常压榨恩格斯，马克思非常痛苦："我感到十分难过的是，我暂时还不得不压榨你，因为我的一身亏空使我把一切能够典当的东西都典当了，你知道，就连最镇定的人——而这一切困难并没有使我失去镇定——有时也要失去耐心，尤其免不了向朋友发泄。"恩格斯则回信劝马克思不要为此焦虑："我相信只要能办到，我们今后还是要互相帮助的，完全不在于谁在某个时候是'榨取者'或'被榨取者'，这种角色是会再调换的。"

　　显然，在物质的帮助上，长期以来恩格斯是给予者。而马克思是接受者。这种帮助在那个困苦贫穷的年代里的意义是显而易见的，不是一个"钱"字就能概括的。恩格斯对马克思巨大的、无私的帮助，表现了他的伟大友情和牺牲精神，受到后人的赞扬。然而，正如梅林所说，做出这样的牺牲和接受这样的牺牲，都同样需要崇高的精神。马克思之所以接受恩格斯的帮助，不只是为了自己一家，也是为了党的理论事业。马克思并不缺少挣钱的才能，也得到过家庭的遗产，但他把这一切都无偿地献给了工人阶级的事业，这两个朋友实际上是以不同的方式为工人的事业做着同样巨大的牺牲。

　　恩格斯对马克思经济上的援助只不过是他帮助这位挚友的方式之一。他还帮助马克思撰写了许多新闻稿件。当时马克思正忙于研究经济学，而且他掌握英语的程度还不足以让他写出流利的文章，他便向恩格斯寻求帮助："《纽约每日论坛报》愿意出稿费邀请我和弗莱里格拉特作撰稿人。这是北美发行最广的一家报纸。如果你能用英文写一篇关于德国局势的文章，在星期五早晨（8月15日）以前寄给我，那将是一个良好的开端。"过了几天，马克思出主意说："你写一些关于1848年以来的德国的文章，要写得俏皮而不拘束。"恩格斯按照马克思的要求把文章写好后寄给他，并在信中说："你要我写的那篇文章随信寄去。由于各种情况的同时影响，这篇东西写得不好。……总之，这篇东西由你随便处理吧。"马克思回信说："首先要感谢你写的文章。它不像你说的那样一塌糊涂，而是写得很出色，我毫无改动地寄到纽约去了。"

　　后来，这两位朋友的撰稿方式发生了一些变化。有时候是马克思先用德文撰写文章，然后把文章寄到曼彻斯特，由恩格斯翻译成英文，再寄回伦敦，由马克思寄往纽约。有一次，马克思对他的朋友说："在写这篇文章的时候，我头痛得厉害。因此在翻译时请不要客气，对原文可以自由处理。"

马克思同样关心着恩格斯。在 1848 年革命中，恩格斯参加了军事战斗。在战斗失败后的逃亡过程中，马克思一家时刻关注着恩格斯的消息，并拿出全家仅有的资金予以救助。马克思惦念着恩格斯的身体，并建议恩格斯放弃危险的骑马爱好。他在英国博物馆图书馆读书时，还研究医学，为帮助恩格斯治病而翻阅最新的法、英、德文献，并提出对治病的建议。鉴于曼彻斯特没有像样的图书馆，马克思就在伦敦帮助恩格斯查阅资料，为其军事学和语言学以及自然科学研究搜集资料。他经常说："我再去博物馆的时候，一定完成你的委托。"马克思非常钦佩恩格斯的才华，认为他"是一部真正的百科全书"。马克思为恩格斯因经商埋没自己的才能而深深惋惜和内疚。

从 1850 年到 1870 年，恩格斯住在曼彻斯特，马克思住在伦敦，两位知己分开长达 20 年之久。在这 20 年里，在曼彻斯特和伦敦之间，两人常常是一天一封信甚至是几封信，一个星期不写信的时候是极少的。如果由于特殊情况一方好些天没有写信，另一方就会深感不安。几乎没有一个领域不曾在这些书信中被谈论。他们跟踪分析世界各地的政治经济状况，探讨无产阶级斗争的战略策略，提出科学研究中理论上和资料上的问题，交流各自研究领域中的心得和假设，阐发马克思主义的许多重大结论。这些书信既是马克思主义理论宝库中的百科全书，又是两位战友伟大友谊的动人展现。马克思致恩格斯的一封信很好地刻画了两位战友之间的友谊："在这些日子里，我之所以能忍受这一切可怕的痛苦，是因为时刻想念着你，想念着你的友谊，时刻希望我们两人还要在世间共同做一些有意义的事情。"

——资料来源：中央编译局编：《恩格斯画传》

观点案例点评：

这是个复合型案例，它向我们描绘了马克思和恩格斯工作与生活的几个片断。镜头 1 用散文诗的语言向我们做了一个有关马克思形象的素描。镜头 2 主要是勾勒出马克思作为学者和思想家的一面，展现给我们一个学识渊博的大知识分子的形象。而镜头 3 则简要讲述了马克思和恩格斯的相互支持和无双友谊。马克思和恩格斯的生平事迹具有极为丰富的内容，其中也充满着曲折的故事性和戏剧性，很值得找些书来好好看一看。马克思和恩格斯的传记现在国内都有好几种，关于马克思和恩格斯的回忆性文章也有一些结集，比如《智慧的明灯》、《将军》等。这些东西都非常有吸引力。还有马克思和恩格斯的通信集，也非常值得阅读。这些书里面既有工作又有生活，既有学术又有人格，文字活灵活现，都是学习马克思主义的很好的辅助读物。马克思主义不是与现实生活无关的抽象原理，而是在历史长河中奔腾的思想巨流，学习马克思主义也不是枯燥之味的理论之旅，而是享受充满魅力的思想盛宴。

案例4　全球性金融危机让马克思《资本论》走红欧洲

近期，一场逐步蔓延的全球性金融危机让一些大的金融机构频频告急。就在欧盟各国开始匆忙救市时，一个有趣的现象出现了：当年揭示了资本主义的特殊规律，对于资本主义进行过无情鞭挞的马克思，却在欧洲重新风行起来。其批判资本主义的鸿篇巨著《资本论》受到广大民众的热烈追捧。柏林的卡尔－迪茨出版社专门出版学术著作，该社的销售业绩显示，最近一段时间，此前少人问津的《资本论》骤然热销。该出版社经理许埃特伦普夫在接受《泰晤士报》采访时说，今年年初以来，他们出版的《资本论》已卖出1500套，是2007年全年销量的3倍。尤其是金融危机四处蔓延时，该书的销量更是直线上升。因为《资本论》的巨大销量，媒体甚至开玩笑称，如果马克思还在世的话，《资本论》的巨额版税收入会让他轻松进入福布斯富豪榜。许埃特伦普夫透露，以前人们买《资本论》仅是为了"装点门面"。但如今，"连银行家和经理们也开始读《资本论》，试图理解他们对我们干的那些事。"而德国的出版商预测，《资本论》有可能成为今年圣诞节的最佳礼物。基于这种预测，现在一些出版商正在加紧出版该书，有些出版社还推出了精装本，只是不知在金融严冬的瑟瑟寒风中，价格不菲的精装本是否有人问津。据德国《明镜周刊》的消息，重新风行德国的《资本论》是1867年出版的第一卷，目前购买这本书的主要是"那些逐渐认识到新自由主义并不能带来所谓幸福的年轻一代知识分子。"影响力逐步扩大的德国左翼党领袖拉方丹自然是马克思的坚定信徒。他在"国家金融和能源部门部分国有化"的计划中，曾提到将把马克思主义列入党纲，当时还被《图片报》称为"搞不清楚状况"的"疯狂左翼分子"。而现在，就连最近几周因为金融危机而焦头烂额的德国财政部长施泰因布吕克也开始阅读《资本论》，并公开表示自己同意马克思的部分观点。施泰因布吕克在接受英国《镜报》采访时谨慎地说："总的来说，我们必须承认马克思主义的一些观点是不错的。"《汉堡晚报》的专栏作家则评论说："最近马克思可是越来越魅力无边呢。"追捧马克思的政界人物还有法国总统萨科齐。日前有消息称，萨科齐被人看到在翻阅马克思的著作。英国坎特伯雷大主教威廉斯在上个月给予了马克思正面评价。他说："长久以前，马克思就窥探到了资本主义的运转之道。"罗马教皇也对主张无神论的马克思说了些好话，赞扬马克思有"绝佳的分析技巧"。不但如此，马克思家乡特里尔的观光客近来也急剧增长，今年到现在已有4万人。当地马克思纪念馆馆长伯威尔说，他已经记不清多少次听到游客在交谈时佩服地表示，"这个人（马克思）的想法是对的。"面对越来越严重的全球金融危机，人们需要运用正确的理论进行研究。《资本论》对认识和理解资本主义是大有裨益的。有人推测，这或许就是马克思重新风靡欧洲的主要原因。路透社专栏作家贝恩德在其文章中写道，"我们熟悉的资本主义正在死亡"，马克思对不受约束的资本主义的批判正在得到确证。

观点案例点评：

通过案例让我们了解到了马克思主义理论在今天依然具有重要的理论意义。

【游弋大千题海】

一、单项选择题

1. 马克思主义，从狭义上说是（　　）

A. 无产阶级争取自身解放和整个人类解放的学说体系

B. 关于无产阶级斗争的性质、目的和解放条件的学说

C. 马克思和恩格斯创立的基本理论、基本观点和基本方法构成的科学体系

D. 关于资本主义转化为社会主义以及社会主义和共产主义发展的普遍规律的学说

【答案】C

2. 马克思主义，从广义上说是（　　）

A. 不仅指马克思恩格斯创立的基本理论、基本观点和学说的体系，也包括继承者对它的发展

B. 无产阶级争取自身解放和整个人类解放的学说体系

C. 关于无产阶级斗争的性质、目的和解放条件的学说

D. 马克思和恩格斯创立的基本理论、基本观点和基本方法构成的科学体系

【答案】A

3. 作为中国共产党和社会主义事业指导思想的马克思主义是指（   ）

A. 不仅指马克思恩格斯创立的基本理论、基本观点和学说的体系，也包括继承者对它的发展

B. 无产阶级争取自身解放和整个人类解放的学说体系

C. 关于无产阶级斗争的性质、目的和解放条件的学说

D. 列宁创立的基本理论、基本观点和基本方法构成的科学体系

【答案】A

4. 人类进入21世纪，英国广播公司（BBS）在全球范围内进行"千年思想家"网评，名列榜首的是（   ）

A. 马克思　　　B. 爱因斯坦　　　C. 达尔文　　　D. 牛顿

【答案】A

5. 在19世纪三大工人运动中，集中反映工人政治要求的是（   ）

A. 法国里昂工人起义　　　　　B. 英国宪章运动

C. 芝加哥工人起义　　　　　　D. 德国西里西亚纺织工人起义

【答案】B

6. 马克思主义产生的经济根源是（   ）

A. 工业革命

B. 资本主义经济危机

C. 资本主义社会生产力和生产关系的矛盾运动

D. 阶级斗争

【答案】C

7. 马克思主义产生的阶级基础和实践基础（   ）

A. 资本主义的剥削和压迫

B. 无产阶级作为一支独立的政治力量登上了历史舞台

C. 工人罢工和起义

D. 工人运动得到了"农民的合唱"

【答案】B

8. 提出价值规律是"一只看不见的手"是（   ）

A. 马克思　　　B. 亚当·斯密　　　C. 大卫·李嘉图　　D. 威廉·配第

【答案】B

9. 马克思恩格斯进一步发展和完善了英国古典经济学理论是（   ）

A. 辩证法 B. 历史观 C. 劳动价值论 D. 剩余价值论

【答案】C

10. 马克思把黑格尔的辩证法称为（ ）

A. 合理内核 B. 基本内核 C. 精髓 D. 核心

【答案】A

11. 被马克思、恩格斯称为"有史以来最伟大的讽刺家"的是（ ）

A. 费尔巴哈 B. 傅立叶 C. 欧文 D. 圣西门

【答案】B

12. 在第一次世界大战中成为东西方矛盾焦点和帝国主义政治体系最薄弱环节的国家是（ ）

A. 德国 B. 奥地利 C. 中国 D. 俄国

【答案】D

13. "哲学把无产阶级当作自己的物质武器，同样，无产阶级把哲学当作自己的精神武器"，这个论断的含义是（ ）

A. 马克思主义是无产阶级的世界观和方法论

B. 哲学的存在方式是物质

C. 无产阶级的存在方式是精神

D. 无产阶级掌握哲学就由自为阶级转变为自在阶级

【答案】A

14. 马克思主义生命力的根源在于（ ）

A. 以实践为基础的科学性与革命性的统一

B. 与时俱进

C. 科学性与阶级性的统一

D. 科学性

【答案】A

15. 无产阶级的科学世界观和方法论是（ ）

A. 辩证唯物主义 B. 历史唯物主义

C. 辩证唯物主义和历史唯物主义 D. 唯物主义

【答案】C

16. 马克思主义理论最根本的本质属性是（ ）

A. 科学性 B. 革命性 C. 实践性 D. 与时俱进

【答案】A

17. 马克思主义最重要的理论品质是（　　　）

A. 吐故纳新　　　B. 科学严谨　　　C. 博大精深　　　D. 与时俱进

【答案】D

18. 马克思主义最崇高的社会理想（　　　）

A. 实现共产主义　　　　　　　B. 消灭阶级、消灭国家

C. 实现个人的绝对自由　　　　D. 实现人权

【答案】A

19. 学习马克思主义基本原理的根本方法（　　　）

A. 认真学习马克思主义的著作　　　B. 一切从实际出发

C. 理论联系实际　　　　　　　　　D. 实事求是

【答案】C

20. 马克思主义中国化的第一个重大理论成果是（　　　）

A. 李大钊的理论　　　　　　　B. 毛泽东思想

C. 邓小平理论　　　　　　　　D. "三个代表"重要思想

【答案】B

二、多项选择题

1. 千年交替之际，马克思被评为"千年思想家"第一人，这个重大历史事件说明了（　　　）

A. 马克思主义依然是我们时代的思想旗帜

B. 过去的千年属于马克思主义，新的千年仍将属于马克思主义

C. 马克思主义的科学洞察力和预见性深深吸引了全世界为正义事业而奋斗的人们

D. 马克思一生追求的人类理想社会的目标符合历史发展的趋势和广大人民群众的愿望、要求

E. 苏东剧变不是马克思主义的失败，失败的只是"苏联模式的社会主义"

【答案】ACDE

2. 什么是马克思主义，下列说法正确的是（　　　）

A. 马克思主义是无产阶级思想的科学体系

B. 马克思主义是关于自然、社会和思维发展普遍规律的学说

C. 马克思主义是关于民主的、人道主义的学说

D. 马克思主义即马克思和恩格斯创立的基本理论、基本观点和基本方法构成的科学体系

E. 马克思主义是关于无产阶级争取自身解放和整个人类解放的科学理论

【答案】ABDE

3. 作为一个完整的科学体系，马克思主义理论体系的三个主要组成部分是（　　　）

A. 马克思主义政治学   B. 马克思主义政治经济学

C. 科学社会主义   D. 马克思主义哲学

E. 马克思主义历史学

【答案】BCD

4. 马克思主义是时代的产物，是指（　　　）

A. 资本主义经济的发展为马克思主义的产生提供了经济条件

B. 马克思、恩格斯兼有的"学者和革命家的品质"为马克思主义的产生提供了必要的客观条件

C. 无产阶级的成长、壮大为马克思主义的产生提供了阶级基础

D. 19 世纪科学发展成果为马克思主义的创立奠定了科学基础

E. 德国古典哲学、英国古典政治经济学和英法三大空想社会主义为马克思主义的创立提供了直接的思想来源

【答案】ACDE

5. 19 世纪 30—40 年代，标志着无产阶级作为独立政治力量登上历史舞台的"三大工人起义"是（　　　）

A. 1848 年欧洲革命

B. 1831 年和 1834 年法国里昂工人工人起义

C. 1871 年巴黎公社起义

D. 1838 年在英国爆发的延续十余年的宪章运动

E. 1844 年德国西里西亚纺织工人起义

【答案】BDE

6. 马克思主义产生的直接理论渊源是（　　　）

A. 德国古典哲学   B. 英国古典政治经济学

C. 法国英国的空想社会主义   D. 法国启蒙思想

E. 19 世纪的社会科学研究成果

【答案】ABC

7. 德国古典哲学的典型代表人物是（　　　）

A. 康德   B. 黑格尔   C. 费尔巴哈   D. 笛卡尔

E. 谢林

【答案】BC

8. 空想社会主义的最杰出的代表人物是（　　）

A. 托马斯·莫尔　　　　　　　　B. 昂利·圣西门

C. 沙尔·傅里叶　　　　　　　　D. 诺埃尔·巴贝夫

E. 易波特·欧文

【答案】BCE

9. 马克思恩格斯最主要的理论贡献是（　　）

A. 辩证法　　　B. 劳动价值论　　C. 唯物史观　　　D. 剩余价值学说

E. 科学社会主义理论

【答案】CD

10. 坚持理论联系实际的学风，必须反对（　　）

A. 教条主义　　B. 形式主义　　C. 实用主义　　　D. 本本主义

E. 经验主义

【答案】ABCDE

11. 下列观点正确的是（　　）

A. 马克思主义的产生是人类思想史上的伟大变革

B. 马克思主义是哲学、政治经济学和社会主义学说的组合

C. 马克思主义在实践中产生，并在实践中不断丰富和发展

D. 实现共产主义是马克思主义最崇高的社会理想

E. 科学发展观是马克思主义中国化的最新理论成果

【答案】ACDE

12. 马克思主义的根本特性是（　　）

A. 科学性　　　B. 革命性　　　C. 实践性　　　D. 与时俱进

E. 阶级性

【答案】ABCE

13. 马克思主义中国化的三大理论成果是（　　）

A. 科学发展观　　B. 毛泽东思想　　C. 邓小平理论　　D. 和谐社会理论

E. "三个代表"重要思想

【答案】BCE

14. 学习马克思主义的目的和意义在于（　　）

A. 树立正确的世界观、价值观和人生观

B. 坚定共产主义的理想信念

C. 学会运用马克思主义的立场、观点和方法分析、解决问题

D. 提高理论思维水平

E. 增强服务社会的本领，自觉投身中国特色社会主义实践

【答案】ABCDE

15. 学习马克主义理论，必须要分清（　　　）

A. 哪些是必须长期坚持马克思主义基本原理

B. 哪些是需要结合新的实际加以丰富发展的理论判断

C. 哪些是必须破除的对马克思主义错误的、教条式的理解

D. 哪些是必须澄清的附加在马克思主义名下的错误观点

E. 哪些是已经过时的个别理论

【答案】ABCDE

16. 马克思主义诞生于19世纪40年代，那时，资本主义的发展已经经历过（　　　）

A. 14世纪末至15世纪初，资本主义生产关系在西欧封建社会内部孕育

B. 18世纪60年代至19世纪30年代末，资本主义工业革命推动资本主义社会生产力发展

C. 多次经济危机，给资本主义世界造成极大破坏

D. 垄断资本主义

E. 奥地利皇太子菲迪南大公在南斯拉夫遇刺身亡

【答案】ABC

17. 资产阶级古典政治经济学的代表人物（　　　）

A. 亚当·斯密　　B. 大卫·李嘉图　C. 马尔萨斯　　　D. 西斯蒙

E. 谢林

【答案】AB

18. 导致第一次世界大战爆发的原因有（　　　）

A. 资本主义世界生产力生产关系矛盾的激化

B. 争夺和瓜分世界殖民地的矛盾激化

C. 资本主义各国之间政治经济发展不平衡

D. 奥地利皇太子菲迪南大公在南斯拉夫遇刺身亡

E. 德国西里西亚纺织工人起义

【答案】ABCD

19. 马克思主义科学性与革命性可以概括为（　　　）

A. 辩证唯物主义和历史唯物主义是马克思主义最根本的世界观和方法论

B. 致力于实现最广大人民的根本利益是马克思主义最鲜明的政治立场

C. 一切从实际出发，理论联系实际，实事求是，在实践中检验真理和发展真理是马克思主义最重要理论品质

D. 实现共产主义是马克思主义最崇高的社会理想

E. 增强服务社会的本领，自觉投身中国特色社会主义实践

【答案】ABCD

20. "八荣八耻"的"八耻"是（　　　）

A. 危害祖国、背离人民　　　　B. 愚昧无知、好逸恶劳

C. 损人利己、见利忘义　　　　D. 违法乱纪、骄奢淫逸

E. 遵纪守法、艰苦奋斗

【答案】ABCD

三、辨析题

1. 马克思主义理论是一个不断发展的活的机体。

【答案要点】

上述观点正确反映了马克思主义的实践本性及与时俱进的理论品质论。这种理论品质论是150多年来马克思主义始终保持蓬勃生命力的关键所在。第一，马克思主义在实践中产生，并在实践中不断的丰富和发展，实践性是马克思主义的本质特性。实践性决定马克思主义绝不是一个封闭的、凝固的、僵化的思想体系，而是随着实践的发展不断完善和发展的开放性的理论体系，是一个不断发展的活的机体。第二，坚持一切从实际出发，理论联系实际，实事求是，在实践中检验和发展真理，是马克思主义重要的理论品质，这种理论品质论是150多年来马克思主义始终保持蓬勃生命力的关键所在。第三，马克思主义理论的不断发展即表现为马克思、恩格斯本人根据实践的发展而完善和发展自己的理论，也包括他的后继者在实践中对马克思主义的不断完善和发展。马克思主义的后继者不断地给马克思的机体注入新鲜血液，使其青春永驻，活力十足，魅力四射。

2. 有一种观点认为，阶级性与科学性是不相容的，凡是代表某个阶级利益和愿望的社会理论，就不可能是科学的。马克思主义也具有阶级性，所以马克思主义也不可能是科学的。

【答案要点】

第一，在阶级社会里，任何思想体系都是具有阶级性的，都是体现一定阶级利益和愿望的，但是由于所代表的阶级的性质和特点不同，决定其思想体系的特点和性质是不同的。与以往代表剥削阶级利益的思想体系相比，马克思主义体现了科学性与阶级性的内在统一，克服了剥削阶级思想体系因阶级的局限性而存在的狭隘性和片面性。这是由于无产阶级的性质与特点决定的。无产阶级是历史上最先进生产力的代表，其根本利益与社会发展规律、与人类彻底解放的必然趋势是一致的，是以解放全人类为己任的最彻底的革命阶级。因此，作为无产阶级意识形态的马克思主义，科学地揭示事物的本质与规律，符合无产阶级和广大人民群众的愿望和要求，由此便超越了一切剥削阶级和资产阶级思想体系固有的狭隘性与片面性，把科学性和阶级性高度的统一起来。第二，马克思主义的科学性以实践性为根本保证。从马克思主义的产生和发展的现实基础上看，马克思主义建立在实践的基础之上的，并随着实践的发展而不断发展，从而使其理论成为富有创造性、开放性的科学思想体系，实践性是马克思主义理论科学性的深厚基础和最可靠的保证。上述观点没有对问题作深入的具体分析，没有对马克思的科学性进行深入的具体分析，没有对马克思的科学性进行深入的把握和认识，而用简单推理的方法得出一个似是而非的错误观点和看法。

3. 在中国特色社会主义建设中，坚持马克思主义的主导地位同中国特色社会主义指导思想是一致的。

【答案要点】

这一说法是对党的十八大报告精神的正确理解，是非常准确的。

第一，十八大报告指出，中国特色社会主义理论体系，包括邓小平理论、"三个代表"重要思想以及科学发展观等重大战略思想在内的科学理论体系。这个理论体系，坚持和发展了马克思列宁主义、毛泽东思想，凝结了几代中国共产党人带给人民不懈探索实践的智慧和心血，是马克思主义中国化最新成果，是党最可宝贵的政治和精神财富，是全国各族人民团结奋斗的共同思想基础。第二，马克思主义理论体系是不断发展的开放体系。《共产党宣言》发表160多年以来的实践证明，马克思主义只有与本国国情相结合、与时代同步发展、与人民群众共命运，才能发出强大的生命力、创造力和感召力。因此，当今世界正在发生广泛而深刻的变化，当代中国正在发生广泛而深刻的变革之际，要我们坚持马克思主义指导思想毫不动摇，就必须坚定的高举中国特色社会主义伟大旗帜，用中国特色社会主义理论统一思想、统一意志，使全国人民团结一致、齐心协力，实现中国的伟大复兴之梦。

4. 马克思主义产生于 19 世纪，现在时代已经变了，所以，马克思主义已经"过时"了。

【答案要点】

马克思主义"过时论"的观点是错误的，因为：马克思主义是在实践中产生的，并在实践中不断丰富和发展的。马克思主义经典作家就特定历史条件和特定事物所发表的个别观点、结论、提法需要随着时代的发展而加以修改和补充。但马克思主义的基本立场、观点和方法是不会过时的。马克思主义虽然产生于 19 世纪，但它没有停留于 19 世纪。马克思主义的不断发展，除了马克思恩格斯根据实践的发展对自己创立的理论不断充实和完善外，其后，列宁、斯大林、毛泽东、邓小平等不同时代的马克思主义遵循者，通过总结新的实践经验，提出了新的观点，创立了新理论，丰富和发展了马克思主义。马克思主义的自我批判性、开放性使它随着时代、条件的改变而不断获得新的突破和发展，成为永葆青春活力的科学真理。

四、材料分析题

[材料 1] 英国著名历史学家、英国学术院院士霍布斯鲍姆指出，给确定某一具体思想方式或者观点是能否被看作马克思主义的标准作依据的，"是在 19 世纪末大致定型的马克思主义基本原理"。美国著名学者海尔布隆纳在标准问题上有着与霍布斯鲍姆相近的看法。他认为，马克思主义思想有一个可以得到"公认的共同点"，这个共同点来源于"同一套前提"，它是规定马克思主义思想的前提。"凡是包含有这类前提的分析，都可以正当地将其分类为'马克思主义'的分析，即使作者本人并不如此认定"。这"同一套前提"是：对待认识本身的辩证态度，唯物主义历史观，依据马克思的社会分析而得出的关于资本主义的总看法，以某种形式规定的对社会主义的信奉。

[材料 2] 1934 年，当德国共产党的理论家卡尔·科尔施还没有彻底脱离马克思主义的时候，他写了一篇题为《我为什么是马克思主义者》的文章，在这篇文章中，科尔施力图通过他对马克思主义的所谓的特殊看法来表明他是一个"真正的马克思主义者"。这些看法的要点是：马克思主义的全部原理，包括那些表面上具有普遍性的原理，都带有特殊性，马克思主义不是实证的，而是批判的；马克思主义的主题不是现在处于肯定状态的资本主义社会，而是显得日益分崩离析的正在衰亡的资本主义社会；马克思主义的主要目的不是观

赏现存的世界，而是对它进行积极的改造。

［材料3］ 匈牙利思想家卢卡奇在《历史与阶级意识》一书中认为："我们姑且假定新的研究完全驳倒了马克思的每一个个别的论点。即使这点得到证明，每个严肃的'正统'马克思主义者仍然可以毫无保留地接受这种新结论，放弃马克思的所有全部论点，而无须片刻放弃他的马克思主义正统。所以，正统马克思主义并不意味着无批判地接受马克思主义研究的结果。它不是对这个或者那个论点的'信仰'，也不是对某本'圣'书的注解。恰恰相反，马克思主义问题中的正统仅仅是指方法。"

请回答：

结合上述材料，谈谈什么是马克思主义。

【答案要点】

什么是马克思主义？从不同的角度，我们可以对什么是马克思主义作出不同的回答。

从它的创造者、继承者的认识成果讲，马克思主义是由马克思、恩格斯创立的，而由其后各个时代、各个民族的马克思主义者不断丰富和发展的观点和学说的体系。从它的阶级属性讲，马克思主义是无产阶级争取自身解放和整个人类解放的科学理论，是关于无产阶级斗争的性质、目的和解放条件的学说。从它的研究对象和主要内容讲，马克思主义是无产阶级的科学世界观和方法论，是关于自然、社会和思维发展的普遍规律的学说，是关于资本主义发展和转变为社会主义以及社会主义和共产主义发展的普遍规律的学说。马克思主义是由一系列的基本理论，基本观点和基本方法构成的科学体系，它是一个完整的整体。其中，马克思主义哲学、马克思主义政治经济学和科学社会主义，是马克思主义理论体系不可分割的三个主要组成部分。

马克思主义这一概念早在马克思在世的时候就已经使用。从狭义上来说，马克思主义即马克思、恩格斯创立的基本理论、基本观点和学说的体系。从广义上来说，马克思主义不仅指马克思、恩格斯创立的基本理论、基本观点和学说的体系，也包括继承者对它的发展，即在实践中不断发展着的马克思主义。

材料1和材料2的观点是正确的。材料1对于马克思主义的理解是从研究对象和主要内容的角度，明确地强调了马克思主义理论体系中的核心内容。材料2科尔施的理解则着重强调了马克思主义的批判性，从政治立场着眼规定马克思主义。材料3是卢卡奇的马克思主义观，这是一种方法至上的马克思主义观。所谓方法至上，就是把理论方法和结论对立起来，片面强调方法而轻视结论。卢卡奇最初是在回答什么是马克思主义中的正统性问题时提出这一马克思主义观的。卢卡奇的方法至上的马克思主义观的错误之一，是他把方法仅仅理解为辩证法，而否认世界观的方法意义，实际上是否认唯物主义的方法意义；错误之二，是离开论点、结论谈方法，把方法看做是可以离开论点、结论的独立自在的东西。其最终结果将是对马克思主义本身的否定。

【考研真题】

1.（2003 年）马克思主义哲学创立后，开始出现了（　　）

A. 唯物论与唯心论的对立　　　　B. 可知论与不可知论的对立

C. 辩证法与形而上学的对立　　　　D. 唯物史观与唯心史观的对立

【答案】D

【分析】本题考点：马克思主义哲学的产生是哲学史上的伟大变革。

唯物主义历史观和剩余价值学说是马克思的两大发现之一。马克思在哲学领域的最大贡献就是创立了唯物主义历史观，从而结束了社会历史领域中唯心史观的统治地位。因而，在马克思主义哲学创立之前，不可能存在唯物史观和唯心史观的对立。因此选项 D 正确。选项 A、B、C 贯穿于整个哲学发展的始终，即在唯物主义历史观创立之前就已经存在，因而是错误的。

【小实验】

结合我们的学习谈谈马克思主义产生的历史必然性及在当代的适用性。

参考答案：

第一，历史必然性：（1）工业革命和世界市场的形成，促进资本主义经济高速发展并产生生产过剩的危机，暴露了资本主义社会生产社会化同生产资料私人占有之间这一不可克服的矛盾，预示着未来社会革命的性质和历史发展的方向，为马克思主义的产生提供了经济、社会历史条件。（2）无产阶级反对资产阶级的斗争日趋激化，对科学理论的指导提出了强烈需求，这就成为马克思主义产生的阶级基础和实践基础。（3）19 世纪自然科学一系列重大成就、特别是细胞学说、生物进化论和能量守恒与转化定律对自然规律的揭示及对新的世界观的需要，为马克思主义的创立提供了科学基础。

第二，当代适用性：（1）马克思主义理论作为一种具有开放性和创新性的理论体系，是一个一脉相承而又与时俱进的历史进程。马克思主义基本原理与具体实际的结合，使马克思主义始终站在人类智慧的高峰，成为时代的旗帜，指引人们在实践中不断开辟认识真理的道路。（2）马克思主义的科学世界观与方法论，致力于实现以劳动人民为主体的最广大人民的根本利益的政治立场，坚持一切从实际出发、理论联系实际、实事求是、与时俱进的理论品质，实现物质财富极大丰富、人民精神境界极大提高、每个人自由而全面发展的共产主义的崇高理想，至今仍是指导全世界无产阶级和进步人民努力奋斗的武器强大思想。（3）马克思主义关于解决资本主义社会的矛盾、全球化问题、国际市场、经济周期和经济决定上层建筑等许多具有前瞻性的论述，不断地为现实社会所证实，并继续影响着当代许多社会科学家，对当今的社会革命与社会改革仍然具有巨大的现实指导意义和深远的历史影响。

【求索参考资料】

一、马克思主义经典著作

1. 《共产党宣言》，马克思和恩格斯，《马克思恩格斯选集》第 1 卷，人民出版社，1995 年版。

2. 《在马克思墓前的讲话》，恩格斯，《马克思恩格斯选集》第 3 卷，人民出版社，1995 年版。

3. 《卡尔·马克思》（传略和马克思主义概述）（节选），列宁，《列宁选集》第 2 卷，人民出版社，1995 年版。

4. 《弗里德里希·恩格斯》，列宁，《列宁选集》第 1 卷，人民出版社，1995 年版。

5. 《马克思主义的三个来源和三个组成部分》，列宁，《列宁选集》第 2 卷，人民出版社，1995 年版。

6. 《论马克思主义历史发展中的几个特点》，列宁，《列宁选集》第 2 卷，人民出版社，1995 年版。

二、其他参考书目

1. 庄福龄：《马克思主义史》，人民出版社，1996 年版。

2. 李凤鸣：《空想社会主义思想史》，上海人民出版社，1980 年版。

3. 《邓小平理论与当代中国哲学》，北京大学出版社，王东主编。

4. 《马克思主义哲学原理》案例教学，中国人民大学出版社。

三、经典文章

在马克思墓前的讲话

3月14日下午两点三刻，当代最伟大的思想家停止思想了。让他一个人留在房间里不过两分钟，等我们再进去的时候，便发现他在安乐椅上安静地睡着了——但已经是永远地睡着了。

这个人的逝世，对于欧美战斗着的无产阶级，对于历史科学，都是不可估量的损失。这位巨人逝世以后所形成的空白，不久就会使人感觉到。

正像达尔文发现有机界的发展规律一样，马克思发现了人类历史的发展规律，即历来为纷繁芜杂的意识形态所掩盖着的一个简单事实：人们首先必须吃、喝、住、穿，然后才能从事政治、科学、艺术、宗教等等。所以，直接的物质的生活资料的生产，从而一个民族或一个时代的一定的经济发展阶段，便构成基础；人们的国家制度，法的观点，艺术以至宗教观念，就是从这个基础上发展起来的。因而，也必须由这个基础来解释，而不是像过去那样做得相反。

不仅如此，马克思还发现了现代资本主义生产方式和它所产生的资产阶级社会的特殊的运动规律。由于剩余价值的发现，而先前无论资产阶级经济学家或社会主义批评家所做的一切都只是在黑暗中摸索。

一生中能有这样两个发现，该是很够了，即使只要能作出一个这样的发现，也已经是幸福的了。但马克思在他所研究的每一个领域（甚至在数学领域）都有独到的发现，这样的领域是很多的，而且其中任何一个领域他都不是肤浅地研究的。

他作为科学家就是这样。但是这在他身上远不是主要的。在马克思看来，科学是一种在历史上起推动作用的、革命的力量。任何一门理论科学中的每一个新发现，即使它的实际应用也许还无法预见——都使马克思感到衷心喜悦。但是当有了立即会对工业、对一般历史发展产生革命影响的发现的时候，他的喜悦就完全不同了。例如，他曾经密切地注意电学方面各种发现的发展情况，不久以前，他还注意了马赛尔·德普勒的发现。

因为马克思首先是一个革命家。他毕生的真正使命，就是以这种或那种方式参加推翻资本主义社会及其所建立的国家设施的事业，参加现代无产阶级的解放事业，正是他第一次使现代无产阶级意识到自身的地位和需要，意识到自身解放的条件，——这实际上就是他毕生的使命。斗争是他的生命要素。很少有人像他那样满腔热情、坚韧不拔和卓有成效地进行斗争。最早的《莱因报》

（1842 年），巴黎的《前进报》（1844 年），《德意志—布鲁塞尔报》（1847年），《新莱茵报》（1848～1849 年），《纽约每日论坛报》（1852～1861 年），以及许多富有战斗性的小册子，在巴黎、布鲁塞尔和伦敦各组织中的工作，最后，作为全部活动的顶峰，创立伟大的国际工人协会，——老实说，协会的这位创始人即使别的什么也没有做，也可以为这一结果自豪。

正因为这样，所以马克思是当代最遭嫉恨和最受诬蔑的人。各国政府——无论专制或共和政府——都驱逐他；资产者——无论保守派或极端民主派——都竞相诽谤他，诅咒他。他对这一切毫不在意，把它们当作蛛丝一样轻轻抹去，只是在万分必要时才给予答复。现在他逝世了，在整个欧洲和美洲，从西伯利亚矿井到加利福尼亚，千百万革命战友无不对他表示尊敬、爱戴和悼念。而我敢大胆地说：他可能有过许多敌人，但未必有一个私敌。

他的英名和事业将永垂不朽！

恩格斯写于 1883 年

第一章　世界的物质性及其发展规律

【明确学习目标】

1. 学习目标概述

（1）把握马克思主义唯物论与辩证法的基本原理。

（2）掌握物质统一性和实践的基本观点。

（3）掌握唯物辩证法的基本规律和根本方法。

2. 重点掌握

本章重点：

（1）世界的物质统一性原理对我们的根本要求及重要意义。

（2）普遍联系观点的实际指导意义。

（3）矛盾的普遍性和特殊性辩证关系原理的重要意义。

本章难点：

（1）关于物质世界与实践的关系。

（2）关于社会发展规律问题。

（3）质量互变规律在我国社会主义现代化建设中的重要指导意义。

（4）尊重客观规律性和发挥主观能动性的辩证关系原理对建设中国特色社会主义的指导意义。

【教师导航分析】

本章逻辑概述

第一节　物质世界和实践

一、物质世界的客观存在

1. 世界观，就是人们对包括自然、社会和人类思维在内的整个世界的根本看法和根本观点。

2. 哲学的基本问题包括两个方面的内容。

第一方面是物质和意识哪个是本原、哪个是第一性的问题。这在哲学上属于本体论的问题。

第二方面是思维和存在的同一性问题，主是指思维能否认识存在的问题，即世界可不可以认识的问题，这在哲学上属于认识论问题。近代哲学的重大基本问题是思维和存在的关系问题。

3. 社会存在与社会意识的关系问题是社会历史观的基本问题。凡是认为社会存在决定社会意识的，是历史唯物主义；凡是认为社会意识决定社会存在的，是历史唯心主义。

4. 辩证法认为，世界上的事物都是相互联系的，运动发展的，发展的根本原因在于事物的内部矛盾。形而上学则认为，世界上的事物都是彼此孤立的，静止不变的，否认事物内部矛盾的存在。

5. 世界的本质问题，实质上是世界的统一性问题。承认世界的统一性，认为世界上的万事万物有一个共同的本质或本原，这种哲学就是一元论。否认世界的统一性，认为世界上的万事万物有物质和精神这两个相互平行，各自独立的本原，这种哲学就是二元论。

6. 唯物主义哲学随着社会实践和科学的发展，经历了三种基本形态：

古代的朴素唯物主义，近代的形而上学唯物主义，现代的辩证唯物主义和历史唯物主义。古代朴素唯物主义把世界的本质或本原归结为某一种或某几种具体的物质形态。古代朴素唯物主义的最高成就，是古希腊德谟克利特的"原子论"和中国的"元气说"。近代形而上学唯物主义以当时在自然科学中占主导地位的原子论为依据，把原子看成是世界的本原，认为原子是构成世界万物的最小物质单位。形而上学唯物主义局限性：机械性、形而上学性、直观性、不彻底性。

7. 辩证唯物主义和历史唯物主义，是唯物主义哲学的第三个历史形态，是唯物主义哲学的最高形态。

辩证唯物主义和历史唯物主义是彻底的唯物主义一元论，其基本思想是：

承认世界的统一性，坚持一元论，反对二元论。

认为世界统一于物质，坚持唯物主义一元论，反对唯心主义一元论。

认为世界是运动发展的、无限多样性的统一，克服了旧唯物主义把世界的本原归结为某一种或某几种具体的物质形态的局限性。

8. 列宁的物质定义具有十分重要的意义？

第一，它指出物质是不依赖于意识的客观实在，同唯心主义划清了界限。

第二，它指出物质是可以被人们认识的，同不可知论划清了界限。

第三，它指出客观实在性是一切物质的共性，克服了旧唯物主义物质观的局限性。

9. 时间和空间是物质运动的存在方式：时间是物质运动的持续性、顺序性。时间的特点是一维性，即时间总是朝着一个方向向前发展。既不是循环，更不是倒退，具有不可逆性。空间是物质运动的广延性和伸张性。

二、实践的本质、特点、形式和作用

1. 实践是主体能动地改造和探索客体的客观物质活动。实践主体是处于一定社会关系中的具有实践能力的人。

2. 实践客体是主体实践活动所指向的对象。实践客体具有客观性、对象性和社会历史性。实践客体的三种类型：自然客体、社会客体、精神客体。实践的三个基本特点：客观性、自觉能动性、社会历史性。实践的三种基本形式有：物质生产实践、处理社会关系的实践、科学实验。

3. 社会生活在本质上是实践的。马克思主义认为，实践是人类社会生产、存在和发展的基础，是社会生活的本质。

第一，劳动实践是人类和人类社会产生的决定性环节。

第二，物质生产实践是人类社会得以存在的基础。

第三，实践活动是推动社会发展的动力。

第二节　物质世界的普遍联系和永恒发展

1. 联系是指事物之间以及事物内部诸要素之间的相互影响、相互作用和相互制约。

2. 事物联系的主要形式有：直接联系与间接联系、内部联系与外部联系、本质联系与非本质联系、必然联系与偶然联系，等等。

3. 发展的实质是新事物的产生和旧事物的灭亡。

区分新旧事物的根本标志在于它是否符合事物发展的必然趋势，是否具有强大的生命力和远大的发展前途。

4. 两种对立的发展观。唯物辩证法和形而上学是两种根本对立的发展观，是关于世界如何存在的两种根本不同的观点。它们之间的对立主要表现在以下三个方面：

第一，联系观点和孤立观点的对立。

第二，发展变化观点和静止不变观点的对立。

第三，承认事物内部矛盾和否认事物内部矛盾的对立。

唯物辩证法与形而上学的根本对立和斗争焦点在于是否承认矛盾是事物发展的动力。

5. 对立统一规律提示了事物发展的动力和源泉。

质量互变规律提示了事物发展的状态和形式。否定之否定规律提示了事物发展的趋势和道路。唯物辩证法的其他范畴则揭示了事物联系和发展的基本环节。对立统一规律是唯物辩证法的实质和核心，是宇宙的根本规律。因为：

第一，对立统一规律揭示了事物普遍联系的根本内容和发展变化的内在动力。

第二，对立统一规律是贯穿于唯物辩证法其他规律和范畴的中心线索，是理解它们的钥匙。

第三，矛盾分析法是最根本的认识方法。

第四，承认不承认对立统一规律以及矛盾是事物发展的动力，是唯物辩证法与形而上学的斗争焦点和根本分歧。

6. 矛盾的同一性和斗争性的含义以及二者的辩证关系：

第一，对立统一规律也称矛盾规律，其基本内容是：任何事物都包含着矛盾，矛盾双方既统一又斗争，由此推动事物运动变化发展。矛盾双方的对立和统一这两重关系决定了矛盾具有两种基本属性，即同一性和斗争性。

第二，矛盾的同一性是指矛盾双方相互联系、相互吸引的性质。它包括两方面的含义。矛盾双方相互依存。这是矛盾双方互为存在的前提，矛盾的一方必须以另一方的存在作为自己存在的条件，双方共处于一个统一体中。矛盾双方相互贯通。它主要表现为以下两种情形：其一是矛盾双方的相互渗透或相互包含。其二是矛盾双方在一定条件下相互转化的趋势，即矛盾双方在一定条件下向自己的对立面转化的趋势，例如，福与祸、安与危、先进与落后、胜利与失败等等，无不在一定条件下相互转化。

第三，矛盾的斗争性是指矛盾双方相互排斥、相互对立的性质。

7. 矛盾的同一性和斗争性是既相互区别，又相互联结的。

第一，矛盾的同一性和斗争性是矛盾的两种相反的基本属性，它们在矛盾运动中所处的地位是不同的。矛盾的同一性是相对的，矛盾的斗争性是绝对的。矛盾同一性的相对性是指它的条件性。矛盾斗争性的绝对性是指它的无条件性。

第二，矛盾的同一性和斗争性又是相互联结、不可分离的。一方面，同一性不能脱离斗争性而存在，没有斗争性就没有同一性。另一方面，斗争性寓于同一性之中，没有同一性也没有斗争性。

8. 矛盾是事物发展的动力。事物发展的动物和源泉是事物的内部矛盾。矛盾的同一性在事物发展中的作用主要表现在：

第一，矛盾双方相互依存，使事物保持相对稳定性，为事物的存在和发展提供必要的前提。

第二，矛盾双方互相从对方吸取有利用自身的因素而得到发展。

第三，矛盾的同一性规定着事物发展的基本趋势。

9. 矛盾的普遍性和特殊性的含义及其辩证关系。

矛盾的普遍性是指矛盾存在于一切事物的发展过程中，存在于一切事物的发展过程的始终。矛盾是普遍存在的，矛盾的特殊性有三种形式：其一，不同事物的矛盾各有其特点；第二，同一事物的矛盾在不同发展过程和发展阶段各有不同的特点；其三，构成事物的诸多矛盾以及每一矛盾的不同方面各有不同的性质、地位和作用。

矛盾的特殊性原理具有重要的方法论意义。分析矛盾的特殊性就是坚持具体问题具体分析。一方面，分析矛盾的特殊性是正确认识事物的基础。另一方面，分析矛盾的特殊性是正确解决矛盾的关键。

矛盾的普遍性与特殊性辩证关系的原理，是矛盾的问题的精髓，是我们坚持马克思主义普遍真理同中国具体实际相结合，建设中国特色社会主义的理论基础。

10. 矛盾发展的不平衡性。

矛盾发展的不平衡主要表现为：主要矛盾和次要矛盾的不平衡；矛盾的主要方面和次要方面的不平衡。

主要矛盾和次要矛盾的关系是：首先，二者相互影响、相互作用。

其次，主要矛盾和次要矛盾在一定条件下可以相互转化，即主要矛盾转化为次要矛盾，次要矛盾上升为主要矛盾。

主要矛盾和次要矛盾、矛盾的主要方面和次要方面关系的原理，要求我们在实际工作中坚持两点论和重点论的统一。

11. 度的含义以及把握度的意义。

度是指事物保持自己质的数量限度（或范围、幅度），它体现着质和量的统一。掌握事物的度对于认识和实践等都具有重要的意义。在认识上，只有把握了事物的度，注意决定质的数量限度，才能准确地认识事物的质。在实践上，只有把握了事物的度，才能提出指导实践活动的正确准则，坚持适度原则，防止"过"或"不及"。

第三节　客观规律性与主观能动性

一、自然规律和社会规律

1. 规律就是物质运动发展过程中本质的、必然的、稳定的联系。规律具有两个特点。第一，客观性；第二，普遍性。

二、意识及其能动作用

1. 意识的起源：意识是自然界长期发展的产物；意识是社会性劳动的产物。社会性劳动在意识产生过程中起着决定性的作用。社会性劳动是意识的物质器官和物质外壳形成和完善的基础，是由动物心理发展到人类意识的决定性力量。意识的本质包括：

第一，意识是人脑的机能，人脑是意识的物质器官。

第二，意识是客观世界的主观映像，是人脑对客观世界的反映。

第三，意识是社会的产物。

2. 意识的能动作用。物质与意识的关系是：物质决定意识，物质第一性，意识第二性；意识对物质又具有能动的反作用。

物质决定意识和意识的能动作用是辩证的统一。割裂这种统一，会导致唯心主义和形而上学唯物主义的错误。唯心主义片面夸大意识的能动作用，否认物质对意识的决定作用。形而上学唯物主义肯定物质对意识的决定作用，但它忽视了意识的能动作用。

意识的能动性主要表现在：1. 意识活动具有目的性和计划性；2. 意识活动具有主动创造性；

3. 意识对于人的生理活动具有一定影响作用；

4. 意识能通过指导实践改造客观物质世界。实现意识能动作用的根本途径是人的社会实践。发挥主观能动性和尊重客观规律辩证关系原理及其现实意义，要正确发挥人的主观能动性，必须正确处理主观能动性和客观规律性的关系：

第一，尊重客观规律是正确发挥主观能动性的前提。

第二，认识和利用规律又必须充分发挥人的主观能动性。

学习和把握马克思主义唯物论和辩证法的基本原理，着重了解世界的物质统一性和实践的基本观点，掌握唯物辩证法的基本规律和根本方法，为树立科学的世界观打下理论基础。

【观点案例点评】

案例1　慧能和尚与"本来无一物"

　　据《坛经》记载，禅宗五祖弘忍要选择继承人，特命每个弟子作一首诗，以考察对佛家教义的理解。开始时，弟子们面面相觑，谁也不敢动笔。只有神秀思考数日之后，写下这样四句："身是菩提树，心如明镜台。时时勤拂拭，勿使染尘埃。"诗以佛祖释迦牟尼在菩提树下修道成佛的传说为据，表示要使自己象菩提树、明镜台那样洁净，一尘不染。当时有一个挑水打杂的和尚看了这首诗后，很不满意，于是在旁边又写了四句："菩提本无树，明镜亦非台。本来无一物，何处染尘埃。"这位和尚认为他这个人根本就不是"物"，也无身可修，只有佛家信念。广而言之，世界上"本无一物"，什么东西也没有，所以也无什么尘埃，亦无所谓污染。弘忍认为这个和尚对佛家教义心领神会，掌握得好，于是决定把衣钵传给他，他就是禅宗六祖，慧能和尚。

　　观点案例点评：

　　辩证的唯物主义认为，世界是物质的，物质的唯一特性是客观实在性，即它存在于我们的意识之外。不论你看见没看见，或承认不承认，它都铁一般地存在着，不以人的意志为转移。慧能和尚否认物质的存在，认为"万事皆空"、"四大皆空"而只有佛家信念的存在，这是典型的唯心主义。

案例2　什么是哲学？

观点1　亚里士多德的观点

　　古希腊哲学家亚里士多德认为，哲学是研究"有"的一门学问。他说："哲学并不是一门生产知识。……哲学也是一样，它是唯一的一门自由的学问，因为它只是为了它自己而存在。""我们必须说明，研究那些在数学上称为公理的真理，和研究实体，究竟是一门科学的工作，还是两门科学的工作。很明显，研究这两种东西是一门科学的工作。这就是哲学家的工作。""有一门学问，专门研究'有'本身，以及'有'凭本性具有的各种属性。这门学

35

问与所谓特殊科学不同，因为那些科学没有一个是一般地讨论'有'本身。所以很明显，当有一门科学把各种'有'的东西当作'有'来研究。既然无论在哪里，科学所研究的对象，都是那个最根本的、其他的东西所依靠并赖以得名的东西，那么，如果这是实体的话，哲学就必须掌握各种实体的各种本原和原因。"亚里士多德认为，哲学的研究范围包括实体及其属性、事物存在的根源、各门科学共同遵循的原理、范畴及其相互关系。

观点2 德国哲学家文德尔班的观点

19世纪末20世纪初德国哲学家威廉·文德尔班认为："所谓哲学，按照现在习惯的理解，是对宇宙观和人生观一般问题的科学论述。"文德尔班还认为，哲学绝不能脱离价值观念，因为它始终受价值观念的强烈影响，哲学问题就是价值问题。

观点3 英国哲学家罗素的哲学观

英国哲学家罗素说："哲学，就我对这个词的理解来说，乃是某种介乎神学与科学之间的东西。它和神学一样，包含着人类对于那些迄今仍为确切的知识所不能肯定的事物的思考；但是它又像科学一样是诉之于人类的理性而不是诉之于权威的，不管是传统的权威还是启示的权威。一切确切的知识——我是这样主张的——都属于科学；一切涉及超于确切知识之外的教条都属于神学。但是介乎神学与科学之间还有一片受到双方攻击的无人之域，这片无人之域就是哲学。思辨的心灵所最感到兴趣的一切问题，几乎都是科学所不能回答的问题；而神学家们的信心百倍的答案，也已不再像它们在过去的世纪里那么令人信服了。世界是分为心和物吗？如果是这样，那么心是什么？物又是什么？心是从属于物的吗？还是它具有独立的能力？宇宙有没有任何的统一性或者目的呢？它是不是朝着某一个目标演进的呢？究竟有没有自然律呢？还是我们信仰自然律仅仅是出于我们爱好秩序的天性呢？人是不是天文学家所看到的那种样子，是由不纯粹的碳和水化合成的一块微小的东西，无能地在一个渺小而又不重要的行星上爬行着呢？还是他是哈姆雷特所看到的那种样子呢？也许他同时是两者呢？有没有一种生活方式是高贵的，而另一种是卑贱的呢？还是一切生活的方式全属虚幻无谓呢？假如有一种生活方式是高贵的，它所包含的内容又是什么？我们又如何能够实现它呢？善，为了能够值得受人尊重，就必须是永恒的吗？或者说，哪怕宇宙是坚定不移地趋向于死亡，它也还是值得加以追求的吗？究竟有没有智慧这样一种东西，还是看来仿佛是智慧的东西，仅仅是极精练的愚蠢呢？对于这些问题，在实验室里是找不到答案的。各派神学都曾宣称能够做出极其确切的答案，但正是他们的这种确切性才使近代人满腹狐疑地去观察他们。对于这些问题的研究——如果不是对于它们的解答的话——就是哲学的业务了。"

观点4 现代西方哲学家维特根斯坦的哲学观

维特根斯坦（1889～1951）是著名现代西方哲学家，逻辑实证主义和语言分析哲学的重要代表人物。从基本思想出发，维特根斯坦提出了独特的哲学观。

维特根斯坦在其哲学活动的前半期提出了一个著名的观点："全部哲学就是语言批判"。维特根斯坦认为，人在活动中必须使用语言，要使说话有意义，使人听得懂，必须具备几个条件：一是符合逻辑句法，不符合逻辑句法，就没有意义，人们就听不懂。二是必须表述经验范围以内的事情，即表述经验事实。维特根斯坦认为，传统的哲学问题，如经验之外是否有物质或精神存在，以及物质与意识的关系等问题，都是经验范围以外的"形而上学"问题，都是没有意义的"伪问题"。对于它们，人们听不懂，因而也没有真假可言。维特根斯坦还断言，唯心主义与唯物主义都是一些讨论"伪问题"的"形而上学"，因而都是没有意义的"伪哲学"。他指出："关于哲学的大多数命题和问题不是虚假的，而是无意义的。因此我们根本不能回答这一类问题，我们只能确定它们的荒谬无稽，哲学家们的大多数问题是由于我们不理解我们语言的逻辑而来的。"所以，真正的哲学就是语言批判，就是对语言的使用进行分析和规范，以避免语言的妄用和无用。

维特根斯坦在其哲学活动的后半期转向日常语言分析观点，提出哲学就是治疗语言疾病。他认为，哲学的绝大多数错误产生于哲学家对语言的误解。过去的哲学家们不懂得语言是一种工具，必须在使用中才有意义，他们离开语言的日常使用，孤立、静止地去考察语言及其语词的意义，枉费心机地去寻找它们的对应物。其实，离开语言的使用，离开语词在使用中的用途去考察语言的意义，就像离开工具的使用及其使用中的用途去考察工具的意义一样，是不会有结果的。哲学中的许多问题，就是哲学家们离开语词的日常使用，而去考察它们的意义所产生的。

维持根斯坦认为，传统哲学是一种精神病症的语言。我们知道，精神病患者讲话总是语无伦次，没有意义，别人听不懂。形而上学也是这样一种病症性的语言，属于形而上学的语言人们也听不懂，没有意义。其原因在于，形而上学哲学家不按照日常语言的规则讲话，不在语言的具体用途中考察它们的意义而是违反规则，脱离用途，盲目地去寻找它们的绝对意义。什么是"物质"什么是"精神"，什么是"时间"，什么是"真理"等，在人们日常语言的使用中，它们的意义是清楚的，从来不会因此而引起争论，然而传统哲学家们总是离开日常语言的使用去寻找它们的绝对的对应物，于是就陷入了争论。例如，人们在日常语言中总是把经验中的事物称为"物"或"物质"，并按一定的日常语言规则使用它，因而从不争论。人们常说"在这个皮包中有物"，就是说要移动它必须费力，而哲学家们却偏偏开它的具体使用，孤立、静止地去寻找它的绝对对应物，于是就导致了无谓的争论，产生了许多形而上学问题。总之，哲学的争论都是哲学家们离开语词的日常使用，去孤立地考察它们的绝对意义的结果。维特根斯坦指出："当语言休息的时候，哲学问题就产生了"；"哲学的混乱"总是发生于"语言像机器那样闲着的时候，而不是在它工作着的时候"。因此，维特根斯坦认为，传统哲学是语言疾病的产物，是语言使用不当的结果，真正的哲学的任务应该是"治疗"语言的精神病，为哲学家们澄清语言的混乱提示方向。

观点 5　中国现代哲学史家冯友兰关于哲学的看法

著名中国现代哲学家、中国哲学史家冯友兰认为："哲学、宗教都是多义向名词。对于不同的人，哲学、宗教可能有完全不同的含义。人们谈到哲学或宗教时，心中所想的与之相关的观念，可能大不相同。至于我，我所说的哲学，就是对于人生的有系统的反思的思想。每一个人，只要他没有死，他都在人生中。但是对于人生有反思的思想的人并不多，其反思的思想有系统的人就更少。哲学家必须进行哲学化；这就是说，他必须对于人生反思地思想，然后有系统地表达他的思想。"

哲学流派 1　米利都学派

米利都学派是古希腊最早的哲学流派，也是古希腊最早的唯物主义哲学派别。米利都是古希腊殖民地小亚细亚的伊奥尼亚地区一个著名的城邦。米利都学派因产生于此而得名。泰勒士、阿那克西曼德和阿那克西米尼是米利都学派的主要代表人物。米利都学派的哲学家不满足于传统的神话创世说对于宇宙自然问题的解释，他们对自然现象进行了许多观察和研究，开始探讨宇宙的本原问题，即自然万物从什么东西来，最后又回到什么东西。他们认为形成世界万物的最基本的、最原始的东西是一种物质性的东西。米利都学派的创始人泰勒士认为，水是自然万物的本原，自然万物是由水造成的，最后又复归于水；大地是浮在水上的。据亚里士多德记载，泰勒士形成这种看法，可能是由于观察到万物都以湿的东西为养料，热本身就是从湿气里产生、靠湿气维持的，也可能是观察到万物的种子都有潮湿的本性，而水则是潮湿本性的来源。米利都学派的阿那克西曼德认为万物都来源于一种没有固定形状和性质的物质，他称之为"无限定"者。"无限定"者本身分出冷和热、湿和干两种对立物，形成旋涡运动，冷与湿的东西集中在中间成为地，热与干的东西分散在四周形成日月星辰等天体。米利都学派的阿那克西米尼认为万物的本原是一种充满整个宇宙的无限的"气"。气有稀散和凝聚两种对立的运动，气稀散而成火，它逐渐凝聚，依次变成云、水、土和石头。米利都学派的这些看法虽然是一种幼稚的猜测，具有直观和朴素的特征，但他们不是用超自然的力量，而是以自然本身来说明万物的形成，因而是一种原始的、自发的唯物主义。

哲学流派2　原子论者德谟克利特的哲学

古希腊哲学家德谟克利特认为，原子与虚空是万物的本原，除了永恒的原子和虚空之外，世界万物没有其他的本原。原于是一种最小的、不可见的、不能再分的物质微粒。虚空是原子运动的场所，也是实在的存在。原子在虚空中急剧而零乱地作直线运动。由于原子的大小、形状、次序和位置不同，原子彼此的碰撞结合成世界万物。原子在虚空中彼此碰撞形成的旋涡运动是一切事物形成的原因，即必然性。自然界的一切作用都是必然性的体现，没有偶然性。德谟克利特认为，人的感觉和思想是事物不断流溢出来的原子形成的"影像"作用于人的感官和心灵而产生的。感性认识是认识的最初阶段，人的感官并不能感知一切事物，原子和虚空不能为感官所认识。理性认识更为精致，当感性认识在最微小的领域不能再看、再听、再嗅、再摸的时候，就需要理性认识来帮助。所以，感性认识是"暗昧的认识"，理性认识是"真理的认识"。德谟克利特认为，原子本身之间并没有什么性质的不同，人们感觉所感知的各种事物的颜色、味道等都是习惯，是人们主观的东西。德谟克利特的哲学思想是早期朴素唯物主义的代表。马克思和恩格斯称德谟克利特是"经验的自然科学家和希腊人中第一个百科全书式的学者"。他的原子论对于后来的原子科学发展有一定的启示作用。

哲学流派3　柏拉图的哲学

柏拉图是古希腊著名的唯心主义哲学家，也是整个西方哲学史上最重要、影响最大的哲学家之一。柏拉图哲学思想的核心是他的理念论。所谓理念，希腊文的原意是"可见之物"，即形象，后来引申为"灵魂"的可见形象，有了"本质"的含义。柏拉图认为，世界万物的本原是理念，理念是感觉世界的一切事物的根据和原型。与可感的事物相比，理念是多中之一，是绝对完满的，是永恒不变的。所有的理念构成一个理念世界。世界的一切事物是对于理念的模仿或者分有。例如，美的理念是各种各样具体的美的事物的本原，各种各样的具体事物之所以是美的，就是因为它们模仿或者有了美的理念，是美的理念的派生物。又如，世界上有各种各样的桌子，它们之所以成为桌子，就在于它们是桌子理念的模仿者。或者说，现实中的桌子都是对于桌子理念的模仿，没有桌子的理念，就不会有现实中的桌子。理念是绝对的、普遍的东西，人不能从具体事物那里认识到理念。人要认识理念就要通过回忆。柏拉图认为，人的灵魂在出生之前居住在理念世界，因而认识所有的理念。但是人在出生时灵魂受到肉体的感染而遗忘了一切，所以人在可感世界的学习和研究就是一个回忆的过程。感觉虽然不能提供关于理念的知识，但它可以刺激灵魂，帮助灵魂回忆起生而具有的知识。

柏拉图的理念论哲学是一个庞大的客观唯心主义的哲学体系，它对以后的各种唯心主义，特别是客观唯心主义和宗教有很大的影响。

哲学流派4　孔子的哲学

孔子是中国儒家哲学的创始人，他的思想核心是关于"仁"的学说。孔子认为，仁就是"爱人"、"泛爱众"，实行仁的方法就是忠恕之道，即"己所不欲，勿施于人"，"己欲立而立人，已欲达而达人"。孔子的哲学思想基本集中在人类社会的政治和伦理关系方面，对于其他方面的问题则论述很少。不过，孔子也肯定天命的存在，但更多地把天命理解为蕴含在自然事物运行之中的某种东西，人应当顺应天命而积极努力，不应该消极服从天命安排，放弃自己的努力。

显然，孔子并没有提出一个完整、系统的哲学体系，但是在其根本主张中实际上蕴含了一种系统的世界观即哲学，这就是早期儒家哲学。孔子的哲学思想经过后人的继承和发挥逐步发展成为中国传统哲学的主流思想，对中国传统社会和中国传统文化的发展产生了巨大而深远的影响。

哲学流派5　王阳明的哲学

中国明代哲学家王阳明是主观唯心主义哲学的集大成者。在继承南宋哲学家陆九渊心学思想和批判朱熹理学的基础上，王阳明提出了"心外无物，心外无理"的命题。他认为，身之主宰便是心，心之本体便是理，心外无理；心之所发便是意，意之所在便是物，心外无物。心是天地万物的主宰，没有心的"灵明"，就没有天地万物。王阳明认为，人心的灵明就是良知，良知即是天理，所以不可在良知之外求天理。所以，良知是天地万物发育流行的根源，天地万物都是从良知中产生的，没有我的良知，就没有天地万王阳明的哲学强调和夸大了人的主观意识的能动性，混淆了主体与客体、意识与存在的界限，取消了两者的对立，进而颠倒了两者的关系，是典型的主观唯心主义。

哲学流派6 黑格尔的哲学

黑格尔是19世纪德国古典哲学家、客观唯心主义者、辩证法大师。他认为历史的、精神的世界就是一个绝对精神不断运动、变化、转化和发展的过程。

哲学流派7 尼采的哲学

现代西方哲学家尼采（1844～1900）是唯意志主义哲学的主要代表，继承叔本华的唯意志主义思想，提出了著名的权力意志论。

尼采哲学思想的核心概念是权力意志。所谓权力意志，就是一种盲目的、非理性的、永动不息的生命或意志。具体说来，权力意志分为四个方面：追求食物的意志、追求财富的意志、追求工具的意志、追求奴仆的意志。尼采认为，世界的本质就是权力意志，世界万物的千变万化都是权力意志的创造和表现。原子在本质上是权力意志，原子辐射就是权力意志的表现。无机物的分解和化合也是权力意志的斗争。生物界的同化和异化是权力意志的表现，物种之间的弱肉强食、生存竞争是权力意志的表现，人类社会中的你争我夺、明争暗斗也是权力意志的表现。尼采指出，哪里有生命，哪里就有权力意志，即使在奴仆的意志中，也有想成为主人的意志。这个世界就是权力意志，此外没有其他的东西。

观点案例点评：

这里列举了多种关于哲学的看法和多个哲学理论的案例。不同的观点代表了不同的哲学家对于哲学的本质的不同理解，或者不同时代的人们对于哲学的不同看法。关于哲学的定义，从来就是一个争论不休的难题，人们对于什么是哲学的不同理解总是与他们的哲学思想相一致的，反映了他们不同的生活条件、文化传统、时代特点。要正确理解一种哲学思想，必须首先理解他的哲学观。

在多个实际案例中，哲学流派1和2是关于古代西方朴素唯物主义哲学思想的例子，案例3是古代西方客观唯心主义哲学思想的例子，哲学流派4和5是中国古代唯心主义的哲学思想的例子，哲学流派6是西方近代客观唯心主义哲学思想的例子，哲学流派 7 是现代西方主观唯心主义哲学思想的例子。这些案例代表了中西哲学史上不同的哲学派别，表明了人类哲学思想的丰富多彩和复杂多变。同时也提醒我们，哲学是时代精神的精华，要随着时代的发展而发展；人类生活是丰富多彩的，哲学也应当反映丰富多彩的生活，不断根据生活实践的变化而发展。

案例 3　人造大脑将成为现实吗？

2009 年 7 月 28 日，据英国媒体报道，瑞士洛桑联邦工学院科学家、"蓝脑计划"的主管亨利·马克拉姆表示，先进的功能性人造大脑将在 10 年内变成现实。

在牛津举办的全球科技、娱乐和设计大会上，马克拉姆表示他的研究团队已经模拟出了老鼠的大脑，正向开发合成人脑方向迈进。他说，合成人脑将对寻找精神病治疗尤其有用。全球大约 20 亿人遭受某种程度的脑损伤的折磨。他说："建造人脑不是不可能的，我们可能在 10 年内实现。如果成功了，我们会把图纸送到科技、娱乐和设计大会上讨论。"

"蓝脑计划"开始于 2005 年，其目的是从实验数据逆向打造哺乳动物的大脑。他的研究组将重点放在皮层单元上，皮层单元是哺乳动物的大脑所独有的结构，也叫新大脑皮层。他解释说："这是一个新的大脑，哺乳动物需要它，因为它们需要处理亲子关系、社会互动的复杂认知功能。从老鼠发展到人，它是如此成功，为了生成这一惊人器官，我们把脑结构单元数扩大了大约 1000 倍。"目前，这一研究仍在继续，他说："发展速度很快。"

过去 15 年，马克拉姆教授和他的研究组已经解码了皮层单元结构。他说："那就像是在盘查雨林——共有多少树，树的形状是什么，每种树有多少株，树的位置在哪里。但是，这项工作比在雨林盘点树木还要细致繁杂，因为你必须描述和发现所有的交流规则和联通规则。"

现在，这项计划有一种"上万神经元（每一个都不同）的软件模型，它能让研究人员通过数码技术搭建一个人工皮层单元。虽然每个神经元都是独一无二的，但是，研究人员已经发现不同大脑的线路有着共同的模式。他说："虽然我们的大脑有大有小，可能有不同形态的神经元，但是我们分享着相同的结构。我们认为，这就是物种的特别之处，这可以解释我们为什么不能跨物种交流。"

为了制作一个真实的模型，研究组需要把各种模块和一些运算法则输入一台超级电脑中。他说："一个神经元的计算量你需要用一台笔记本来做，所以，你需要上万台笔记本。"但是，他使用的是一台有 1 万个处理器的 IBM "蓝色基因"电脑。模拟大脑已经开始让研究人员了解到大脑工作方式的一些线索。例如，他们能显示出大脑的画面并监控机器的电活性。他说："这种系统让你兴奋，它实际上创造着自己表现法。"

表现和影射的目标最终会实现，因此，研究人员可能会直接看到大脑感知世界的方式。随着神经系统科学和哲学的发展，"蓝脑计划"还有着其他实际应用。例如，通过把世界上所有的有关动物的神经系统学资料汇集在一起，研究人员可能会建造动物模式。

马克拉姆教授说："我们不能一直在动物身上做实验。"它可能还会让研究人员进一步了解大脑疾病。他说："全球精神失调的人数有 20 亿。"他表示，该计划可能会提供一些新疗法的线索。

观点案例点评：

马克思主义认为，意识是物质的产物，但不是物质本身。意识是有着特殊的物质——人脑的机能。人脑是意识器官，但不是意识的源泉。从内容上看，意识是人脑对物质世界的反映，是对外界输入的信息不断加工制作的过程。没有外界信息的输入，就不会有意识的产生。但是，人的大脑并不是一片白板，并非只是对外界输入的信息作机械的应答，而是用主观的反映形式对外界信息进行加工和能动的改造。列宁认为："感受是客观世界，即世界自身的主观映象。"这是从主体和客体，主观和客观的关系上对意识本质的科学规定。蓝脑计划从科学研究角度有力地证明了"物质第一性，意识第二性"的哲学原理。

首先，对大脑本质性的认识和获得有归于科学研究。马克拉姆教授的研究团队将研究的重点放在皮层单元的研究方面，他们以"盘查热带雨林"为例形象地说明了这一研究的复杂性。研究人员通过数码技术搭建一个人工皮层单元。研究人员从每个独一无二的神经元中发现了不同大脑的路线有着共同的模式。

其次，研究过程离不开物质基础和条件。为了制作一个真实的模型，研究组需要把各种模块和一些运算法则输入一台超级电脑中，马克拉姆教授使用的是一台有 1 万多个处理器的 IBM "蓝色基因"电脑。模拟大脑已经开始让研究人员了解到大脑工作方式的一些线索。例如，他们能显示出大脑的画面并监控机器的电活性。

"蓝脑计划"恰恰否定了"人造大脑取代人脑"的可能性。

【游弋大千题海】

一、单项选择题

1. 恩格斯认为，全部哲学、特别是近代哲学的重大的基本问题是（　　）

A. 哲学与人类生存活动之间的内在联系问题

B. 人与周围世界的基本联系问题

C. 思维和存在的关系问题

D. 关于人的本质问题

【答案】C

2. 划分唯物史观与唯心史观的根据是（　　）

A. 是否承认社会历史的规律性　　B. 是否承认阶级斗争

C. 是否承认社会存在决定社会意识　D. 是否承认社会意识的能动作用

【答案】C

3. 列宁对辩证唯物主义物质范畴的定义是通过（　　）

A. 物质和意识的关系界定的　　B. 哲学与具体科学的关系界定的

C. 主体和客体的关系界定的　　D. 一般和个别的关系界定的

【答案】A

4. 马克思主义认为，世界的真正统一性在于它的（　　）

A. 实践性　　　　B. 运动性　　　　C. 物质性　　　　D. 客观性

【答案】C

5. "坐地日行八万里，巡天遥看一千河"，这一著名诗句包含的哲理是（　　）

A. 物质运动的客观性和时空的主观性的统一

B. 物质运动无限性和有限性的统一

C. 时空的无限性和有限性的统一

D. 运动的绝对性和静止的相对性的统一

【答案】D

6. "旧唯物主义是半截子的唯物主义"，这是指（　　）

A. 旧唯物主义是形而上学的唯物主义

B. 旧唯物主义在社会历史观上是唯心主义

C. 旧唯物主义是机械唯物主义

D. 旧唯物主义是割裂了运动与静止的辩证法

【答案】B

7. 既是自然界与人类社会分化统一的历史前提，又是自然界与人类社会统一起来的现实基础（   ）

A. 运动　　　　　B. 实践　　　　　C. 精神生产　　　　D. 物质生产

【答案】B

8. 辩证唯物主义认为事物发展的规律是（   ）

A. 思维对事物本质的概括和反映　　B. 用来整理感性材料的思维形式

C. 事物内在的本质和稳定的联系　　D. 事物联系和发展的基本环节

【答案】C

9. 有一首描述在战争中缺了钉子的马掌会导致国家灭亡的童谣："钉子缺，蹄铁卸，战马撅；战马撅，骑士绝；骑士绝，战事折；战事折，国家灭。"这首童谣包含的哲学原理是（   ）

A. 事物是普遍联系的　　　　　B. 事物是变化的

C. 事物的现象是本质的表现　　D. 事物的量变引起质变

【答案】A

10. "沉舟侧畔千帆过，病树前头万木春。""芳林新叶催陈叶，流水前波让后波。"这两句诗包含的哲学道理是（   ）

A. 矛盾是事物发展的动力

B. 事物是本质和现象的统一

C. 事物的发展是量变和质变的统一

D. 新事物代替旧事物是事物发展的总趋势

【答案】D

11. 中国古代哲学家公孙龙"白马非马"之说的错误在于割裂了（   ）

A. 内因和外因的关系　　　　　B. 矛盾统一性和斗争性的关系

C. 矛盾主要方面和次要方面的关系　D. 矛盾的普遍性和特殊性的关系

【答案】D

12. 辩证法的否定即"扬弃"，它的含义是指（   ）

A. 抛弃　　　　　　　　　　　B. 事物中好的方面和坏的方面的组合

C. 纯粹的否定　　　　　　　　D. 既克服又保留

【答案】D

13. 唯物辩证法的否定之否定规律揭示了事物发展的（　　）

A. 方向和道路　　B. 形式和状态　　C. 结构和功能　　D. 源泉和动力

【答案】A

14. 主观辩证法与客观辩证法的关系是（　　）

A. 反映与被反映的关系　　　　　　B. 唯心主义与唯物主义的关系

C. 抽象与具体的关系　　　　　　　D. 唯心辩证法与唯物辩证法的关系

【答案】A

15. 对于同一事物，不同的人有不同的反映，这说明（　　）

A. 意识是主体的自由创造　　　　　B. 意识不受客体影响

C. 意识受主体状况的影响　　　　　D. 意识的内容是主观的

【答案】C

16. 人工智能的出现对马克思主义哲学意识论的意义是（　　）

A. 否定了物质对意识的决定作用

B. 改变了人类意识活动的规律性

C. 肯定了人工智能可以代替意识的能动活动

D. 丰富了物质和意识相互关系内容

【答案】D

17. "历史是逻辑的基础，逻辑是历史的修正"，这一观点是（　　）

A. 主观唯心主义的观点　　　　　　B. 历史与逻辑相统一的观点

C. 片面强调逻辑重要性的观点　　　D. 割裂历史与逻辑统一的观点

【答案】B

18. "从个别到一般，从一般到个别"的思维方法是（　　）

A. 归纳与演绎　　B. 分析与综合　　C. 抽象到具体　　D. 实践到认识

【答案】A

19. 辩证思维方法从抽象上升到具体的过程是（　　）

A. 从实践到认识的过程

B. 从认识到实践的过程

C. 思维生成现实具体的过程

D. 在思维中形成"多种规定的统一"的过程

【答案】D

20. "脱离了整体的手是名义上的手"说明了（　　）

A. 整体依赖于部分

B. 部分能够脱离整体而存在

C. 整体是部分之和

D. 部分依赖于整体，脱离了整体的部分就丧失了原有的性质和功能

【答案】D

二、多项选择题

1. "巧妇难为无米之炊"的哲学意义是（　　）

A. 意识是第一性的，物质是第二性的

B. 物质是第一性的，意识是第二性的

C. 主观能动性的发挥，必须尊重客观规律

D. 画饼不能充饥

【答案】BC

2. "物质两种存在形式离开了物质，当然都是无，都是只在我们头脑中存在的观念抽象"，这段话说明（　　）

A. 时间和空间是客观的

B. 时间和空间是物质的存在形式

C. 时间和空间是绝对的，又是相对的

D. 时间和空间离开物质只是形式

【答案】AB

3. 我国古代哲学家王夫之认为："动静者，乃阴阳之动静也。""皆本物之固然。""静者静动，非不动也。""静即含动，动不含静。""动、静，皆动也。"这在哲学上表达了（　　）

A. 运动和静止都是物质的固有属性

B. 静止是运动的特殊状态，是缓慢不显著的运动

C. 静止是相对的，运动是绝对的

D. 运动是静止的总和

【答案】BC

4. 马克思说："社会生活在本质上是实践的。"这一命题的主要含义是（　　）

A. 实践是社会历史的客体　　　B. 实践是社会历史的主体

C. 实践构成了社会生活的现实基础　D. 实践是社会生活的本质内容

【答案】CD

5. 实践是人的生存方式，是指（　　）

A. 实践是人类生存和发展的基础

B. 在实践中形成人的本质和一切社会关系

C. 实践是人类特有的活动

D. 实践是一切生命的存在形式

【答案】ABC

6. 恩格斯说："当我们深思熟虑地考察自然界或人类历史或我们自己的精神活动的时候，首先呈现在我们眼前的，是一幅由种种联系和相互作用无穷无尽地交织起来的画面。"这段话所包含的辩证法观点有（　　）

A. 联系是客观世界的本性　　　　B. 一切事物都处于相互联系之中

C. 世界是一个相互联系的统一整体　D. 联系既是普遍的又是复杂多样的

【答案】ABCD

7. 下列选项中，体现发展的实质的有（　　）

A. 因祸得福，祸福相依

B. 无产阶级专政代替资产阶级专政

C. 培育出新优质品种

D. 原始社会的公有制经过私有制到社会主义的公有制

【答案】BCD

8. 某山村小镇自 20 世纪 70 年代发现矾矿以来，办了三个矾矿厂。由于没有严格的环境保护措施，每天排除大量矿烟，致使村民中大多数人患有呼吸道疾病和皮肤病。这一做法从哲学上看违背了（　　）

A. 事物普遍联系的原理　　　　　B. 事物联系复杂多样性的原理

C. 事物运动发展的原理　　　　　D. 事物的普遍性和特殊性关系的原理

【答案】AB

9．矛盾同一性在事物发展中的作用表现为（　　）

A. 矛盾双方在相互依存中得到发展

B. 矛盾双方相互吸取有利于自身发展的因素

C. 调和矛盾双方的对立

D. 规定事物发展的基本趋势

【答案】ABD

10. 下列哪些说法是对矛盾特殊性原理的具体运用（　　）

A. 对症下药，量体裁衣　　　　　B. 因实制宜，因地制宜

C. 物极必反，相反相成　　　　　D. 欲擒故纵，声东击西

【答案】AB

11. 下列工作方法体现了矛盾的普遍性和特殊性的辩证关系原理的是 （ ）.

A. "抓典型"   B. "一般号召和个别指导相结合"

C. "一切经过实验"   D. "欲擒故纵"

【答案】ABC

12. 下列思想体现了中国传统哲学矛盾观的是 （ ）

A. "一分为二"   B. "和二为一"

C. "万物莫不有对"   D. "君子和而不同，小人同而不和"

【答案】ABCD

13. 下列命题中属于揭示事物本质的有 （ ）

A. 水往低处流   B. 日出于东落于西

C. 人的本质是社会关系的总和   D. 意识是人脑对客观世界的反映

【答案】CD

14. 下列格言中或成语中，体现质量互变规律的有 （ ）

A. 九层之台，起于垒土   B. 有无相生，前后相随

C. 月晕而风，础润而雨   D. 千里之堤，溃于蚁穴

【答案】AD

15. 古语说："奢靡之始，危亡之渐。"这句话是说，奢靡逐步发展会导致危亡。其中包含的哲学道理有 （ ）

A. 现象是本质的外部表现   B. 特殊性中包含着普遍性

C. 量变是质变的必要准备   D. 质变是量变的必然结果

【答案】CD

16. 下列现象属于量变引起质变的有 （ ）

A. 生产力的增长引起生产关系的变革

B. 物体由于量的不同而区分不同的体积

C. 在一定温度下鸡蛋孵出小鸡

D. 由遗传和变异的矛盾引起旧物种到新物种的变化

【答案】ACD

17. "是就是，否就否，除此之外，都是鬼话"，这一观点的错误在于 （ ）

A. 它对否定的理解是孤立的、片面的

B. 它对肯定的理解是孤立的、片面的

C. 它否定了肯定与否定的对立统一关系

D. 它否认了事物发展的曲折性

【答案】ABC

18. 辩证的否定是（　　　）

A. 事物的自我否定　　　　　　　B. 事物发展的环节

C. 事物联系的环节　　　　　　　D. 扬弃

【答案】ABCD

19. 下列命题蕴涵着中国传统哲学中否定之否定规律的思想是（　　　）

A. "不平不阪，无往不复"

B. "将欲弱之，必固强之"，"将欲废之，必固兴之"

C. "荣枯代谢而弥见其新"

D. "和实生物"

【答案】ABC

20. 割裂事物发展过程中的前进性和曲折性会导致（　　　）

A. 激变论　　　　B. 直线论　　　　C. 庸俗进化论　　　D. 循环论

【答案】BD

三、辨析题

1. 世界统一于存在。

【答案要点】

这一观点是不对的。世界的统一性问题，讲的是世界上的万事万物有没有统一性，即有没有共同的本质或本原。马克思主义哲学认为，世界的本原是物质，不仅自然界是物质的人类社会也具有物质性，世界的真正统一性在于它的物质性。

"世界统一于存在"是一个错误的折中主义的命题，之所以是错误的，是因为"存在"是什么，在这里，是不明确的；如果存在是精神，世界统一于存在是统一于精神，这是唯心主义的命题；反过来，如果存在是物质，世界统一于存在就是统一于物质，这是唯物主义的命题。

2. 脱离物质的运动和脱离运动的物质都是不可想象的，因此，运动就是物质，物质就等同于运动。

【答案要点】

这一观点是不对的。脱离物质的运动和脱离运动的物质都是不可想象的，这个论断表明运动是物质的根本属性，物质是运动的承担者，反映了物质和运动的联系。但把物质和运动等同起来则是不正确的。

物质和运动是有区别的。物质是标明客观实在的哲学范畴，而运动则是表明这种客观实在的存在方式的范畴。物质是运动的承担者，而运动是物质的根本属性。二者是有区别的。

3. 唯物主义都承认社会存在决定社会意识。

【答案要点】

这一观点是不对的。唯物主义都承认物质决定意识，物质是世界的本原。

马克思主义以前的旧唯物主义则是"半截子"唯物主义；它们在自然观上是唯物主义，一到社会历史领域，就陷入了唯心主义，认为是社会意识决定社会存在。

只有辩证唯物主义和历史唯物主义揭示了人类实践的客观实在性，认为物质资料生产方式是人类社会存在和发展的基础，正确指出了社会存在与社会意识，即社会存在决定社会意识。

4. 人工智能的出现可以替代人类的思维。

【答案要点】

这种观点是不正确的。人工智能与人的思维有着本质区别，不能将二者相提并论，不应该得出人工智能将会取代人的意识的结论。首先，人工智能是通过物理的、生物的手段对思维的模拟，尽管人工智能在某些方面可以替代和超过人的思维，但从根本上说，人工智能仍是思维和实践的产物，模拟者不能替代被模拟者，对人类思维活动一般过程和共性的模拟并不能代替思维活动的复杂性、丰富性和特殊性。其次，人工智能自身不具备社会性，它使用功能中的社会性是由人赋予和设定的，因而它不会自觉考虑实施指令而形成的社会后果。最后，人工智能没有自身的需求和解决需求的实践活动，因而也就缺乏促使自身的功能发展的内在动因，没有能动的创造能力；而人类思维则是随社会实践和自身需求的发展而不断发展的。作为人脑的延长的人工智能的出现，可以代替人的部分思维．减轻脑力劳动的负担，但作为人类实践所创造出来的工具在根本上是受人的社会实践活动能力和水平所决定的。

四、材料分析题

［材料 1］泰勒斯认为万物由水产生，又复归于水；万物有生有灭，而水则是永恒的。赫拉克利特认为这个世界，对于一切存在物都是一样的，它不是任何神所创造的，也不是任何人所创造的；它过去、现在、未来永远是一团永恒的活火，在一定的分寸上燃烧，在一定的分寸上熄灭。

［材料 2］毕达哥拉斯认为：从数目产生出点，从点产生出线，从线产生出平面；从平面产生出立体；从立体产生出感觉所及的一切物体，产生出 4 种

元素：水、火、土、空气。这4种元素以各种不同的方式互相转化，于是创造出有生命的、精神的、球形的世界。

［材料3］东汉哲学家王充认为：天履于上，地偃于下，下气蒸上，上气降下，万物自生其中间。天地合气，万物自生。

［材料4］恩格斯指出：世界的真正的统一性是在于它的物质性。

请回答：

（1）材料1、2、3的观点相同吗？并加以评述。

（2）材料4说明了什么原理，坚持这一原理有何意义？

【答案要点】

（1）材料1、2、3的观点有相同之处，也有不同之点。相同之处在于他们都坚持世界是统一的。不同之点则在于：材料1、3都表现为朴素的唯物主义观点，把世界统一为具体的物质形态，泰勒斯归结为火，王充归结为气，但都是用物质的东西作为世界的本原。材料2表现的是一种客观唯心主义的观点，他们把世界归结为数，归结为某种客观的精神、理性因素。

（2）材料4说明的是世界的物质统一性原理。马克思主义认为世界统一于物质，世界本质上是物质的。坚持这一原理的意义在于：

第一，这一原理是整个马克思主义哲学的基石。它是整个马克思主义哲学的科学理论体系的起点，是马克思主义哲学一切原理的根本立脚点和出发点。它表明，马克思主义哲学是彻底的科学的唯物主义一元论。

第二，这一原理是反对二元论、宗教神学、唯心主义的锐利武器。它证明了：否认世界统一性的二元论不能成立，宗教神学所谓"上帝创造世界"的虚幻和荒谬，唯心主义一元论关于世界统一于精神的根本错误，并给予其根本性的摧毁和打击。

第三，这一原理具有极为重要的实践意义。它是一切从实际出发、实事求是的思想路线的根本理论基础；是坚持一切从实际出发、实事求是彻底的唯物主义一元论的根本要求。

【考研真题】

1.（2005年）广大农民在致富奔小康的过程中深切体会到："要富口袋，先富脑袋"，这一说法在哲学上的含义是（   ）

A. 精神是第一性的，物质是第二性的

B. 精神的力量可以变成物质的力量

C. 精神的力量可以代替物质的力量

D. 先有精神，后有物质

【答案】B

【分析】本题考点：意识与物质的辩证关系。科学技术是一种精神力量，它通过对新事实、新现象的发现，对本质、规律的解释，对未来事件的预见，实现其认识功能。科学技术可以转化为直接的生产力，推动生产的发展。

2. （2006 年）世界上唯一不变的是变化。这一论断的含义是（ ）

A. 变是世界的本质　　　　　B. 世界上只有变，没有不变

C. 变是绝对的，不变是相对的　　D. 变与不变是绝对对立的

【答案】C

【分析】本题考查运动与静止的关系的应用，属间接性试题。恩格斯指出，辩证哲学的"革命性质是绝对的——这就是辩证哲学所承认的唯一绝对的东西。针对市场环境快速变化，美国英特尔公司董事长葛洛夫指出：现代社会，唯一不变的就是变化。后来，人们常说：世界上唯一不变的是变化。这里讲的变化是指运动，不变是指静止，运动是绝对的，静止是相对的，此题的正确选项是 C。世界的本质或本原是物质，世界上既有变（运动），又有不变（静止），变与不变的对立是相对的即它们可以相互转化，故 A、B、D 是错误选项。

3. （2007 年）"风定花犹落，鸟鸣山更幽"形象地表达了动和静的辩证关系是（ ）

A. 静不是动，动不是静　　　　B. 静中有动，动中有静

C. 动是必然的，静是偶然的　　D. 动是静的原因，静是动的结果

【答案】B

【分析】这道选择题所考查的知识点是对运动和静止辩证关系的理解和确认。题干是王安石的著名诗句，从哲学意义上分析该诗句体现运动和静止的辩证关系是：上句"风定花犹落"是说"静中有动"，下句"鸟鸣山更幽"是指"动中有静"，两句合起来正是体现了"动中有静和静中有动"的辩证关系。选择此题，必须首先理解诗句的含义，然后再分析其蕴含的哲学道理。此种类型题从形式上看有一定难度，但只要抓住答题的规律，这一分应很容易得到。特别是该题是老师在课堂上讲到运动和静止关系的时候，列举的一个典型的例题，也是相关辅导材料上的原题，凡是听过课的，做过题的，都应毫不费力找

到正确答案。如果有的考生丢分，或是误选 A 项。该题的正确选项是 B。

4.（2007 年）"挟泰山以超北海，语人曰吾不能，是诚不能也。为长者折枝，语人曰吾不能，是不为也，非不能也。"《孟子》中的这段话启示我们，做事情要区分可能性和不可能性，二者的区别在于（　　）

　　A. 人的主观努力程度　　　　　B. 对人是否有利
　　C. 现实中有无根据和条件　　　D. 现实中的根据和条件是否充分

【答案】C

【分析】该题所考查的知识点是关于对可能性概念的确认。可能性是一个非常复杂的概念，具体可区分为：可能性和不可能性；现实的可能性和抽象的可能性；好的可能性和坏的可能性；大的可能性和小的可能性。该题的目的是要求考生找出区分可能性和不可能性的依据。唯物辩证法认为，可能性和不可能性区分的依据就是在"现实中有无根据和条件"（C 项）。所谓可能性就是指在事物发展过程中，能找到变成现实依据的，相反在现实生活中根本找不到变成现实根据和条件的就是不可能了。此题的题干给定的内容是《孟子》中的一段话，之乎者也似乎很难，但后面问的问题"做事情时要区分可能性和不可能性，二者的区别在于"，这就等于说，孟子的话在题中只是辅助的作用，理不理解，懂没懂，目的是什么已不重要，对于选择该题没有障碍。考生只要看过书，听过课都能轻松得到这一分。此题的正确选项是 C 项。

5.（2011 年）我国数学家华罗庚再一次报告中以"一支粉笔多长为好"为例来讲解他所倡导的选法，对此，他解释道："每支粉笔都要丢掉一段一定长的粉笔头，但就这一点来说愈长愈好。但太长了，使用起来很不方便，而且容易折断。每断一次，必然多浪费一个粉笔头，反而不合适。因为就出现了粉笔多长最合适的问题——这就是一个优选问题，所谓优选问题，从辩证法的角度看，就是要（　　）

　　A. 注重量的积累　　　　　　　B. 保持事物质的稳定性
　　C. 坚持适度原则　　　　　　　D. 全面考虑事物属性的多样性

【答案】C

【分析】此题主要考察唯物辩证法，华罗庚的优选原则说明要寻找粉笔长度的最适合值，防止过犹不及，也同样防止未达目标，所以本题充分表明了优选原则是坚持适度原则的体现，正确答案是选项 C。

6.（2012 年）有这样一道数学题："90%×90%×90%×90%×90%＝？其答案是约 59%。90 分看似一个非常不错的成绩，然而，在一项环环相扣的

连续不断的工作中，如果每个环节都打点折扣，最终得出的成绩就是不及格。这里蕴含的辩证法道理是（ ）

　　A. 肯定中包含否定　　　　　B. 量变引起质变

　　C. 必然性通过偶然性开辟道路　D. 可能和现实是相互转化的

【答案】B

【分析】本题考核《马克思主义基本原理概论》第二章辩证法中量变和质变的知识点。事物发展过程有量变和质变两种状态，及其相互转化。量变是事物数量的增减和次序的变动，是保持了事物质的相对稳定性，体现了事物发展的连续性。质变是事物根本性的变化，体现了事物渐进性和连续性的中断。度是事物保持其质的量的界限。事物发展的量变到一定的程度必然引起质变。质变是量变必然的结果。题目中所说，"在一项环环相扣的连续不断的工作中，如果每个环节都打点折扣，最终得出的成绩就是不及格"这就是事物发展量变到一定的程度必须引起质变。因此，该题的正确选项是B。不选ACD的理由是：选项A，是事物发展过程中的肯定与否定及其相互转化的原理。肯定中包含否定的原理是辩证法的观点。如生命中包含死亡的因素，资本主义的发展包含着灭亡的因素。选项C，这是辩证法中范畴的内容，如商品经济中价值规律是必然性的，但是价格围绕价值上下波动是偶然性的。选项D，可能和现实也是辩证法中的范畴，是揭示事物的过去、现在和将来的相互关系的范畴。

　　7. （2012年）恩格斯说："鹰比人看得远得多，但是人的眼睛识别东西远胜于鹰。狗比人具有敏锐得多的嗅觉，但是它连被人当做各种物的特定标志的不同气味的百分之一也辨别不出来。"人的感官的识别能力高于动物，除了人脑及感官发育得更加完善之外，还因为（ ）

　　A. 人不仅有感觉还有思维　　　B. 人不仅有理性还有非理性

　　C. 人不仅有知觉还有想象　　　D. 人不仅有生理机能还有心理活动

【答案】A

【分析】本题考核《马克思主义基本原理概论》第二章，第一节中人的意识起源和本质原理的知识点。意识的定义是：意识是人脑的机能，意识是对客观存在的反映。动物只有感觉和心理依赖，不可能产生意识的。只有人脑才具有意识，才有思维，才能在对客观世界反映的基础上，发挥人的主观能动性。所以，该题的正确选项是A。不选BCD的理由是：选项B，是指人们在实践中，在认识事物的过程中，产生的理性因素和非理性因素。选项C，动物有知觉，但是没有想象，也就是没有意识。但是，人是既有知觉，也有想象，还有意识的。选项 D，人和动物都具有生理机能和心理活动，该选项没有区分动物和人本质的区别。

8.（2003 年）西周末年思想家史伯说"和实生物，同则不继，以它平它谓之和，故能丰长而物归之"。这里所包含的辩证法思想有（　　）

A. 矛盾的同一是包含差别的同一

B. 对立面的同一是事物发展的动力

C. 不包含内部差别的事物就不能存在和发展

D. 矛盾的一方只有克服另一方才能达到统一

E. 事物是由不同方面、不同要素构成的统一体

【答案】ABCE

【分析】本题考点：中国传统哲学中的矛盾观及其现代意义。"和实生物，同则不断"强调的是对立统一而反对绝对等同；"以它平它谓之和，故能丰长而物归之"强调的是相反相成并由此推动事物的发展并产生新生事物。因此选项 A、B、C、E 正确。D 项强调的是矛盾一方的单方面发展，不符合辩证法，也不是材料所包含的思想。

9.（2005 年）据媒体报道，美国哥伦比亚大学的社会学家利用互联网技术做了一次实验，证明只要通过"电子邮件的 6 次信息接力"，一个人就可以同世界上任何一个陌生人联系上。这表明（　　）

A. 世界是相互联系的统一整体

B. 事物之间的联系都是人为的

C. 世界的普遍联系是通过"中介"实现的

D. 信息是世界普遍联系的基础

【答案】AC

【分析】本题考点：联系的普遍性原理。题目中说法表明世界的各要素之间是普遍联系的，联系往往需要通过某种物质的手段或者中介来实现。事物之间的联系有些表现为自然现象之间的联系，这种联系是客观的并不是人为的，因而不选 B；这种联系也一定需要通过意识或者信息来实现，因而不选 D。可以说信息是人类社会或者人与人之间普遍联系的基础，但不能绝对的说是整个物质世界普遍联系的基础，物质世界反而是信息的基础。

10.（2005 年）党的十六大指出，要不断深化对共产党执政规律、社会主义建设规律、人类社会发展规律的认识。这"三大规律"（　　）

A. 是有层次的

B. 都是人的活动的规律

C. 是人们在改造社会的实践活动中创造的规律

D. 存在着个别、特殊和一般的关系

【答案】ABD

【分析】本题考点：中国特色的社会主义发展规律。这三大规律都属于社会规律，也是客观存在的，并不是人们能够主观创造的，因而不选 C。

11.（2007 年）关于龙的形象，自古以来就有"角似鹿、头似驼、眼似蛇、腹似蜃、鳞似鱼、爪似鹰、掌似虎、耳似牛"的说法。这表明（　　）

A. 观念的东西是移入人脑并在人脑中改造过的物质的东西

B. 一切观念都是现实的模仿

C. 虚幻的观念也是对事物本质的反映

D. 任何观念都可以从现实世界中找到其本质"原型"

【答案】AD

【分析】这道不定项选择题考查考生对意识本质的理解和把握。辩证唯物主义认为，意识是对客观存在的反映，是对客观存在的主观映象。对于这些基本观点考生都能把握。该题所给定的人们关于对龙的形象的各种说法，正好体现了意识的本质，即"任何观念都可以从现实世界中找到其物质'原型'"（D 项）；从内容上看，无论是正确的意识，还是错误的、虚幻的意识，归根到底都是对客观存在的反映，都是来源于客观外界，都能从客观存在中找到原型。但是虚幻的观念仅仅反映事物的现象，而不能反映事物的本质。因此，C 选项是错误的；也就是列宁所概括的"观念的东西不外是移入人脑并在人脑中改造过的物质的东西而已"（A 项）。但并非一切观念都是对现实的模仿（B 项），人的主观性还可以根据现实进行想象或对现实进行虚幻的反映。B 答案也是错误的，AD 二项则是该题的正确选项。该考点既是考生要掌握的最基本的考点，也是老师辅导时指出的重中之重，而且题中给定的选项，也是在课堂上老师要求考生一一必须记在资料中对应知识点上的内容，没有任何难点，必得的 2 分。

12.（2012 年）"沉舟侧畔千帆过，病树前头万木春。"辩证法认为发展的实际是新事物的产生和旧事物的灭亡。新生事物必然取代旧事物，从根本上说，是因为（　　）

A. 新生事物产生于旧事物之后，是新出现的事物

B. 新生事物具有新的结构和功能，能适应已经变化了的环境和条件

C. 新生事物是对旧事物的扬弃，并添加了旧事物所不能容纳的新内容

D. 在社会历史领域内，新生事物符合广大人民群众的根本利益和要求

【答案】BCD

【分析】此题的原因是新生事物具有新的结构和功能，能适应已经变化了的环境和条件、新生事物是对旧事物的扬弃，并添加了旧事物所不能容纳的新内容、在社会历史领域内，新生事物符合广大人民群众的根本利益和要求。新事物并不是新出现的事物。因此，答案是BCD。

【小实验】

如何把握主观能动性和客观规律的辩证关系？

参考答案：

（1）概念：客观规律是指事物运动过程中本身所固有的本质的联系和必然的趋势。主观能动性是指人们能动地认识世界和能动地改造世界的实践能力和作用。

（2）辩证关系：

A. 尊重客观规律是发挥主观能动性的前提和基础，只有尊重客观规律，才能更好地发挥人的主观能动性。人们对客观规律认识越深刻、全面，主观能动性越充分地发挥。如果违背客观规律，就会受到它的惩罚。

B. 发挥人的主观能动性是认识、掌握和利用客观规律的必要条件，因为客观规律是隐藏在事物内部的。要正确地认识必须通过实践，依靠主观能动性的发挥，利用客观规律改造世界。

C. 尊重客观规律和发挥人的主观能动性是相辅相成的，辩证统一的。既要尊重客观规律，又要发挥人的主观能动性，把坚持唯物论和辩证法有机统一起来。

（3）意义

A. 主观能动性和客观规律性辩证关系的原理是我们反对唯心论，形而上学，反对"右"和"左"的错误思想的武器，否认客观规律性，夸大人的主观能动性，就会陷入形而上学的泥坑，其表现为"精神万能论"，在革命和建设中往往会导致超越历史发展的阶段。在政治上会犯冒险盲动的"左"的错误。夸大尊重客观规律性，否认人的主观能动性，就会陷入形而上学机械论的错误。其表现为"宿命论"，在革命和建设中，往往会导致落后于历史发展的

阶段，在政治上开历史的倒车，犯"右"的错误。

B. 在实现中华民族伟大复兴之梦过程中，必须尊重社会主义建设的客观规律，从实际出发，实事求是，同时必须充分发挥广大人民群众的积极性、创造性，把革命热情和科学态度结合起来，才能开创新的局面，加速我国现代化建设。既要反对不尊重社会主义建设发展规律的唯心主义、精神万能论，又要反对拜倒在规律面前，否认发挥人民群众主动性、创造性的机械论，才能搞好社会主义现代化建设。

【求索参考资料】

一、马克思主义经典著作

1. 《1844 年经济学哲学手稿》（节选），马克思，《马克思恩格斯选集》第 1 卷，人民出版社，1995 年版。

2. 《关于费尔巴哈的提纲》，马克思，《马克思恩格斯选集》第 1 卷，人民出版社 1995 年版。

3. 《资本论》第 1 卷（节选），1872 年第二版跋，马克思，《马克思恩格斯选集》第 2 卷，人民出版社，1995 年版。

4. 《反杜林论》（欧根·杜林先生在科学中实行的变革）第一编哲学，恩格斯，《马克思恩格斯选集》第 3 卷，人民出版社，1995 年版。

5. 《路德维希·费尔巴哈和德国古典哲学的终结》，恩格斯，《马克思恩格斯选集》第 4 卷，人民出版社，1995 年版。

6. 《自然辩证法》（节选），恩格斯，《马克思恩格斯选集》第 4 卷，人民出版社，1995 年版。

7. 《谈谈辩证法问题》，列宁，《列宁选集》第 2 卷，人民出版社，1995 年版。

8. 《辩证法的要素》，列宁，《列宁选集》第 2 卷，人民出版社，1995 年版。

9. 《唯物主义和经验批判主义》（对一种反动哲学的批判）（节选）有关章节，列宁，《列宁选集》第 2 卷，人民出版社，1995 年版。

二、其他参考书目

1. 《矛盾论》，毛泽东，《毛泽东选集》第 1 卷，人民出版社，1991 年版。

2. 《实践论》，毛泽东，《毛泽东选集》第 1 卷，人民出版社，1991 年版。

3.《论持久战》，毛泽东，《毛泽东选集》第 2 卷，人民出版社，1991年版。

4.《解放思想，实事求是，团结一致向前看》，邓小平，《邓小平文选》第 2 卷，人民出版社 1994 年版。

第二章　认识世界和改造世界

【明确学习目标】

1. 学习目标概述

（1）了解和理解实践是认识发生的现实基础，认识的本质是实践基础上主体对客体的能动反映以及实践和认识的相互作用。

（2）理解和掌握认识过程的辩证运动机制及其发展规律。

（3）树立客观真理的观点，弄清真理和谬误的本质区别，领会绝对真理和相对真理的辩证统一，掌握实践是检验真理的根本标准。

2. 重点掌握

本章重点：

（1）事物的普遍联系和永恒发展。

（2）对立统一规律是宇宙的根本规律。

（3）唯物辩证法是根本方法。

（4）自然规律和社会规律。

（5）主观能动性与客观规律性的辩证统一。

本章难点：

（1）实践在认识中的决定作用

第一，实践产生了认识的需要。第二，实践为认识提供了可能。第三，实践使认识得以产生和发展。第四，实践是检验认识的真理性的唯一标准。

（2）马克思主义认识的本质是什么

认识是主体在实践基础上对客体的能动反映，这是辩证唯物主义认识论对认识本质的科学回答。

（3）运动的基本规律

运动是一个辩证发展过程：从实践到认识；从认识到实践；实践、认识、再实践、再认识，认识运动不断反复和无限发展。

（4）感性认识理性认识辩证关系

首先，理性认识依赖于感性认识，理性认识必须以感性认识为基础。坚持理性认识对感性认识的依赖关系，就是坚持了认识论的唯物论。其次，感性认识有待于发展和深化为理论认识。只有使感性认识上升到到理性认识，才能把握事物的本质，满足实践的需要。坚持了这一点，就是坚持了认识论的辩证法。最后，感性认识和理性认识相互渗透，相互包含，二者的区分是相对的，人们不应当也不可能把它们截然分开。

（5）认识发展的总过程

从实践到认识，再从认识到实践，如此实践、认识、再实践、再认识，循环往复以至无穷，一步步地深化和提高，这就是认识发展的总过程。

（6）真理的客观性、绝对性和相对性

客观性：真理具有客观性，凡真理都是客观真理。首先，真理的内容是客观的。其次，检验真理的标准也是客观的。

绝对性：即具有绝对性的真理，是指真理的无条件性，无限性。

相对性：即具有相对性的真理，是指真理的有条件性，有限性。

（7）实践作为检验认识真理性的标准的确定性和不确定性

实践作为检验认识真理性的标准的确定性即绝对性，是指实践作为检验认识真理的标准的唯一性，即离开了实践，再也没有另外的标准。

实践作为检验认识真理性的标准的不确定性即相对性，是指实践对认识真理性的检验的条件性。即任何实践都受到一定具体条件的制约，因而都具有一定的局限。

【教师导航分析】

本章逻辑概述

第一节　认识的产生及本质

一、实践是认识的基础

1. 实践是认识的来源。

2. 实践是认识发展的动力。

3. 实践是检验认识真理的唯一标准。

4. 实践是认识的目的。

二、认识的主体和客体

1. 认识主体是指认识和实践活动的承担者，是处于一定社会关系中从事实践活动和认识活动的现实的、具体的人。认识主体的突出特点是：认识主体具有能动性。认识主体的结构分为个体、群体和人类整体诸层次。

2. 认识客体是指人的实践活动和认识活动所指向的对象。认识客体的性质：客观实在性、对象性。

3. 认识的主体和客体之间存在着既对立又统一的辩证关系。二者的同一关系即相互依存、相互作用，并在一定条件下相互转化。具体说来，它们的关系表现如下：

第一，主体和客体的实践关系。实践关系是一切其他关系的前提和基础，也是主体和客体之间的首要的基本关系。

第二，主体和客体的认识关系。

第三，主体和客体的相互作用。主体对客体具有改造和认识作用，这是主体能动性的表现。

4. 认识的本质是主体对客体的能动反映。

第一，唯物论的反映论与唯心论的认识论的对立。在哲学上有两条对立的认识路线：一条是从物到感觉和思想的路线；一条是从感觉和思想到物的路线。前一条是唯物主义的认识路线，后一条是唯心主义的认识路线。

第二，可知论与不可知论的对立。哲学上的不可知论是指那些认为世界不可认识或不能彻底认识的哲学认识论。英国的休谟和德国的康德是不可知论的典型代表。

第三，辩证唯物论的能动的反映论与旧唯物论的机械的反映论的对立。在认识上，唯物论都是反映论，但在马克思主义哲学以前的唯物论的反映论是机械的。

第二节 认识的辩证运动

一、从感性认识到理性认识即认识的第一次飞跃

1. 感性形式产生于感性认识，感性认识是认识的初级阶段，它是对事物的各个片面、现象和外部联系的反映，是具体的、丰富的、生动的；然而，它是表面的、个别的、不深刻的。感性认识分为感觉、知觉和表象三种形式。

2. 理性认识包括概念、判断和推理三种形式。

3. 感性认识与理性认识的联系表现在：理性认识依赖于感性认识；感性认识有待于发展到理性认识，理性认识中包含感性的成分。

4. 在实际工作中，经验论和唯理论是经验主义和教条主义的认识论根源。

5. 感性认识向理性认识的飞跃要具备两个条件：第一，必须有正确的思维方法。第二，感性材料应是丰富的、全面的，而不是零散不全的。

二、从理性认识到实践即认识的第二次飞跃

认识过程的第二次飞跃是把第一次飞跃获得的理论用于指导实践，实现对客观世界的改造。

第二次比第一次飞跃具有更加重大的意义：第一，只有经过这次飞跃，才能把理论用于指导实践，实现对客观世界的改造。第二，只有经过这一次飞跃，使理性认识再回到实践中去，才能使之得到检验，得到丰富和发展。

三、认识过程的多次反复和有限与无限的辩证统一

认识在实践中产生，先是感性认识，然后上升为理性认识，再由理性认识回到实践，这是一个由实践到认识、再由认识到实践的完整的认识过程。一个正确的认识常常不是通过实践——认识——再实践一次反复就能完成的，而是要经过多次反复才能完成。一个正确的认识需要经过多次反复才能完成，整个人类的认识是有限与无限的统一。认识的反复性是由以下原因决定：从客体方面来考察，人的认识必然要受到社会历史条件和科学技术条件的限制。从认识主体来考察，人的认识受到主体的生理因素、知识水平、生活经验、认识能力及其立场、观点、方法的限制。每个时代的人的第一次具体的认识都是有限的，整个人类的认识具有无限性。

第三节 真理与价值

一、真理的属性

真理的客观性有两个含义：其一，是指任何真理都包含不依赖于主体、不依于人类的客观内容，就是说，真理的客观性就是承认认识的内容来自客观实际又符合客观实际。简言之，真理的客观性就是指真理的内容是客观的。其二，真理的客观性是指检验真理的标准是客观的。检验真理的标准只

马克思主义基本原理概论辅助读本

64

能是实践。

二、真理的绝对性和相对性

三、真理与价值的辩证统一

真理体现的是认识与认识对象的关系，是认识与对象相一致、相符合。价值是指外物对人需要的满足，表示某物具有对人有用或使人愉快的属性。

真理与价值的统一表现在：1. 真理能够指导社会实践；2. 真理与正确的价值观相一致，正确的价值观是在真理指导下形成的。

第四节 认识世界与改造世界的统一

一、认识的目的全在于运用

二、一切从实际出发、实事求是

1. 一切从实际出发是马克思主义哲学的根本要求，也是马克思主义哲学认识路线在实际工作中的具体表现。

2. 马克思主义哲学认识论与党的思想路线。

思想路线，是指一个阶级与其政党作为指导思想并用以支配行动的认识路线。

党的思想路线的内容是：一切从实际出发，理论联系实际，实事求是，在实践中检验真理和发展真理。实事求是是党的思想路线的核心，也是马克思主义哲学的精髓，它充分地体现了马克思主义认识论的根本原则。

实事求是最早出现于东汉班固《汉书》中的《河间献王传》，文中写道："（河间献王）修书好古，实事求是。"

3. 马克思主义哲学认识论与党的群众路线。

马克思主义哲学认识论与党的群众路线的一致性及坚持群众路线工作方法的重要意义。党的群众路线是：一切为了群众，一切依靠群众，从群众中来，到群众中去。"从群众中来"就是从实践到认识的过程，"到群众中去"就是从认识到实践的过程，"从群众中来，到群众中去"不断循环往复的过程，也就是实践——认识——实践不断循环往复的过程，这表明群众路线同马克思主义哲学认识论是完全一致的，是马克思主义哲学认识论在实际工作中的运用。人心向背决定一切，我们要永远不脱离人民群众，和人民群众在一起。在新的历史时期，仍然要坚持党的群众路线，仍然要坚持从为人民群众谋利益这个根本前提出发，相信和依靠群众，实行"从群众中来，到群众中去"的工作方法和领导方法，只有这样，才能完成振兴中华的伟大历史任务。

【观点案例点评】

哲学史上对认识本质的不同的理解

观点1 柏拉图的"回忆说"

回忆说是古希腊哲学家柏拉图为论证他的理念论而提出的一种认识学说。柏拉图认为，人的感觉只能认识有变化生灭的、不真实的现实事物，而不能认识永恒的、真实的理念，人们关于理念的知识只有通过回忆的途径才能获得。为什么人能够通过回忆来获得知识呢？柏拉图认为，人在出生以前，灵魂中原本已经具有了关于理念的知识，只是在灵魂和肉体结合出生之时忘记了。在人出生以后，通过对一些具体事物的认识，并加以启发，人们便回忆起和这些具体事物相类似的知识。正如看到一个人的肖像或他用过的物品时就能够回忆起这个人一样，人通过美的花、美的人等具体的美的事物，便回忆起绝对的完全的美的理念。柏拉图在对话《美诺篇》中以一个童奴为例，说这个童奴虽然从来没有学过几何学和数学，但通过诘难和启发，却能解答几何学的难题，由此证明：这些知识本来就存在于人的心中，只不过是需要通过辩驳和诘难才能回忆起来。

观点2 亚里士多德的"蜡块说"

蜡块说是古希腊哲学家亚里士多德认识论的一个重要观点。亚里士多德认为，感觉是感性灵魂的一种机能，它接受的是事物的形式而不是质料，正如蜡块一样，当刻有图纹的金属作用于它的时候，它接受的是印纹而不是金属本身。在亚里士多德看来，灵魂有认识的能力，但自身不会产生知识，感觉和思维都是在外部对象作用下发生的。蜡块说的意义在于它肯定了人类的知识起源于外部世界。

观点3 洛克的"白板说"

约翰·洛克（1632~1704）是英国经验论的代表人物，著有《政府论》、《论宗教宽容》、《人类理智论》等。在认识论上，洛克提出了著名的"白板说"。洛克反对当时盛行于欧洲哲学界的天赋观念论。他认为，天赋观念不仅是一个没有必要的理论假设，而且也是不可能的假设。天赋观念论的主要理由之一是认为一些观念和原则是全人类普遍同意的，洛克批评说，即使足以证明一些观念和原则是人类普遍同意的，也不能证明它们是天赋的，它们很可能缘于其他的途径，更何况根本没有什么全人类普遍同意的与生俱来的观念和原则。天赋观念论用以作为根据的上帝观念并非人人都有，也并非是天赋的，而是人们在后天的学习中，在神学蒙昧教育中才获得的。

洛克认为，经验是知识的唯一来源。他说："人的心灵天生就好比一块白板——不是白颜色的板，而是空白的板，上面没有任何记号，没有任何观念。人出生时心灵犹如白纸或白板一样，对任何事物都没有印象。""我们的全部知识是建立在经验上面的；知识归根到底都是导源于经验。"洛克把经验分为感觉和反省两类。感觉是观念的外在来源，是通过外物的刺激而产生观念的过程；反省是观念的内在来源，是"内部感官"，是心灵反思内部活动而获得的观念。洛克还将物体的一切性质分为"第一性的质"和"第二性的质"。前者指物体的大小、广延、可动等；后者指由第一性的质所派生的、使他物发生变化的能力以及在我们感官上产生颜色、声音、气味、滋味和冷热、硬软等感觉的能力。他认为，物体的第一性的质是客观的，是"实在的性质"，不以人的意识为转移；第二性的质是物体在人心中造成的不同于第一性的质的性质，是凭借物体的第一性的质的能力在人的心灵中引起的观念，它在物体中并不存在"原型"。

洛克认为一切知识来源于经验，表明他坚持了唯物主义经验论的原则，但把反省也视为知识的一个来源，则表明了其唯物主义经验论的不彻底性。洛克的"白板"说奠定了近代经验主义认识论的基础，成为18世纪法国唯物主义哲学的理论源泉。洛克的哲学思想对贝克莱的经验唯心主义、休谟的不可知论经验主义以及康德的"批判哲学"都产生了深远影响。

观点4 笛卡儿的"天赋观念论"

17世纪法国哲学家、数学家笛卡儿认为数学是科学的典范，要求一切科学知识都要做到像数学那样确切可靠。他从新兴的科学中借来机械方法，对人类的知识进行分析，指出一切知识都是由观念构成的，这些观念一共分为三类。第一类是通过感官从外界得来的，带着个别性和偶然性，而且常常会欺骗人们，因此单凭感性经验不能形成无可怀疑的科学知识。第二类是人们由理性直观得到的，如数学的、形而上学的公理，一看就知道，清楚明白，无可怀疑，这类观念是一切科学的基础。第三类是人们凭空虚构的，如飞马、金山之类，没有客观有效性，当然不能成为科学。笛卡儿认为，第二类观念是普遍必然的，不可能来自个别的、偶然的感性经验，只能是理性自身固有的"天赋现念"。所以，他认为真正的知识只能来自于人的天赋观念，只有人类先天就

67

具有的这些天赋观念才是知识的源泉。

观点5 休谟的"怀疑论"

大卫·休谟（David Hume，1711～1776）是18世纪英国经验主义哲学家，温和的怀疑论或不可知论者。休谟从经验论出发，提出了以怀疑论为特色的哲学理论。他写到："如果我们是哲学家的话，那么我们就应该对一切持怀疑态度。这样才能名副其实。"在认识论上，休谟怀疑感觉的来源。他把经验的对象称为知觉，它分为印象与观念两大类，其中印象又分为感觉印象和反省印象。观念来源于印象，反省印象来源于感觉印象，一切知识都来源于感觉印象。至于感觉印象的来源，休谟认为是一个不能回答的问题。休谟声称："至于由感觉所发生的那些印象，据我看来，它们的最终原因是人类理性所完全不能解释的。我们永远不可能确实地断定，那些印象是直接由对象发生的，还是被心灵的创造能力所产生，还是由我们的造物主那里得来的。"

休谟认为他的怀疑论不同于皮罗的"极端怀疑论"，而是一种"温和怀疑论"，即不是为了怀疑而怀疑，怀疑只是追求确定知识的手段。他的怀疑仅限于思辨领域，在实践中仍然相信健全的常识。

人类认识客观世界的案例

案例1 四月桃花

817年，唐朝著名诗人白居易在游览江西庐山时，写下一首著名的诗《大林寺桃花》。诗中写道："人间四月芳菲尽，山寺桃花始盛开。长恨春归无觅处，不知转入此中来！"宋代著名的科学家、文学家沈括看到这首诗，感到非常惊讶，他带着讥讽的口吻评论说："既然'四月芳菲尽'了，怎么会'桃花始盛开'呢？大诗人也会写出这样自相矛盾的句子，可谓'智者千虑，必有一失'呀！"后来，有一年春夏之交的季节，沈括去游山，见到了白居易诗中所描写的景象：四月的天气，山下众花已经凋谢，而山顶上却是桃花红艳，一片灿烂。沈括猛然想起白居易的诗来，才领悟到自己错怪了大诗人，也从中发现了海拔高度对季节的影响：由于山上气温低，春季的到来也就晚于山下。沈括又仔细地读了白居易的这首诗，才发现这首诗的前面有一篇序。序中写道："（大林寺）山高地深；时节绝晚，于时孟夏月（即四月），如正二月天；梨桃始华（花），涧草犹短。人物风候，与平地聚落不同。"白居易的这篇序特地对为什么在人间四月众花已凋的时候大林寺桃花却"始盛开"的原因进行了说明。现代科学研究表明，根据高山气温垂直分布的规律，海拔每升高100

米，气温便降低0.6℃。白居易诗中所描写的大林寺位于庐山香炉峰顶，海拔约1200米，比平地气温约低7℃左右。因此，在农历四月上旬，当庐山脚下的江西九江市已是"芳菲尽"的时候，山顶上的大林寺却是桃花盛开，一片春色。

无独有偶，冯梦龙的小说《警世通言》中，也有一则《王安石三难苏学士》的故事。据说，苏东坡去拜访宰相王安石，恰逢王不在。苏东坡看见书桌上有一纸咏菊的诗稿，只写了两句："昨夜西风过园林，吹落黄花满地金。"才高气傲的苏学士心想，这老夫子大概糊涂了，菊花最能耐寒傲霜，如何秋风一吹便落呢？于是提笔顺口续道："秋花不比春花落，说与诗人仔细吟。"不久，苏东坡被贬到黄州任团练副使，心情不快，到了当年九月重阳，一夜秋风刚过，苏东坡邀友赏菊。走进花园一看，只见花瓣纷落，铺金满地。这时，他才猛然省悟，原来真有"吹落黄花满地金"的事。

案例2 勾股定理的由来

平面几何中著名的勾股定理是怎么得来的呢？我们得从"5、12、13"这两组数字说起。在很早的时候，埃及人就利用尼罗河水来进行人工灌溉，这就需要修建水渠、水池和堤坝等工程。同时，由于尼罗河经常泛滥，住在尼罗河两岸的古埃及人不得不在洪水之后又重新划分土地。测量土地的需要导致了几何学的产生。古埃及人在长期的生产实践中发现，如果按照边长为3:4:5的比例画一个三角形，那么与边长5相对的角是直角。他们就是利用这个已知的道理在地面上画直角三角形的。从表面上看，古埃及人已经学会画直角三角形，但是他们对直角三角形的理解却是零散、孤立和粗浅的。尽管如此，这毕竟是人们在认识直角三角形的过程中所经历的不可或缺的第一步。

继古埃及人之后，古希腊数学家、哲学家毕达哥拉斯发现古巴比伦也有一个类似的直角三角形画法，但其边长的比例是5:12:13，与"13"相对的角是直角。毕达哥拉斯借助于古埃及人和古巴比伦人总结出来的这些经验，运用自己的头脑对这些素材进行了分析、对比和提炼，终于找出了规律性的东西：夹直角的两边的长度的平方和与对着直角一边的平方恰好相等。用公式表示，即 $a^2 + b^2 = c^2$，这就是我们今天所说的勾股定理。因为是毕达哥拉斯总结出来的，所以也叫做毕达哥拉斯定理。

实际上，我国古代劳动人民在略早于毕达哥拉斯的时候，就从劳动实践中认识到了勾股定理的规律，并有所总结，只是没有形成抽象的表达形式。

案例 3　苯环结构的发现

科学发现不仅仅是实验观察和逻辑推理的过程，也是科学家思维创造的过程，要受到人的非理性因素的影响。化学家凯库勒发现苯分子环状结构的过程就是一个典型的例子。

1864 年的冬天，凯库勒在比利时的根特大学任教。这时他正在研究苯分子的结构问题，但进展很慢，几乎陷入了困境。一天晚上，他在书房中打起了瞌睡，眼前出现了旋转的碳原子。在梦中，碳原子的长链像蛇一样盘绕卷曲，忽然看到一条蛇抓住了自己的尾巴，并旋转不停。凯库勒像触电般地猛醒过来，并由此联想到了苯分子的结构，提出了苯环结构假说。后来，凯库勒在1890 年的讲演中描述道："我坐下来写我的教科书，但工作没有进展，我的思想开小差了。我把椅子转向炉火，打起了瞌睡。原子又在我眼前跳跃起来，这时较小的基团谦逊地退到后面。我的思想因这类幻觉的不断出现变得更敏锐了，现在能分辨出多种形状的大结构，也能分辨出有时紧密地靠近在一起的长行分子，他们盘绕，旋转，像蛇一样运动着。看，有一条蛇咬住了自己的尾巴，这个形状虚幻的在我的眼前旋转着。像是电光一闪，我醒了……我花了这一夜的其余时间，做出了这个假想。"对于他的发现，凯库勒说："我们应该会做梦……那么我们就可以发现真理……但不要在清醒的理智检验之前，就宣布我们的梦。"

案例 4　昂贵的旧石板

一千多年前的五代南唐时，江宁府（今天的南京市）已是客商云集的繁华之地。一天，一个来自西域的胡商在漫步郊外时看见一户农家门前有块石板，这块石板是个浑然天成的大圆盘，胡商开了很高的价钱想买下它。农夫见这个胡商衣着雍容华贵，头戴一顶镶嵌着五光十色宝石的帽子，面貌白皙、鼻梁高耸、瞳仁碧蓝，显然是个外族人，于是顿生戒心，说这石板是他家的传家宝，不卖！那个胡商只好悻悻地走了。实际上，这块石板并非农夫的传家宝，而是他在耕田时偶然发现的，由于觉得这块石板还有些用场，农夫就从泥中把它抠出来搬回了家，用几块砖头支在门前当饭桌用。当农夫见胡商竟然肯出十两银子买这块石板时，就暗自思忖，既然这个胡商肯出十两银子，想必这玩意儿会值更多的钱，于是就不肯轻易出手了。胡商走后，农夫立即和妻儿将这块石板抬进院子支起来。除了继续用它当饭桌，农夫再也想不出可以有其他的用场。

第二天，胡商又登门来商议购买这块石板，农夫开价要一斗黄金或一升珠宝才肯出卖。虽然胡商没有想到农夫会如此抬高价格，但他还是答应了，只是要回去筹措这笔钱。胡商走后，农夫非常高兴，终于要发大财了。他赶紧把石板从院子抬进了屋里，点起灯盏连夜清洗石板上的泥迹油污，并且很起劲地用沙石把石板打磨得非常光溜。他考虑等明天胡商来时，可以将这块打磨一新的石板的价钱再抬高一倍。

第三天，那个胡商果然带着许多珠宝又来了。农夫抬出石板想要向他索要更高的价钱，但还没等他开口，胡商便大叫可惜。原来，这块石板是一个天然日晷，石板上原来排列着十二个小孔，分别表示子、丑、寅、卯、辰、巳、午、未、申、酉、戌、亥十二个时辰，每交一个时辰，小孔里就会爬出一只红蜘蛛在孔周围布一个六角形的网，到了下一个时辰，另一个红蜘蛛也会从下一个小孔出来布同样的网，然后上一个时辰的蛛网就会自动消失。如此交替进行，人们就会准确无误地判断出现在是几时几刻。普通的日晷只能以太阳光的投影来判断时刻，而这个天然日晷无论天晴下雨、白天黑夜都能使用，这就是它的奇妙之处。但现在石板已经磨损，再也不会有红蜘蛛出来布网了，石板也就一文不值了。农夫听完胡商的解释，叹息不已，后悔莫及。

观点案例点评：

对于认识的本质，在哲学史上历来存在着不同的观点。本专题列举了西方哲学史上几种著名的观点。观点1中，柏拉图认为知识为人先天固有，对外界的感受只是起到促进知识回忆的作用，外界并不是知识的来源。这样，在柏拉图看来，认识就是回忆人先天就具有的知识。观点2中，亚里士多德把人的感觉比作蜡块，把作为事物的本质的形式比作金属的图纹，就像只有金属的图纹作用于蜡块，蜡块上才会产生印记一样，只有外界事物的形式作用于人的灵魂，人才会产生知识。尽管亚里士多德的形式不完全等于我们今天所说的客观事物，但他肯定了认识来源于外界。经验论是哲学认识论发展过程中的一个重要派别。案例3介绍了英国经验论哲学家约翰·洛克的"白板说"。洛克反对当时盛行的天赋观念论，把人的心灵比作上面没有任何东西的白板，对任何事物都没有印象，认为经验是知识的唯一来源，正是经验在心灵的白板上留下了痕迹。洛克的白板说在哲学史上产生了很大的影响。观点4介绍了法国唯理论哲学家笛卡儿的天赋观念论。唯理论与经验论相对立，笛卡儿是唯理论的著名代表人物。笛卡儿根据当时自然科学所取得的成就，把"清楚明白"、"普遍必然"作为知识的衡量标准，认为从经验得来的观念不符合这一要求，只有来自于理性自身的才是真正的知识，所以知识的来源是人先天就有的天赋观念。在西方哲学史上，经验论与唯理论之间的争论非常激烈，双方的观点各有长短，于是怀疑论出现了。观点 5 介绍了英国哲学家大卫·休谟的怀疑论观点。休谟认为，经验论与唯理论之间争论不休，其根源在于它们都想超出人类的感觉印象，而实际上，我们能确定的是人类的知识来源于感觉印象，至于感觉印象的来源，则是人类理性所不能认识的。这样，休谟就把认识的直接来源确定为人的感觉印象，而不管认识的最终根源。实际上，休谟的怀疑论回避了认识的来源问题。

在所提供的实际案例中，案例 1、案例 2、案例 3 说明实践是认识的基础，人的认识来源于实践。案例 1 中，白居易的诗得自于他的游山所见，他在诗序中的分析也是源于他对于实际情况的观察。沈括起初嘲讽和批评白居易的这首诗，是因为他没有真正到这个地方去观察，只是凭想当然的推测就下结论。他后来意识到自己的错误，也是由于他看到了实际的情况。同样，苏东坡否定王安石的咏菊诗是因为没有亲身经历，等到亲眼所见，才知道是自己错了。这正是古人所说的：纸上得来终觉浅，绝知此事要躬行。否则，就容易犯错误，闹笑话。案例 2 说明：著名的勾股定理并不是人类天生就知道的，而是在古埃及人和古巴比伦人的实践中，通过毕达哥拉斯的研究，才发现的。案例 3 "苯环结构的发现"说明了非理性因素对于人的认识的影响和作用。凯库勒正是从他的梦出发，联想到了苯环的建构。其实，认识是认识主体的认识，而认识主体并不是一个仅仅具有实验观察和逻辑推理能力的理性动物，他还是一个具有意志和情感的主体，所以人的认识必然要受到情感、意志等非理性因素的影响。案例 4 中，对于同一个破旧的石板，农夫认为除了当饭桌没有其他的用途，而胡商则视为至宝，愿意出巨资高价购买，两者的看法有天壤之别。原因在于，农夫的生活经历和知识背景使他认识不到这个旧石板的真正用途，而见多识广的胡商则了解旧石板的精妙之处。同是认识主体，面对同样的事物，由于其自身素质不同，形成的认识也就不同。也正是因为如此，农夫才把旧石板打磨一新，认为这样能够卖个好价钱，而胡商则认为打磨一新的石板一文不值。

【游弋大千题海】

一、单项选择题

1. 从认识到实践，是认识过程的第二次能动的飞跃。它的作用在于（　　）

A. 能改造世界和检验理论　　　　　B. 能认识世界和解释世界

C. 能认识实践和指导实践　　　　　D. 能认识世界和检验理论

【答案】A

2. 真理观上的相对主义，错误在于（　　）

A. 夸大真理的相对性，否认真理的绝对性

B. 夸大真理的绝对性，否认真理的相对性

C. 只讲真理的客观性，否认真理的相对性

D. 认为关于同一对象真理性的认识只有一个

【答案】A

3. 真理是（　　）

A. 在现有知识条件下的正确认识　　B. 永恒不变的正确认识

C. 客观规律　　　　　　　　　　　D. 对客观事物及其规律的正确认识

【答案】D

4. 真理的内容是客观的，检验真理的标准也是客观的。这表明真理的
（　　）

A. 正确性　　　B. 科学性　　　C. 一元性　　　D. 客观性

【答案】D

5. 坚持真理的客观性是真理观上的（　　）

A. 唯物主义　　B. 唯心主义　　C. 形而上学　　D. 机械论

【答案】A

6. 真理的相对性是指真理的（　　）

A. 可变性、多元性　　　　　　　　B. 有条件性、有限性

C. 暂时性、多样性　　　　　　　　D. 不稳定性、多变性

【答案】B

7. 任何真理都带有近似正确的性质，这种观点是（　　）

A. 相对主义　　B. 绝对主义　　C. 唯心主义　　D. 辩证唯物主义

【答案】D

8. 绝对性真理和相对性真理是（　　　）

A. 两种完全不同的真理　　　　　B. 有着固定不变的界限

C. 两种完全相同的真理　　　　　D. 任何一个真理都具有的两种属性

【答案】D

9. 真理和谬误互相贯通的含义是（　　　）

A. 真理中包含着谬误　　　　　　B. 两者互为因果

C. 在一定条件下它们可以互相转化　D. 两者没有确定的界限

【答案】C

10. 认识主体和认识客体之间最基本的关系是（　　　）

A. 改造与被改造的实践关系　　　B. 反映与被反映的认识关系

C. 相互依存的关系　　　　　　　D. 相互作用的关系

【答案】A

11. 实践之所以是检验真理的唯一标准，就实践自身的特点而言，因为
（　　　）

A. 它是对人类有用的活动　　　　B. 它是多数人参加的活动

C. 它是具有主观性的活动　　　　D. 它是具有直接现实性的活动

【答案】D

12. 对于哲学史上长期争论不休的唯理论和经验论两大派别的正确评价是
（　　　）

A. 唯理论是正确的，经验论是错误的

B. 经验论是正确的，唯理论是错误地

C. 唯理论和经验论各有片面的真理性

D. 唯理论和经验论都是完全错误的

【答案】C

13. 下列情况哪个是实现由理论向实践飞跃的条件（　　　）

A. 坚持一般理论与具体实践相结合原则

B. 严格按照正确理论办事

C. 坚持理想与现实相结合的原则

D. 坚持领导和群众相结合的原则

【答案】A

14.“对客观事物的反映即是真理”，这是（　　　）

A. 混淆了真理性认识与一般认识的错误观点

B. 辩证唯物主义的真理观

C. 一切唯物主义的真理观

D. 混淆了真理的客观性与规律客观性

【答案】A

15. 对一个复杂事物的正确认识往往需要经过（   ）

A. 由感性认识到理性认识，再由理性认识回到感性认识

B. 由感性认识到理性认识，再由理性认识回到实践的两次飞跃

C. 由实践到认识，由认识到实践地一次完成

D. 由实践到认识，由认识到实践的多次反复

【答案】D

16. 承认我们知识的相对性就（   ）

A. 必然归结为诡辩论   B. 必然归结为怀疑主义

C. 必然归结为不可知论   D. 可以防止认识的僵化

【答案】D

17. 列宁提出的"从物到感觉和思想"与"从思想和感觉到物"是（   ）

A. 唯物主义认识论与唯心主义认识论的对立

B. 经验论与唯理论的对立

C. 反映论与先验论的对立

D. 可知论与不可知论的对立

【答案】A

18. 列宁说："没有革命的理论，就不会有革命的行动。"这一命题的含义是（   ）

A. 革命理论比革命行动更重要

B. 革命运动是革命理论的派生物

C. 革命理论对革命实践具有指导作用

D. 革命理论最终决定革命运动的成败

【答案】C

19. 马克思指出："搬运夫和哲学家之间的原始差别要比家犬和猎犬之间的差别小得多，它们之间的鸿沟是分工掘成的。"这表明（   ）

A. 人的聪明才智无先天区别

B. 人的聪明才智的大小主要取决于主观努力的程度

C. 人的聪明才智主要来源于后天实践

D. 人的聪明才智由人的社会政治地位决定

【答案】C

20. 真理和谬误的界限在于（　　　　）

A. 是否符合人的利益和愿望

B. 是否符合马克思主义

C. 是否反映了客观事物的本质和规律

D. 是否为大多数人所接受

【答案】C

二、多项选择题

1. 马克思说："社会生活在本质上是实践的。"这一命题的主要含义是（　　　　）

A. 实践是社会历史的客体　　　　B. 实践是社会历史的主体

C. 实践是社会关系形成的基础　　D. 实践形成了社会生活的基本领域

E. 实践构成了社会发展的动力

【答案】CDE

2. 实践的中介系统包括（　　　　）

A. 人的肢体延长、体能放大的工具系统

B. 人的感官和大脑延伸、智力放大的工具系统

C. 进入主体认识和实践范围的各种物质系统

D. 在思维中把对象的某种属性、因素抽取出来的逻辑方法

E. 在思维中把对象的某种属性、因素抽取出来的操作系统

【答案】AB

3. 主体与客体相互作用的过程包括以下环节（　　　　）

A. 确定实践目的和实践方案

B. 通过一定的实践手段把实践方案变成实际的实践活动

C. 通过反馈和调节，使实践目的、手段和结果按一定方向运行

D. 通过改造主观世界而支配客观世界的运行

E. 通过改造客观世界而支配主观世界的运行

【答案】ABC

4. 马克思主义认识论与唯心主义认识论的区别在于是否承认（　　　　）

A. 世界的可知性　　　　　　　B. 客观事物是认识的对象

C. 认识发展的辩证过程　　　　D. 社会实践是认识的基础

E. 认识是否经历一个过程

【答案】BD

5. 实践在认识中的决定作用表现在（　　　）

A. 实践提出了认识的课题

B. 实践创造出必要的物质条件和手段，使认识成为可能

C. 实践是认识的唯一来源

D. 实践是检验认识真理性的唯一标准

E. 实践使认识得以产生和发展

【答案】ABCDE

6. 辩证唯物主义认为，认识是（　　　）

A. 主体对各种认识要素的建构　　　B. 主体对客体的能动的反映

C. 主体对客体信息的选择　　　　　D. 主体对客体信息的加工

E. 主体与客体的统一

【答案】ABCD

7. 能动的反映论与机械反映论的主要区别在于（　　　）

A. 是否承认客观事物和人的思想是认识的对象

B. 是否承认检验认识真理性的标准是实践

C. 是否承认实践在认识中的决定作用

D. 是否承认认识是一个充满矛盾的辩证过程

E. 是否承认世界是可知的

【答案】CD

8. "批判的武器当然不能代替武器的批判，物质的力量只能用物质的力量来摧毁，理论一经群众掌握，也会变成物质力量。"这一论断的哲学思想是（　　　）

A. 理论对实践具有指导作用　　　　B. 理论不能代替实践

C. 理论本身就是物质的力量　　　　D. 理论的作用可以通过实践表现出来

E. 理论优于实践

【答案】ABD

9. "单凭观察所得的经验，是决不能充分证明必然性的。这是如此正确，以至于不能从太阳总是在早晨升起来判断它明天会再升起。"恩格斯这段话的含义是（　　　）

A. 感性认识有待于上升为理性认识

B. 感性认识具有局限性

C. 事物的必然性与感性、经验性毫无关系

D. 归纳方法不是万能的

E. 感性认识是不可靠的

【答案】ABD

10. 真理原则和价值原则的区别是（　　）

A. 真理原则侧重于主观性，价值原则侧重于主体性

B. 真理原则侧重于客体性，价值原则侧重于主体性

C. 真理原则说明认定活动的客观制约性，价值原则表明人的活动的目的性

D. 真理原则体现了人的活动中的统一性，价值原则体现了社会活动中的多样性

E. 真理原则侧重于现实性，价值原则侧重于理论性

【答案】BCD

11. 对待马克思主义，必须（　　）

A. 解放思想、实事求是、与时俱进、求真务实

B. 坚持实践创新和理论创新

C. 把马克思主义作为进一步研究的出发点和供这种研究的方法，而不是教义

D. 把马克思主义作为永恒真理，只能坚持不能发展

E. 既要坚持马克思主义，又要发展马克思主义

【答案】ABCE

12. 社会意识的相对独立性表现为（　　）

A. 它的发展变化与社会存在的发展变化不完全同步

B. 它与社会经济水平之间发展上的不平衡性

C. 它的发展往往具有历史继承性

D. 各种社会意识形式之间的相互作用和影响

E. 社会意识可以脱离社会存在而发展

【答案】ABCD

13. 下列各项正确说明感性认识和理性认识区别的有（　　）

A. 感性认识反映事物的外部联系，理性认识反映事物的内部联系

B. 感性认识反映事物的整体，理性认识反映事物的各个片面

C. 感性认识反映事物的表面现象，理性认识反映事物的内在本质

D. 感性认识包含错觉，理性认识绝对正确可靠

【答案】AC

14. 下列各项正确说明辩证唯物主义认识论与旧唯物主义认识论区别的有（　　）

A. 是否承认认识是主体对客体的反映

B. 是否承认世界是可以认识的

C. 是否承认实践对认识的决定作用

D. 是否承认认识是一个辩证发展的过程

【答案】CD

15. 下列各项正确说明认识主体与认识客体之间的关系的有（　　）

A. 二者具有改造与被改造的实践关系

B. 二者具有反映与被反映的认识关系

C. 二者之间只有这两种关系

D. 二者是第一性与第二性的关系

【答案】AB

16. 割裂感性认识和理性认识的联系，会导致（　　）

A. 经验论的错误

B. 唯理论的错误

C. 实际工作中的经验主义错误

D. 实际工作中的教条主义错误

【答案】ABCD

17. 下列各项正确说明感性认识和理性认识联系的有（　　）

A. 感性认识可以自然而然地上升到理性认识

B. 理性认识依赖于感性认识

C. 感性认识有待于发展到理性认识

D. 理性认识是在感性认识指导下进行的

【答案】BC

18. 从理性认识到实践的飞跃比从实践到认识的飞跃更重要，这是因为（　　）

A. 认识的真正任务在于揭示事物的本质

B. 认识的目的在于实现对客观世界的改造

C. 从理性认识到实践的飞跃可以使认识得到检验

D. 从理性认识到实践的飞跃可以使认识得到丰富和发展

【答案】BCD

19. 一个正确的认识常常不是一次完成的，而是要经过由实践到认识、再由认识到实践的多次反复才能完成。这是因为（　　　）

A. 客观事物是多种矛盾组成的复杂统一体

B. 事物的矛盾有个展开和发展的过程

C. 人的认识受社会历史条件和科学技术条件的限制

D. 认识受主体认识能力和实践范围的限制

【答案】ABCD

20. 真理的客观性是指（　　　）

A. 真理是不依赖于意识的客观实在

B. 真理中包含着不依赖于人类的客观内容

C. 真理是不以人的意志为转移的客观规律

D. 检验真理的标准是客观的社会实践

【答案】BD

三、辨析题

1. 凡是亲眼所见，亲耳所听都是直接经验，是对客观事物本质的、真实反映。

【答案要点】

这一观点是不对的。亲眼所见，亲耳所听是感性认识的感觉阶段，是直接的感性经验。由于认识主体和客体的局限性和特殊性，有些是对客观事实的真实反映，有些则是不符合客观事实的虚假反映或骗局。视觉和听觉是感性认识，它们具有直接性、丰富性，但是它的缺点是直观性和表面性，不能深入、全面地反映事物，有待于在感性经验的基础上，用科学态度加以分析，上升为理性认识，才能把握事物的本质。

该命题夸大感觉在认识中的作用，将感觉与事实相混淆，在理论上容易导致主观唯心主义。

2. 主体和客体就是主观和客观。

【答案要点】

这一观点是不对的。主体与客体、主观和客观这两对范畴之间有联系，但不等同。

主观指人的意识、认识、思维，客观即事物的客观存在，如自然界、人类社会等。主观和客观的关系相当于意识和物质、思维和存在的关系，主体和客体则是认识论范畴，主体是从事实践和认识活动的人，客体指与主体发生联系，进入主体认识和实践范围的客观事物。

两对范畴的联系表现在：主体有主观性，有意识和目的；客体首先是客观存在，才能成为主体认识和改造的对象。

两对范畴的区别在于：主体只有和客体相联系才称为主体，离开客体就无所谓主体。而客观存在可以是不依赖于主观、主体的。客观事物与客体是两个有区别的范畴：客观事物只有和主体发生联系才成为主体的客体。当客观事物尚未进入人的认识领域时，它还只是自在的客观存在，并不是认识的客体。只有与认识的主体发生了对象性关系时，客观事物才具有客体的意义；另一方面，认识的客体不一定是客观事物。当人的认识活动指向人的精神活动时，认识的客体是精神客体。精神客体本身不属于客观事物。

3. 人的思维是至上的，又是非至上的。

【答案要点】

这一观点是正确的。这是恩格斯论人类思维能力的辩证论断。人类思维，按其本性、能力、使命和可能性来说，是能够认识无限发展着的物质世界的，这是思维的至上性，即所谓的无限性和绝对性。但是，每一个人以至每一代人，由于受客观事物及其暴露程度的限制，受社会历史条件、实践水平、主观条件以及生命的有限性等各方面的限制，他们的行为又是非至上的，即有限的和相对的。思维的至上性和非至上性的矛盾是在无止境的人类世代更迭中不断得到解决的。思维的至上性是在一系列非常不至上地思维着的人们中实现的，而一系列非常不至上的思维又体现着思维的至上性。否认思维的至上性，会走向相对主义和不可知论；否认思维的非至上性，就会走向思想僵化和绝对主义。

马克思主义主张思维的至上和非至上的辩证统一。

4. 认识是一个不断反复和无限发展的过程。

【答案要点】

此观点正确。一个正确的思想，往往需要经历由实践到认识、又由认识到实践多次反复才能完成。这是受认识主体的限制和认识对象暴露程度的限制。首先，从客体上看，事物是复杂的，它的本质的暴露是一个过程。人的认识还要受历史条件、科学技术条件、实践水平和手段等因素的制约；其次，认识主体要受自身的局限性，受立场、观点、方法、知识水平、经验以至身体素质等因素的制约，因此，对客观事物特别是比较复杂的事物的认识，要经过实践和认识的多次反复，不断修正、补充、深化，才能形成正确的思想。

由于世界及其联系和发展在空间和时间上是无限的，人的实践的发展是一个过程，人的认识也必然是无限发展的过程。实践、认识、再实践、再认识，循环往复以至无穷，每一循环的内容，都比较地进到了高一级的程度。

四、材料分析题

［材料1］恩格斯指出：就一切可能看来，我们还差不多处在人类历史的开端，而将来纠正我们错误的后代，大概比我们可能经常以极为轻视的态度纠正其认识错误的前代要多得多。他进一步指出：科学史就是把这种谬误逐渐消除或者更为新的、但终归是比较不荒诞谬误的历史。

［材料2］波普尔在《科学知识进化论》一书说道："衡量一种理论的科学地位是它的可证伪性或可反驳性。"

"我所想到的科学知识增长并不是指观察的积累，而是指不断推翻一种科学理论，由另一种更好的或者更合乎要求的理论取而代之。"

"科学史也像人类思想史一样，只不过是一些靠不住的梦幻史、顽固不化史、错误史。但科学却是这样一种少有的——也许是唯一的——人类活动，有了错误可以系统加以批判，并且还往往可以及时改正。"

［材料3］正当相对论得到普遍称誉时，爱因斯坦却冷静地说："如果引力势场不能使光谱线向红端位移，广义相对论就站不住脚。从它推出许多结论中，只要有一个被证明是错误的，它就必然被抛弃。"

请回答：

（1）上述材料在科学理论发展问题的共同观点是什么？

（2）恩格斯与波普尔对科学的发展有什么不同认识？

（3）简述波普尔"衡量一种理论的科学地位是它的可证伪性"的观点。

【答案要点】

（1）恩格斯、波普尔和爱因斯坦分别从不同角度解释了科学发展过程中真理与谬误的矛盾，指出科学是一个不断发现真理、检验真理、修正错误、发展真理的过程。

（2）恩格斯与波普尔的不同在于，波普尔把科学可能错误、可以被否证作为科学的最本质的特征，把科学史简单归结为一种理论推翻另一种理论的历史，没有重视被推翻理论其中可能包含的合理性因素，这是一种简单的否定过程。恩格斯则辩证地认识这一问题。在承认任何今天看来是正确的东西都包含着明天可能发现是错误的同时，强调科学史是一个在真理与谬误的斗争中，不断证实真理，克服谬误、发展真理的历程。

（3）波普尔的观点指出了科学发展必须不断批判和改正错误，这对于研究科学知识增长规律有很大启发。但是他认为一个理论是否具有科学性的标志仅在于它是否具有可证伪性的观点显然是片面的。

【考研真题】

1.（2003 年）在人与世界的相互作用中，人与世界同时得到了改变，并获得日益丰富的内容。造成这一变化的基础是（   ）

A. 自然界自身的运动　　　　　B. 人的意识的能动作用

C. 人的实践活动　　　　　　　D. 工具的制造与使用

【答案】C

【分析】本题考点：实践是人与世界相互作用的中介。

马克思主义哲学认为实践是人与世界相互作用的中介。实践对人和世界的中介作用是通过实践的主体和客体之间的相互作用实现的，主体和客体的相互作用及其运动深刻地表明了实践在人和世界相互关系中的基础地位中介作用，因此选项 C 正确。

A 项不可能造成人与世界的同时改变，B 项属于意识决定论，D 项是由人的实践活动所创造和决定的，都不正确。

2.（2003 年）人的视觉感官有感觉外界物体的光和颜色的功能。可见光的波长范围一般是 380nm（纳米）~780nm，称为可见光谱。在可见光谱范围内，不同波长的辐射使人感觉到不同的颜色，一般来说，700nm 为红色，580nm 为黄红，510nm 为绿色，470nm 为蓝色，400nm 为紫色。这种现象表明（   ）

A. 人只能认识外界物体作用于感官形成的感觉

B. 人的感觉所具有的生理阀限是人的认识能力的界限

C. 人的感觉中包含着对外界事物信息的选择、加工和转换

D. 人所形成的关于事物的感觉是人自身生理活动的结果

【答案】C

【分析】本题考点：认识的本质是能动反映，是反映与创造的统一。

题干中"不同波长的辐射使人感觉到不同的颜色",说明了人的感觉受到客观条件的制约。"人的视觉器官有感觉外界物体的光和颜色的功能",既表明了人有感觉外界事物的能力,也表明了人的感觉还有选择和加工事物信息的能动性。因此,选项 C 正确。

选项 A 属于机械唯物论的观点,B 项属于休谟的不可知论的观点,D 项属典型的庸俗唯物主义观点。

3.(2005 年)"当一位杰出的老科学家说什么是可能的时候,他差不多总是对的;但当他说什么是不可能的时候,他差不多总是错的。"这一名言的哲学意蕴是(   )

A. 在科学研究中,经验是不可靠的

B. 事物的可能性是因人而异的

C. 世界上一切事物只有可能性,没有不可能性

D. 每代人所获得的真理性认识,既有绝对性,又有相对性

【答案】D

【分析】本题考点:真理的绝对性和相对性。

这表明任何一个时代的真理既有确定性、绝对性、又有不确定性、相对性,因此对一定时代来说不可能的事情对以后的时代来说往往就是可能的,因此真理需要不断地扩展和深化。

4.(2005 年)未来学家尼葛洛庞蒂说:"预测未来的最好办法就是把它创造出来。"从认识与实践的关系看,这句话对我们的启示是(   )

A. 认识总是滞后于实践   B. 实践是认识的先导

C. 实践高于认识   C. 实践与认识是合一的

【答案】C

【分析】本题考点:认识与实践的关系。

实践具有直接现实性,这是实践高于认识的真正优点,理论不具有直接现实性,只是在思想上预测或者指导,只有实践才能够直接地作用于对象,有效地改造和创造物质对象。可见,这位未来学家真正的意思是要以预见为基础,通过实践真正把科学的预测和理论转化为现实。

5.(2006 年)世界上唯一不变的是变化。这一论断的含义是(   )

A. 变是世界的本质   B. 世界上只有变,没有不变

C. 变是绝对的,不变是相对的   D. 变与不变是绝对对立的

【答案】C

【分析】本题考查辩证法唯物论部分的运动与静止的关系的应用，属间接性试题。恩格斯指出，辩证哲学的"革命性质是绝对的——这就是辩证哲学所承认的唯一绝对的东西。针对市场环境快速变化，美国英特尔公司董事长葛洛夫指出：现代社会，唯一不变的就是变化。后来，人们常说：世界上唯一不变的是变化。这里讲的变化是指运动，不变是指静止，运动是绝对的，静止是相对的，此题的正确选项是C。世界的本质或本原是物质，世界上既有变（运动），又有不变（静止），变与不变的对立是相对的，即它们可以相互转化，故A、B、D是错误选项。

6.（2006年）"只有音乐才能激起人的音乐感；对于没有音乐感的耳朵来说，最美的音乐也毫无意义。"这表明（   ）

A. 人的认识是主体与客体相互作用的过程和结果

B. 人的感觉能力决定认识的产生和发展

C. 人的认识能力是因人的生理结构决定的

D. 事物因人的感觉而存在

【答案】A

【分析】本题考查认识论部分主体在认识中的作用的应用，属间接性试题。马克思在《1844年经济学哲学手稿》讲过这句话。他说："从主体方面来看：只有音乐才能激起人的音乐感；对于没有音乐感的耳朵来说，最美的音乐也毫无意义。"这说明人的认识是主体与客体（对象）相互作用的过程和结果，因此，A是正确选项。B、C、D的观点错误，也就是错误选项。

7.（2006年）温家宝总理在给一位国务院参事回信中，引用了两句诗："知屋漏者在宇下，知政失者在草野。"这一古训蕴含的哲理是（   ）

A. 人的经验是判断是非得失的根本尺度

B. 直接经验比间接经验更重要

C. 感性认识高于理性认识

D. 人民群众的直接经验即实践是认识的重要基础

【答案】D

【分析】本题考查哲学认识论部分的直接经验与间接经验的关系的应用，属间接性试题。温家宝所引用的话来自汉代政论家王充的《论衡》，其意是说，是否漏雨，在屋宇下的人最清楚，政策得失，老百姓的评说最重要。显然是说人民群众通过实践获得的经验（评说）对判断政府工作的得失是十分重要的。此题A、B、C选项观点错误，不选，只能选D项。

8.（2007年）关于龙的形象，自古以来就有"角似鹿、头似驼、眼似蛇、腹似蜃、鳞似鱼、爪似鹰、掌似虎、耳似牛"的说法。这表明（　　）

A. 观念的东西是移入人脑并在人脑中改造过的物质的东西

B. 一切观念都是现实的模仿

C. 虚幻的观念也是对事物本质的反映

D. 任何观念都可以从现实世界中找到其本质"原型"

【答案】AD

【分析】这道不定项选择题考查考生对意识本质的理解和把握。辩证唯物主义认为，意识是对客观存在的反映，是对客观存在的主观映象。对于这些基本观点考生都能把握。该题所给定的人们关于对龙的形象的各种说法，正好体现了意识的本质，即"任何观念都可以从现实世界中找到其物质'原型'"（D项）；从内容上看，无论是正确的意识，还是错误的、虚幻的意识，归根到底都是对客观存在的反映，都是来源于客观外界，都能从客观存在中找到原型。但是虚幻的观念仅仅反映事物的现象，而不能反映事物的本质。因此，C选项是错误的；也就是列宁所概括的"观念的东西不外是移入人脑并在人脑中改造过的物质的东西而已"（A项）。但并非一切观念都是对现实的模仿（B项），人的主观性还可以根据现实进行想象或对现实进行虚幻的反映。B答案也是错误的，AD二项则是该题的正确选项。该考点既是考生要掌握的最基本的考点。

9.（2008年）19世纪英国作家惠兹里特说："一个除了书本以外一无所知的纯粹学者，必然对书本也是无知的。"与这句话在内涵上相一致的名言还有（　　）

A. 纸上得来终觉浅，绝知此事要躬行

B. 尽信书，则不如无书

C. 感觉到了的东西我们不能离可理解它，只有理解了的东西才能更深刻地感觉它

D. 饱经风霜的老人与缺乏阅历的少年对同一句格言的理解是不同的

【答案】ABD

【分析】这道题考查的是实践是认识的来源问题。

10.（2008年）马克思主义哲学中的辩证法、认识论、历史观在本质上是一致的，体现这种一致性的公式有（　　）

A. 个别——一般——个别　　　　B. 实践——认识——实践

C. 群众——领导——群众　　　　D. 团结——批评——团结

【答案】ABC

【分析】这道题考查的是认识的辩证过程问题。

11.（2011年）1971年迪斯尼乐园的路径设计获得了"世界最佳设计"奖，设计师格罗培斯格却说："其实那不是我的设计。"原因是在迪斯尼乐园主题工程完后，格罗培斯格暂停修乐园里的道路，并在空地上洒上草种，五个月后，乐园里绿草茵茵，草地上被游客走出了不少宽窄不一定的小路，格罗培斯格根据这些行人踏出来的小路铺设了人行道，成了"优雅自然、简洁便利、个性突出"的优秀设计，格罗培斯格设计智慧我们认识和实践活动的启示：
（　　）

A. 要从生活实践中获取灵感　　　B. 要尊重群众的实践需求

C. 不要对自然事物作任何改变　　D. 要对事物本来面目做直观反应

【答案】AB

【分析】此题的出题角度是认识和实践的辩证关系。在本题的材料中，根据材料描述体现认识和实践活动中取得的成果是要从实践中获得和摄取的，实践是认识的来源和前提，实践活动在主体与客体的关系中必须尊重群众的实际需求，即一切从实际出发的体现，本题的C选项是典型的形而上学观点，孤立地看问题，本题的D选项并不是直观反映，直观反映是机械唯物主义反映论的基本特点，所以本题的正确答案是选项AB。

12.（2012年）毛泽东曾在不同场合多次谈到，调查研究有两种方法，一种是走马看花，一种是下马看花。走马看花，不深入，还必须用第二种方法，就是下马看花，过细看花，分析一朵花。毛泽东强调"下马看花"的实际意义在于（　　）

A. 解决实际问题必须要有先进理论的指导

B. 运用多种综合方法分析调查研究的材料

C. 马克思主义理论必须适合中国革命的具体实际

D. 只有全面深入了解中国的实际，才能找出规律

【答案】D

【分析】毛泽东同志完成了马克思主义中国化的第一次飞跃，即马克思主义与中国具体实际结合，下马看花体现了必须具体问题具体分析，寻找其本质和规律，因此，本题的正确答案是选项D。

13.（2004年）分析题：闻一多有一次给学生上课，他走上讲台，先在黑

马克思主义基本原理概论辅助读本

板上写了一道算术题：2＋5＝？学生们疑惑不解。然而闻先生却执意要问：2＋5＝？同学们于是回答："等于7嘛！"闻先生说："不错。在数学领域里2＋5＝7，这是天经地义的颠扑不破的。但是，在艺术领域里，2＋5＝10000也是可能的。"他拿出一幅题为《万里驰骋》的图画叫学生们欣赏，只见画面上突出地画了两匹奔马，在这两匹奔马后面，又错落有致、大小不一地画了五匹马，这五匹马后面便是许多影影绰绰的黑点点了。闻先生指着画说："从整个画面的形象看，只有前后七匹马，然而，凡是看过这幅画的人，都会感到这里有万马奔腾，这难道不是2＋5＝10000吗？"

运用认识论相关原理分析下列问题：

①既然在数学领域2＋5＝7是颠扑不破的，为什么在艺术领域2＋5＝10000也是可能的？

②在认识活动中，正确处理理性与非理性的关系对科学创新有何重要意义？

【答案】

（1）在人的认识过程中，除了有理性因素的作用外，还有非理性因素的参与。非理性因素是指人的情感、意志以及以非逻辑形式出现的幻想、想象、直觉、灵感等。非理性因素对认识活动能起到动力、诱导、激发等作用。在艺术活动中，由于人的认识活动中的想象等非理性因素的作用，使2＋5＝10000成为可能。（4分）

（2）马克思主义哲学既肯定理性因素在认识活动中的主导作用，强调非理性因素要受理性因素的制约，同时也承认非理性因素的重要作用。科学需要创新才能发展，科学创新是理性因素和非理性因素综合作用的结果。进行科学创新既要有严密的逻辑思维能力，对实际问题进行严格的理性分析和逻辑论证；还要具有科学的自信心和科学的怀疑精神，具有坚韧不拔的意志力，敢于想象，勇于探索，打破陈规，突破前人的成果及思维模式。

【分析】本题考点：理性因素与非理性因素在认识活动中的作用。

解答本题的关键在于明确非理性因素的概念及其在认识中的作用。非理性因素是指人的情感、意志包括动机、欲望、信念、信仰、习惯、本能等以及以非逻辑形式出现的幻想、想象、直觉、灵感等。非理性因素虽不属于人的认识能力，但对人的活动的发生与停止、对主体认识能力的发挥与抑制起着动力、诱导、激发等重要的调节作用。马克思主义哲学既肯定理性因素在认识活动中扩导作用，强调非理性因素受理性因素的制约，同时也承认非理性因素的重要作用。

回答第一问时，应先简述非理性因素的含义，然后说明它在认识活动中的作用。

第二问要先说明马克思主义哲学原理关于理性因素和非理性因素的辩证关系，指出科学创新是理性因素和非理性因素共同作用的结果，然后分析理性因素与非理性因素对科学创新的作用。

14.（2006 年）分析题：从前，沧州城南有一座临河寺庙，庙前有两尊面对流水的石兽，据说是"镇水"用的。一年暴雨成灾，大庙山门倒塌，将那两尊石兽撞入河中。庙僧一时无计可施，待到 10 年后募金重修山门，才感到那对石兽之不可或缺，于是派人下河寻找。按照他的想法，河水东流，石兽理应顺流东下，谁知一直向下游找了十里地，也不见其踪影。这时，一位在庙中讲学的先生提出他的见解：石兽不是木头做的，而是由大石头制成，它们不会被流水冲走，石重沙轻，石兽必然于掉落之处朝下沉，你们往下游找，怎么找得到呢？旁人听来，此言有理。不料，一位守河堤的老兵插话：我看不见得，凡大石落入河中，水急石重而河床沙松者应求之于上游。众人一下子全愣住了：这可能吗？老兵解释道："我等长年守护于此，深知河中情势，那石兽很重，而河沙又松，西来的河水冲不动石兽，反而把石兽下面的沙子冲走了，还冲成一个坑，时间一久，石兽势必向西倒去，掉进坑中。如此年复一年地倒，就好像石兽往河水上游翻跟头一样。"众人听后，无不服膺。寻找者依照他的指点，果真在河的上游发现并挖出了那两头石兽。

请运用马克思主义哲学有关原理，结合材料回答问题

（1）庙僧按照常理，认为石兽应顺流而下，从真理的具体性分析其失当之处？（4 分）

（2）守河堤老兵关于石兽"逆流而上"的见解对我们辩证的思考问题有何启示？并举一例说明之。（6 分）

【答案】（1）庙僧按照常理，认为石兽应顺流而下。从真理的具体性分析其失当之处。（4 分）

任何真理都是具体的，抽象的真理是没有的。真理的具体性是指真理是在一定时间、地点、条件下主观对客观的符合，它要受条件的制约，并随条件的变化而变化；离开具体的时间、地点和条件，真理就是抽象的、无意义的。河水东流，石兽顺流东下，这是常理，但它是在一定条件下才是有效的。庙僧的失当之处在于离开了一定的条件，抽象的对待常理，因而判断失误。（4 分）

（2）守河堤老兵关于石兽"逆流而上"的见解对我们辩证地思考问题有何启示？并举一例说明之（6 分）

所谓辩证地思考问题，就是用联系的、发展的、全面的观点，特别是用对立统一的观点看问题，从对立中把握同一，从同一中把握对立。守河堤老兵不受已有思维定势的束缚，根据实际中的具体情况，提出解决问题的新思路，其见解对我们的启示是，对任何问题都要加以辩证地思考，多角度的或从相反方向去思考和解决问题。（3分）举出历史上或现实生活中有关逆向思维和"换位思考"的一个事例（故事亦可），说明所蕴含的辩证思维特征。（3分）（注：如果考生从辩证法的有关原理加以分析，言之有理并举例得当，可酌情给分，不超过4分。）

【分析】本题材料最初出自清代纪昀（纪晓岚）晚年所作的文言笔记小说《阅微草堂笔记》。这本小说的卷十六《姑妄听之》中记载了"河中石兽"的故事。这个典故包含的哲理表明，不同的人由于各自实践、经验不同，其思维方式有别，对于事物的认识有正确与错误之分。

本题考查真理的具体性、辩证法原理的理解与应用能力。回答本题使用演绎分析的方法，先答相关原理，然后进行推理阐述。回答本题的第一问，先要阐述真理的具体性原理，并用以分析说明庙僧的失当之处就在于离开了具体事物、具体条件，孤立、静止、片面地看问题的形而上学错误。回答本题第二问，先要说明守河堤老兵的见解对我们用联系、发展、全面、矛盾的辩证观点看问题，坚持具体问题具体分析，一切以时间、地点、条件为转移等辩证的思考问题的启示。然后举生活或工作、学习中的实例具体说明如何坚持辩证的观点看问题。

15.（2007年）分析题：成仿吾是我国无产阶级革命家，马克思主义理论家、教育家，他是由"文化人"成为"革命人"的典型之一。成仿吾究竟是个什么样的人呢？作家丁玲在未跟他谋面之前，曾产生过一系列的"合理想象"："在文学上，他主张浪漫主义，创造社最早就是这样主张的；他是从日本留学回来的，一定很洋气，很潇洒，因为曾见过一些傲气十足的诗人，趾高气扬，高谈阔论；他在国外学军械制造，或许是庄重严肃之人；他在黄埔军官学校担任教官，一定有一种军人气概；他曾经跟鲁迅进行过革命文学队伍内部的文学论争，写过火气很重的文章，是不是有点张飞李逵式气质呢？"后来，丁玲在陕北见到成仿吾时，第一个感觉就是"我想象的全错了"。原来成仿吾是一个"土里土气、老实巴交的普通人"，一个尊重别人、热情、虚心、平等待人的人。丁玲十分后悔："为什么我单单忽略了他是一个经过长征的革命干部、红军战士、一个正派憨厚的共产党员呢？"

另据老红军杨定华回忆说，在长征中见到的成仿吾完全是士兵的装扮：破旧的棉军衣，斜挎干粮袋，手持着一枝手杖。杨定华说，成仿吾在红军大学当政治教员。有人说出他的名字，但谁也不知道他是文学家。

　　请运用马克思主义认识论基本原理加以分析：

　　（1）丁玲对成仿吾的"合理想象"为什么"全错了"？

　　（2）丁玲对成仿吾认识的"转变"过程对我们正确认识事物有何启示？

　　【答案】（1）丁玲的"合理想象"之所以发生错误，一是她对成仿吾的认识缺乏直接经验；二是占有材料不全；三是没有抓住反映成仿吾品格的主要事实；四是她从已有的观念出发进行推论。因而她的想象缺乏客观的现实基础，势必造成她对成仿吾的想象与实际脱节。（4分）（2）人们要正确地认识事物，必须做到：第一，经过实践和调查研究，掌握丰富而真实的感性材料。（2分）第二，要运用科学的思维方法，对感性材料加工制作，去粗取精、去伪存真、由此及彼、由表及里。特别要抓住表现事物本质的主要事实。（2分）第三，事物本身是一个不断变化发展的过程，我们的认识也要随着事物的变化而不断深化。人对事物的认识是否正确最终要由实践来检验。（2分）

　　【分析】这道分析题是典型的理论大综合性质的一道题。本题考核的知识点是：实践和认识的辩证关系、认识的辩证过程、实践是检验真理的标准等。题中给的背景材料，考生都能读的懂，也不难理解。题中提的问题也很直接，要求运用"马克思主义认识论基本原理"分析背景材料。由于该题所要求回答的原理限定在了"认识论"这个范围，给的背景材料通俗易懂，理论无论如何也能答上一些，运用原理分析问题也能有话可说，不至于一无所知，无从下笔。回答分析此题，有的考生会在第一问上出现问题，可能会不知道运用的原理是什么。实际上只要掌握认识论的几个重要的观点，如实践决定认识，认识依赖于实践并指导实践活动、人的认识是一个过程，即是在实践基础上从感性认识到理性认识，再从理性认识回到实践两次飞跃的辩证过程、人的认识是在实践基础上无限反复无限发展的过程、在实践中检验和发展真理。这就得到一多半的分数，再将这些原理根据所提问的两个问题的需要分开运用，甚至分别重复说都不会有问题的，都会得到分数的。该题所要求回答的理论，是老师在最后冲刺辅导的课堂上所圈定的三大综合原理（要求重点背）之一的内容。如果丢分的话，只会丢在回答原理和分析实际不够全面上。

　　16.（2010年）分析题：早年，梅兰芳与人合演《断桥》，也就是《白蛇传》，剧情是白娘子和许仙两个人悲欢离合的爱情故事，梅兰芳在剧中饰演白娘子。剧中，白娘子有一个动作就是面对负心的丈夫许仙追赶、跪在地上哀求她的时候，她爱恨交加、五味杂陈，就用一根手指头去戳许仙的脑门儿，不想，梅兰芳用力过大，跪在那里扮演许仙的演员毫无防备地向后仰去。这是剧情里没有设计的动作，可能是梅兰芳入戏太深，把对许仙的恨全都聚集在了手指头上，才造成了这样的失误。眼见许仙就要倒地，怎么办？梅兰芳下意识地用双手去扶许仙。许仙是被扶住了，没有倒下。可梅兰芳马上意识到，我是白娘子，他是负心郎许仙，我去扶他不合常理，这戏不是演砸了吗？大师到底是大师，梅兰芳随机应变，在扶住他的同时，又轻轻地推了他一下。所以，剧情就由原来的一戳变成了一戳、一扶和一推，更淋漓尽致地表现出了白娘子对许仙爱恨交织的复杂心情。这个动作，把险些造成舞台事故的错误演得出神入化，得到了大家的认可。从此，在以后的演出中，梅兰芳就沿用了这个动作，而且，其他剧种也都移植采用了这个动作处理，这个动作成了经典之作。

由此可见，不仅在舞台上，在各行各业，在各个岗位，在工作中，在生活中，无论是大师还是普通人，失误和错误是难免的，关键是出现失误和错误以后怎么去对待，怎么去处理。处理不当，会酿成事故，导致全盘失败；处理得当，能败中取胜，化腐朽为神奇。

（1）为什么"无论是大师还是普通人，失误和错误是难免的"？

（2）梅兰芳为什么能"把险些造成舞台事故的错误"变为成功的"经典之作"？

（3）当我们在认识和实践活动中出现错误或失败该怎样对待和处理？

【答案】（1）①真理是对客观事物如实正确的反映，而谬误则是对客观事物虚假错误的反映，二者既对立又统一，相互依存、相互包含，又相互转化。真理和谬误相比较而存在，没有真理也无所谓谬误，没有谬误也无所谓真理；真理中包含着某种以后会暴露出来的错误的方面和因素，谬误中也隐藏着以后会显露出来的真理的成分或萌芽；在一定的条件下，真理和谬误可以相互转化。

②认识的发展在过程上表现为反复性和无限性。认识过程的反复性是指，人们对于一个复杂事物的认识往往要经过由感性认识到理性认识、再由理性认识到实践的多次反复才能完成。这是因为在认识过程中始终存在着主客观的矛盾。从客观方面看，事物的各个侧面及其本质的暴露有一个过程；从主观方面看，人的认识能力有一个提高的过程。人的认识受实践范围、立场、观点、方法、思维能力、工作经验和知识水平等因素的制约，人的认识难免是有限的的。但认识的

发展又是无限的，是由低级到高级阶段不断推移的永无止境的前进运动。

（2）真理和谬误是可以相互转化的，谬误中所隐藏的真理成分或萌芽是向真理转化的可能性，梅兰芳成功地把本来可能会成为舞台事故的错误巧妙的转变成经典的舞台之作，正是体现了这一点。由于客观方面的复杂性，人的认识往往受客观条件的制约，难以把握事物发展的全部过程和范围；是有限的，而客观事物又是无限发展的，这又决定人的认识是无限的。一开始，梅兰芳先生将发生的"错误"看成是不可避免的事故，随着表演的进行，梅兰芳先生结合自身所具备的丰富的舞台表演经验，将这一偶然性的事故，发展成经典的舞台表演内容，说明梅兰芳先生随着实践的发展也在不断丰富和提高自身的认识。

（3）认识的本质是主体在实践基础上或通过实践对客体的能动的，创造性的反映。把实践引入认识论，认识是在实践的基础上主体对客体的能动的反映。因此，我们在认识和实践活动中出现错误或失败时，我们应该发挥人的主观能动作用，第一，认识是主体对客体的反映，第二，主体对客体的反映是一个能动的创造过程。第三，主体对客体的能动反映是以实践为中介而实现的。因此，我们要在实践中把握认识，正确处理认识与实践的关系。

17.（2012年）分析题：

材料1

有个人不小心打碎一个花瓶，但他没有陷入沮丧，而是细心地收集起满地的碎片。他把这些碎片按大小分类称出重量，结果发现：10～100克的最少，1～10克的稍多，0.1～1克和0.1克以下的最多；同时他还发现这些碎片的重量之间存在着倍数关系，即较大块的重量是次大块的重量的16倍……因此他发现了"碎花瓶理论"。这个理论可以帮助人们恢复文物、陨石等不知其原貌的物体，给考古和天体的研究带来了意想不到的效果。这个人就是丹麦的物理学家雅各布·博尔。

摘编自《光明日报》（2011年2月21日）

材料2

迪迪·艾伦年轻时到一家电影公司打工，跟着知名电影剪辑师罗伯特·怀斯学习。她在给电影《江湖浪子》剪辑时，犯了一个非常不应该的错误：在从一个镜头切换到另一个镜头时，第一个镜头中的声音竟然延续到第二个镜头中去，并且长达三秒钟，导致的结局：主人公驾驶汽车逐渐远去，镜头随之切换达到目的地场景，而这时依旧可以听见第一个镜头中的汽车声！罗伯特·

怀斯非常生气,他把这段影片往艾伦面前一扔说:"把你所犯的错误剪掉!"艾伦沮丧极了,正在她准备剪去自己所犯的那个"错误"时,她忽然看见窗台上的一个小盆景,那是一株地莓,她曾经生长在艾伦家的园子里。只是别的地莓都能长出又甜又红的果实,唯独这株地莓不会结果,可它虽然不会结果,却能开出特别鲜红的花朵!所以艾伦把它移植到了这里,成了一道美丽的风景!如果说不会结果是一种"错误",但就在这种错误中,它却开出了最美丽的花!想到这里,艾伦怦然心动,她开始重新审视起那段影片,猛然意识到:这个错误的本身,其实就是一朵最美丽的地莓花!按照传统的技法,在镜头切换的同时声音也随之戛然而止,艾伦却把声音延续到第二个镜头中,而这不仅能巧妙糅合由镜头切换而产生的断裂感,还能更加有序地连贯电影节奏!艾伦由此想到,有些时候,把第二个镜头中的声音提前一点出现在第一个镜头的结尾处,也是一种能巧妙显示电影节奏的手法。于是,她把这种"错位剪辑"用到了这部影片的每一个切换的镜头中。影片上映后,这种剪辑效果让所有观众耳目一新,并引起了电影同行的关注和沿用,一场电影剪辑艺术的革新悄悄开始了!当86岁高龄的艾伦病逝后,人们对艾伦的人生态度和对电影的贡献作了这样的总结:"她深信这个世界上没有真正的错误,只有被忽略的智慧!即便是一株无法结出果实的地莓,也不要轻易扔掉,因为它可能会开出最美丽的花朵!"

摘编自《扬子晚报》(2011年6月27日)

(1)从打碎花瓶这一现象中所概括出的"碎花瓶理论"为什么能帮助人们恢复文物、陨石等不知原貌的物体?

(2)如何理解"这个世界上没有真正的错误,只有被忽略的智慧"?

(3)上述两例对我们增强创新意识有何启示?

【答案】

(1)①辩证唯物主义认识论认为:实践决定认识,认识对实践具有能动的反作用,本题中,碎花瓶原理这一正确的认识,对人们的科学研究起到了能动的推动和促进作用。

②马哲唯物论认为:物质决定意识,意识对于物质具有能动反作用,正确的意识起到促进作用,推动事物发展进程,在本题中,碎花瓶原理是正确的意识,推动科学研究发展。帮助人们进行恢复文物等科学研究。

(2)①辩证唯物主义认识论认为:真理和谬误可以相互转化,真理是对事物正确的认识,谬误是对事物错误的认识,两者对立统一,在一定条件下可以相互转化。题干中，世界上没有真正的错误，只有被忽略的智慧，说明谬误在一定的中介和条件下，在本题中，是实践这一特殊条件，即可转化为真理。

②辩证唯物主义认识论认为：实践决定认识，实践是认识的来源和动力，任何认识在两次飞跃的发展过程中都必须通过实践检验其正确性，材料也充分说明这一原理。

③马克思哲学唯物辩证法认为：矛盾即对立统一，统一即同一性，指矛盾双方相互依存，在一定条件下发生转化，世界上没有真正的错误，只有被忽略的智慧，也充分说明了这一原理。（注：考生从辩证法和认识论任一角度均得分）

（3）新时期，社会主义核心价值体系的精髓是以爱国主义为核心的民族精神和以改革创新为核心的时代精神，要求我们必须大力推进理论创新、制度创新、科技创新、文化创新以及其他各方面的创新。我们青年学生，必须以创新为己任，推进科学发展观进程，提高创新意识，就像材料所指，坚持用发展和创新的眼光看问题，打破形而上学观点，在实践中，充分发挥主观能动性，提高实践水平。

【小实验】

马克思指出："蜘蛛的活动与织工的活动相似，蜜蜂建筑蜂房的本领使人间的许多建筑师感到惭愧。但是，最蹩脚的建筑师从一开始就比最灵巧的蜜蜂高明的地方，是他在用蜂蜡建筑蜂房以前，已经在自己的头脑中把它建成了。劳动过程结束时得到的结果，在这个过程开始时就已经在劳动者的表象中存在着，即已经观念地存在着。他不仅使自然物发生形式变化，同时他还在自然物中实现自己的目的，这个目的是他所知道的，是作为规律决定着他的活动的方式和方法的，他必须使他的意志服从这个目的。"试分析马克思这段话反映的哲学道理。

参考答案：

（1）反映了意识的能动性即意识活动具有目的性和计划性。人们在反映客观世界时，总是基于实践的需要带着一定的主观倾向和要求，持有一定的目的和动机。人们在实践活动之前，总是根据已知的事实和构造的"蓝图"制定计划、方案等。

（2）反映了实践具有目的性。实践活动是人的能动活动，目的性是这一活动的内在的必然的条件。只有目的不同的活动，而没有无目的的活动。实践的目的性表明了人的活动的能动性。实践的目的是在结果未出现前的人的头脑中的观念存在。在进入实践过程以前和实践结果出现以前，目的即表现为实践的意图、计划和行动方案，又表现为对事件结果的预测。这是实践着的人所特有的，也是人的实践必须具有的。

【求索参考资料】

一、马克思主义经典著作

1. 马克思：《关于费尔巴哈的提纲》，《马克思恩格斯选集》第 1 卷，人民出版社 1995 年版。

2. 恩格斯：《反杜林论》（欧根·杜林先生在科学中实行的变革)，《马克思恩格斯选集》第 3 卷，人民出版社 1995 年版。

3. 《唯物主义和经验批判主义》（对一种反动哲学的批判）【节选】，《列宁选集》第 2 卷，人民出版社 1995 年版。

4. 毛泽东：《实践论》，《毛泽东选集》第 1 卷，人民出版社 1991 年版。

5. 毛泽东：《改造我们的学习》，《毛泽东选集》第 3 卷，人民出版社 1991 年版。

6. 毛泽东：《人的正确思想是从哪里来的》，《毛泽东文集》第 8 卷，人民出版社 1999 年版。

二、其他参考书目

1. 列宁：《唯物主义和经验批判主义》【对一种反动哲学的批判】【节选】，《列宁选集》第 2 卷，人民出版社 1995 版。

2. 培根：《新工具》，商务印书馆 1986 年版。

第三章　人类社会及其发展规律

【明确学习目标】

1. 学习目标概述

（1）学习和把握历史唯物主义的基本原理。

（2）着重了解社会存在和社会意识的辩证关系、社会基本矛盾运动规律、社会发展的动力和人民群众是历史的创造者等观点。

（3）提高运用历史唯物主义正确认识历史和现实、正确认识社会发展规律的自觉性和能力。

2. 重点掌握

本章重点：

（1）两种对立的历史观及历史观的基本问题。

（2）社会基本矛盾运动。讲清生产力与生产关系、经济基础与上层建筑之间的决定与被决定、作用与反作用的关系；讲清由生产力的发展推动生产关系变革，导致上层建筑革命，社会由低级阶段向高级阶段发展的过程，使学生认识到我国进行体制改革的客观必然性。

（3）人民群众是历史的创造者。

本章难点：

（1）社会历史观的基本问题与哲学基本问题的关系。

（2）"第一生产力"与"先进生产力"的关系。

（3）关于社会形态更替的规律性。

（4）人民群众是历史的创造者与个人在历史上的作用关系问题。

【教师导航分析】

本章逻辑概述

第一节　社会基本矛盾及其发展规律

一、社会存在与社会意识及其辩证关系

1. 社会存在：也称社会物质生活条件，是社会生活的物质方面，主要是指物质生活资料的生产及生产方式，也包括地理环境和人口因素。

2. 社会意识：社会生活的精神方面，是社会存在的反映。

3. 辩证关系：社会存在和社会意识是辩证统一的。

第一，社会存在决定社会意识，社会存在的性质决定社会意识的性质，社会存在的变化决定社会意识的变化。

第二，社会意识是社会存在的反映，并反作用于社会存在，错误的社会意识会阻碍社会存在的发展，正确的社会意识会促进社会存在的发展。

二、生产力与生产关系矛盾运动的规律（生产关系一定要适应生产力状况规律）

1. 生产力决定生产关系，生产力的状况决定生产关系的性质，生产力的发展决定生产关系的变革。

2. 生产关系对生产力具有能动的反作用。即当生产关系适合生产力发展时，它对生产力发展起推动作用；当生产关系不适合生产力发展时，它会阻碍生产力的发展。

三、经济基础与上层建筑的矛盾运动规律

经济基础与上层建筑是辩证统一的：

第一，经济基础决定上层建筑。

第二，上层建筑对经济基础具有反作用。当上层建筑适合经济基础状况时，它会促进经济基础的巩固和完善；当上层建筑不适合经济基础状况时，它会阻碍经济基础的发展和变革。

第二节　社会历史发展的动力

一、社会基本矛盾是社会发展的根本动力

二、阶级斗争在阶级社会发展中的作用

三、革命在社会发展中的作用

四、改革在社会发展中的作用

五、科学技术在社会发展中的作用

第三节　人民群众在历史发展中的作用

一、人民群众在创造历史过程中的决定性作用

1. 人民群众从质上说是指一切对社会历史发展起推动作用的人们，从量上说是指社会人口的绝大多数。人民群众的最稳定的主体部分始终是从事物质资料生产的劳动群众及其知识分子。

2. 在社会历史发展过程中，人民群众起着决定性的作用。

第一，人民群众是历史的主体，是历史的创造者。

第二，人民群众的社会物质财富的创造者。

第三，人民群众是社会精神财富的创造者。

第四，人民群众是社会变革的决定力量。

【观点案例点评】

案例1　"地理环境决定论"

孟德斯鸠是十八世纪法国启蒙运动的代表人物。他认为，地理环境对于一个民族的性格、风俗、道德和精神面貌及其法律性质和政治制度具有决定性的作用。孟德斯鸠特别强调气候的影响作用。他认为，居住在寒带地区的北方人体格健壮魁伟，但不大活泼，较为迟笨，对快乐的感受性很低；居住在热带地区的南方人体格纤细脆弱，但对快乐的感受性较为敏感。北方人精力充沛，自信心强，像青年人一样勇敢，刻苦耐劳，热爱自由；而南方人则心神萎靡，缺乏自信心，像老头子一样懦弱，懒惰，不动脑筋，可以忍受奴役。"不同气候的不同需要产生了不同的生活方式，不同的生活方式产生了不同种类的法律。"土壤同居民的性格之间，尤其是同民族的政治制度之间也有非常密切的关系。"土地贫瘠，使人勤奋、俭朴、耐劳、勇敢和适宜于战争；土地膏腴使人因生活宽裕而柔弱、怠情、贪生怕死。"土地肥沃的国家常常是单人统治的政体，而土地不太肥沃的国家则常常是数人统治的政体。同时，民族居住的地域大小也同国家的政治制度有关。小国宜于共和政体，大小适中的国家宜于由君主治理，而大帝国则宜于由专制君主统治。

观点案例点评：

本案例说明了地理环境在社会发展中的作用。社会存在又称为社会物质生活条件，是社会生活的物质方面，其中就包含了地理环境。地理环境是人类社会生存和发展的永恒的、必要的条件，而且它作为劳动对象也不断进入人们的物质生产领域。马克思主义唯物史观认为，社会存在和社会意识是辩证统一的，社会存在决定社会意识，社会意识是社会存在的反映，并反作用于社会存在。社会存在是社会意识内容的客观来源，地理环境对人们社会意识的影响也是非常之重要，不同的地理环境，往往会形成不同的社会意识。

案例 2 生产力与生产关系

经济活动是社会的基本领域，物质生产是社会的坚实基础，科学技术及其在生产中的运用是社会生产力的重要体现，也是社会进步的重要推动力量。

从一定意义上来说，我们现在已经开始进入知识经济的时代，它与以往的农业经济和工业经济都有明显的不同。这表明在许多方面：就生产动力来说，农业经济时期是人力和畜力，工业经济时期是机器，而在知识经济时期则是知识；就基础设施来说，农业经济靠水利设施，工业经济靠交通和电力，知识经济则是靠现代通讯和互联网；就支持产业来说，农业经济时期是农业和畜牧业，工业经济时期是汽车、石化、建筑、通讯等，知识经济时期则是高科技产业；就生产特点来说，农业经济时期是原始化、粗加工化，工业经济时期是标准化、批量化，知识经济时期则是智能化、个人化；就活动范围来说，农业经济时期是村落化、地区性，工业时期是区域化、低水平的全球化，知识经济时期则是网络化和真正的全球化；就劳动力主体来说，农业经济师农民和手工业者，工业经济师产业工人，知识经济时期是白领工人和知识阶层。这样一些类比，当然未必十分精确，但在大体上反映了我们所处时代的生产和经济社会发展地新特点。

高性能计算机，互联网，各种智能化设计软件等生产工具是现代生产力的标志，也是 SOHO 族和异国远程家教这些新型工作方式的物质条件。以信息化、数字化、网络化为标志的现代生产力，使生产力更加智能化、个性化、自主化，经济活动范围实现全球化。与之联系，生产关系和人们之间的经济联系也发生着一定的变化，比如生产组织更加扁平化，管理更加柔性化，劳资关系显得更加平等、独立，知识或智能成为分配中的一个要素，等等。自由、独立、开放、平等、弹性的工作方式，也会对人们之间的经济联系和人际关系产生影响。

观点案例点评：

在唯物史观视野中，人与自然的关系始终是一种很基础性的关系。我们常说生产力是社会发展地根本动力，而生产力代表的就是人与自然的关系，当然是从人改造自然的角度讲的，而不是从人保护自然的角度讲的。人与自然的关系始终存在，但表现形式和存在的问题以及解决的方式则依时代而不同。在工业革命以前，在人与自然的关系中，人是软弱的一方，自然是强大的一方。在这样的关系态势中，重要的不是人保护自然，而是人如何提高改造自然的能力，实现自身的强大。但是，在工业革命之后，人类的生产能力日益强大，自然界逐渐成为弱势的一方，在这样的情况下，保护自然的问题就提出来了，并迫切需要得到解决。能源、资源、生态环境的问题，从社会历史观的角度来看，都是人与自然的关系问题。这些问题反映在理论上，并要求在理论上得到体现。从哲学的高度，从社会历史观的告诉来思考这些问题，有助于推进唯物史观进一步向前发展。

本案例所涉及的社会层面的问题是复杂的，不仅仅是一个科技发展的两重性问题。科学成果是双刃剑，既可以有积极效果，也可能带有消极后果。这样的观点当然没有错，也符合一分为二的辩证法。但是，我们在这里分析本案例，不能仅仅停留在这种双刃剑的层面上。一方面，要正确处理人与科技的关系。科技应用的利与弊，功与过，善与恶，福与祸，责任在于应用技术的人，关键是人的价值观念和伦理观念是否正确。协调人与科技的关系，归根到底是协调技术活动中人与人的关系。这也表明，我们不仅需要先进的科学技术，同样也需要正确的技术观和人生观。另一方面，我们要正确处理好人与自然的关系。在变革自然时要把利用自然和保护自然结合起来，把眼前利益和长远利益，局部利益和整体利益结合起来。只有这样，人类和自然才能协调，可持续地发展下去。我们站在新世纪的历史方位上，树立和落实以人为本，全面协调可持续发展观，构建包括人与自然和谐在内的和谐社会，这为应对各类灾害和生存危机带来了希望。

案例3　"冒天下之大不韪"的小岗人

1978年11月24日晚，安徽省凤阳县梨园公社小岗生产队一间茅舍里，聚集了全队的 18 户农民。他们在决定一桩关乎 18 户小岗人身家性命的重大事情。小岗人是穷怕了，被逼无奈才铤而走险的。全队 18 户，家家讨过饭。18 户人家都有人当过生产队干部，但都没有解决好吃饭问题。上级每年都派工作队，最多时每户摊上几个工作队员，结果照样无济于事。除了 1955 年向国家卖过 4 万斤余粮外，以后的 23 年再没有一粒余粮可卖。1961 年搞责任田，小岗人刚刚尝到甜头，但很快就被批作"复辟田"，收归大队。"文化大革命"一来，一批二斗三割，搞得人心惶惶，虽然穷得响丁当，但照样要割"资本主义尾巴"。

队长严俊昌、副队长严宏昌、会计严立学，这三位都当过乞丐的汉子私下商量：如果"包产到户"能干好，咱们就豁出去了。不然，也是饿死。当晚他们召开的秘密会议，就是商议分田到户的事。

与会者都知道事情的分量，会场上鸦雀无声。一份早就拟好的保证书在每个人手中传递。大家用食指蘸上鲜红的印泥，在自己的姓名上重重地按下指印。在一次生产队长会上，公社书记发火吼道："刘少奇是国家主席，推行'三自一包'、'四大自由'，怎么样？还不是活活折腾死了！你小岗尿得再高，还能有刘少奇的本事么？"后来又硬性叫他们并到组里干，不干就不发给种子、化肥、耕牛和贷款。公社干部还匆匆向县委汇报，说小岗分田单干，搞资本主义。

县委书记听完汇报后，长叹一声，摇摇头说："他们穷'灰'了，还能搞什么资本主义？就让他们搞到秋后再说吧！"县委的态度，保护了小岗。秋后，小岗生产队竟出现了惊人的奇迹，当年打了 13 万多斤粮食。这个合作化以来 23 年从未向国家贡献一粒粮的"三靠队"，包产到户头一年，第一次向国家贡献粮食 4 万斤、油料 2 万斤，农民收入每人平均 311 元。

凤阳的奇迹，使人们思想开了窍，看到了农村改革的希望。

1979 年春，万里专程就包产到户进行调查。在 5 月 25 日召开的省委扩大会议上，万里指出：农民为什么要包产到户，这是发展生产力的需要，也是对极"左"错误的抵抗。

1979 年 5 月 31 日，邓小平同志在《关于农村政策问题》谈话中，对安徽肥西包产到户和凤阳的大包干予以坚决的支持。于是，包产到户这一家庭联产承包责任制便迅速在全国农村推开，迅速取代了人民公社的大锅饭体制。

观点案例点评：

第一，世界上的一切事物包括社会主义社会，都是处在生成和发展的过程中。同样，社会主义也是在过程中存在的。社会主义发展的整个过程包含一系列具体的过程，而不同的具体过程所面的任务和所要解决的问题是不同的，因此，社会主义社会像其他社会制度一样，处于不断发展和变化之中，没有一个固定不变的模式。

第二，社会主义社会在存在和发展过程中，要求人们注意保持经济和社会各方面的动态平衡，即采取一切改革措施消除阻碍社会进步的不合理因素，使社会主义在改革中不断地前进和发展。

改革是推动社会发展的又一重要动力，通过改革实现社会的自我调整和局部改善，即实现在社会基本制度不变的前提下对旧的社会体制的变革。改革在一定程度上解决社会基本矛盾，促进生产力发展，是推动社会进步的有效途径和手段。

小岗人实行的农村经济体制的改革尝试，正是改变了与生产力不相适应的生产关系，将被禁锢的生产力解放出来，发挥了生产力的积极作用，取得了积极的社会进步。

案例 4　科学技术

1997 年 2 月，英国的著名杂志《自然》宣布：英国爱丁堡罗斯林研究所威尔穆特等科学家用克隆技术培育出第一只绵羊。从技术发展的逻辑来讲，克隆了绵羊，就要考虑克隆人。大家关注的不是能否克隆人，而是是否应该克隆人。在这个问题上，全球议论纷纷，掀起了一场"克隆风暴"。

有人赞成克隆人，提出了一些理由，譬如这是器官移植的需要。但许多人认为，克隆人的弊远远超过了利。如果克隆人是为了给我们提供器官，那克隆人也是人，我们有什么权利把克隆人当作材料仓库？人格、人权的平等又在哪里？而且克隆人会造成人的社会身份的混乱、社会关系的错位和人伦关系的冲击。例如，一位男士可以用自己的体细胞反复克隆，提供去核卵的可以是不同的女性。如果第一次由他妻子提供，第二次由他母亲提供，第三次由他女儿提供，第四次由他姐姐、第五次由他祖母提供，那这五个克隆人同他的人伦关系又怎样理解？英国报纸曾披露一件丑闻，朗多医生作人工受精业务已 25 年，从他的精子库提供的精子，已孕育出六千多个小孩，后来才知道，这些精子都是朗多一人提供的。这些孩子有男有女，长大成人后可能会成为夫妻，这岂不是造成近亲婚姻的悲剧?

观点案例点评:

人类经过若干年艰辛的探索,终于在无性繁殖方面有了一次次的进展,体现出实践的发展和认识的深化。这项技术反映了人类在认识和改造世界上的进步,特别是在认识和改造自身上的进步。人类认识世界和改造世界实际上分为两个方面:一是认识和改造外部世界,二是认识和改造人自身。随着社会的发展,后一个方面的认识和改造日益重要和突出了。同时,由于这涉及人本身,特别是会影响到人自身的改变,因而要格外谨慎,要辩证地认识科学技术新发现,一分为二地分析其利弊得失。唯物辩证法告诉我们,矛盾无处不在,对任何事物都应该进行一分为二的分析。在本案例中我们看到,人们对于是否应该发展这项技术有截然不同的态度;有的赞成,有的反对,形成了尖锐的矛盾。而这种态度上的矛盾,又与他们对这项技术的不同认识相联系,也就是来自于他们对于这项技术的认识上的矛盾。而认识上的矛盾又来源于这项技术本身所具有的作用的两重性,即它的功能和作用的矛盾性。可见,这个问题直接涉及哲学中的矛盾原理。

从克隆技术的功能来讲,本身就具有两重性。一方面,这项技术有广阔的应用空间,可以复制濒危动物,提供器官移植供体,给不能生育的妇女带来福音等;另一方面,这项技术又会带来许多难以解决的问题和不良影响,特别是对人自身的克隆,涉及生物、哲学、社会和法律等诸多方面。

我们应该看到有利和不利的两个方面,并善于抓住事情的本质,抓住矛盾的主要方面,发展地看问题。历史上输血技术,器官移植等,都曾经带来极大的伦理争论,而当首位试管婴儿于1978年出生时,更是掀起了轩然大波,但现在人们已经能够正确地对待这一切了。就克隆技术而言,"治疗性克隆"将会在生产移植器官和攻克疾病等方面获得突破,给生物技术和医学技术带来革命性的变化。治疗性克隆的研究和完整克隆人的出现,如果加以正确地利用,它们都可以而且应该为人类社会带来福音。

我们要学会具体问题具体分析,积极支持有利于人类社会发展和科学进步的克隆技术和产品的发展,使之尽快地应用于生产和医学等领域,但对一些有重大分歧和涉及科技伦理问题的克隆研究项目,在一定时间内要予以规范和控制。

案例 5 中国革命何去何从

在中国近现代史上，面对中国的衰败和帝国主义列强的入侵，形形色色的人们提出过五花八门的主张：以慈禧为代表的地主阶级坚持"祖宗之法不可变"，以龚自珍、林则徐、魏源为代表的地主阶级改革派倡导在维护封建统治前提下的"自改革"，以曾国藩、李鸿章为代表的洋务派官僚企图实行修补封建制度的"新政"，以洪秀全为代表的农民阶级期望建立平均主义的小生产的王国，康有为、梁启超等资产阶级改良派力主"维新变法"，孙中山提出了资产阶级共和国的方案，中国共产党则主张通过人民革命建立一个新民主主义的中国。然而，许许多多人们的选择都完全或基本上失败了，唯有中国共产党人的选择取得了辉煌的成功，使中国开始走上独立、统一、繁荣、富强的康庄大道。

观点案例点评：

列宁1919年在《伟大的创举》中给阶级下了一个定义："所谓阶级，就是这样一些大的集团，这些集团在历史上一定的社会生产体系中所处的地位不同，同生产资料的关系不同，因而取得归自己支配的那份社会财富的方式和多寡也不同。所谓阶级，就是这样一些集团，由于它们在一定社会经济结构中所处的地位不同，其中一个集团能够占有另一个集团的劳动。"社会基本矛盾要通过一定社会阶层或阶级的矛盾表现出来，阶级之间的利益矛盾积累到一定程度就会引发阶级斗争，进而影响和促进社会形态的变化和发展。在中国近现代史上，各阶级从自身利益出发，代表和拥护各自的生产力和生产关系，与其他阶级进行着殊死的斗争。阶级斗争对阶级社会发展的推动作用突出地表现在社会形态的更替中。当社会基本矛盾尖锐化时，即当旧的生产关系不适应生产力的发展，变成生产力发展的桎梏时，维护旧的生产关系的反动阶级，必然同代表生产力发展要求的先进阶级形成尖锐的对抗。这是，只有通过先进阶级反对反动阶级的革命斗争，推翻反动阶级的统治，建立新的社会形态，推动历史的进步与发展。

案例 6 安泰和大地母亲

在古希腊的神话里，有一个英雄名叫安泰，是海神波塞冬和地神盖娅的儿子，他力大无比，谁也战胜不了他。他为什么有这么大的力量呢？据说，安泰对他的生身母亲——大地，有一种特殊的依恋之情，每当他和敌人搏斗遇到困难时，就往母亲身上一靠，于是就获得了新的力量。但是安泰的致命弱点也在这里，他最害怕别人使他离开地面。后来，果然有一个叫赫拉克勒斯的敌手，利用他的这个弱点，不让他和地面接触，就在空中把他扼死了。斯大林曾用这个故事作比喻，安泰和他的大地母亲的关系，好像个人和群众的关系。任何豪杰，都是从群众中产生的，他的力量来自群众。因此，离开了群众，他就一事无成，就会失败。

观点案例点评：

人民群众是一个历史范畴，是历史的主体，是历史的创造者。在社会历史的发展过程中，人民群众起着决定性的作用。人民群众是社会物质财富的创造者，是精神财富的创造者，是社会变革的决定力量。当然，主张人民群众是历史创造者，并不否认个人在历史上的作用。个人在历史上的作用存在差别，作用大些，可称为"历史人物"，作用小些，可称为"普通个人"。历史人物是一定历史事件的主要倡导者、组织领导者或思想理论、科学文化的重要代表人物。但是，不管怎样的历史人物，都要受到社会发展客观规律的制约，而不能决定和改变历史发展的总进程和总方向。历史人物的作用性质取决于他们的思想、行为是否符合社会发展规律，是否符合人民群众的意愿。只有顺应历史发展的要求和人民群众的意愿，历史人物才能起到推动社会前进的积极作用。

【游弋大千题海】

一、单项选择题

1. 两种根本对立的历史观是（　　）

A. 先进的历史观和落后的历史观　　B. 唯意志论和宿命论

C. 前进论和倒退论　　　　　　　　D. 唯物史观和唯心史观

【答案】 D

2. 把社会历史看成是精神发展史，根本否定人民群众在社会历史发展中的决定作用，这是（　　）

A. 唯意志论历史观的两个主要缺陷　B. 宿命论历史观的两个主要缺陷

C. 倒退论历史观的两个主要缺陷　　D. 唯心史观的两个主要缺陷

【答案】 D

3. 社会存在也称社会物质生活条件，是社会生活的物质方面，它包括三

个方面的内容，其中主要的方面是（　　　）

    A. 人口因素　　　　B. 地理环境　　　　C. 生产方式　　　　D. 生产资料

【答案】C

4. 社会历史发展的决定力量是（　　　）

    A. 人口因素　　　　B. 地理环境　　　　C. 生产方式　　　　D. 意识形态

【答案】C

5. 社会意识是（　　　）

    A. 社会的精神生活过程　　　　　　　　B. 社会的政治生活过程

    C. 人类改造自然的过程　　　　　　　　D. 人类改造社会的过程

【答案】A

6. 社会意识是社会物质生活过程及其条件的（　　　）

    A. 客观反映　　　B. 真实反映　　　C. 社会反映　　　D. 主观反映

【答案】D

7. 先进的社会意识之所以对社会存在能起促进作用是因为（　　　）

    A. 它不完全受具体的社会存在和社会实践的制约

    B. 它有相对独立性

    C. 意识形态诸形式之间的相互协调

    D. 它符合了社会发展的客观规律

【答案】D

8. 生产力是指（　　　）

    A. 独立于人之外的自然力量

    B. 人们解决相互之间矛盾的实际力量

    C. 人类改造自然界的客观物质力量

    D. 精神力量和物质力量的总和

【答案】C

9. 生产资料包括（　　　）

    A. 生产力和生产关系　　　　　　　　B. 生产工具和劳动者

    C. 劳动对象和劳动资料　　　　　　　　D. 一切劳动产品

【答案】C

10.“各种经济时代的区别，不在于生产什么，而在于怎样生产，用什么劳动资料生产。”这段话指出，区分社会经济时代的客观依据是（　　　）

    A. 生产工具　　　B. 生产力　　　C. 生产方式　　　D. 生产资料

【答案】A

11. 在现代，科学技术发展日新月异，应用于生产过程的周期日趋缩短，对于生产发展的作用越来越大，日益成为生产发展的决定因素。从这个意义上说，科学技术是（　　　）

A. 强大生产力的集中体现和主要标志，是第一生产力

B. 真实生产力的集中体现和主要标志，是第一生产力

C. 新型生产力的集中体现和主要标志，是第一生产力

D. 先进生产力的集中体现和主要标志，是第一生产力

【答案】D

12. 生产关系所体现的是生产过程中（　　　）

A. 人与自然界的关系　　　　　　B. 人与人的政治关系

C. 人与人的思想关系　　　　　　D. 人与人的经济关系

【答案】D

13. 在生产关系中，最基本的是（　　　）

A. 生产资料所有制关系　　　　　B. 产品的分配关系

C. 生产中人与人的关系　　　　　D. 生产、分配和交换

【答案】A

14. "手推磨产生的是封建主的社会，蒸汽磨产生的是工业资本家的社会。"下列说法中，哪一个说法不说明上述观点（　　　）

A. 生产力状况决定生产关系性质

B. 生产力状况是生产关系形成的客观前提

C. 生产力状况是生产关系形成的客观物质基础

D. 生产力的发展决定生产关系的变革

【答案】D

15. 生产关系一定要适合生产力状况的规律的含义在于（　　　）

A. 它揭示了社会发展一般过程

B. 它揭示了社会形态由量变到质变这一飞跃过程

C. 它揭示了人类社会由必然王国向自由王国飞跃过程

D. 它揭示了生产力与生产关系之间内在的、本质的必然联系

【答案】D

16. 经济基础是指由社会一定发展阶段的生产力所决定的（　　　）

A. 生产要素的总和　　　　　　　B. 生产资料的总和

C. 物质要素的总和   D. 生产关系的总和

【答案】D

17. 上层建筑对经济基础的反作用的性质，取决于其服务的（   ）

A. 国家制度的性质   B. 社会制度的性质

C. 基本经济制度的性质   D. 经济体制的性质

【答案】C

18. 人类社会形态更替的统一性和多样性的关系是（   ）

A. 相互排斥的   B. 相互矛盾的

C. 多样性以统一性为前提   D. 统一性以多样性为前提

【答案】D

19. 人类社会发展的基本矛盾和基本动力是（   ）

A. 人与自然界的矛盾、人与人的矛盾

B. 人与社会制度的矛盾、社会与环境的矛盾

C. 先进与落后的矛盾、开拓进取与因循守旧的矛盾

D. 生产力与生产关系的矛盾、经济基础与上层建筑的矛盾

【答案】D

20. 人民群众之所以是历史的创造者，最根本的原因在于（   ）

A. 人民群众占人口的大多数   B. 人民群众有无穷的智慧

C. 人民群众的活动总是合理的   D. 人民群众是社会生产力的体现者

【答案】D

二、多项选择题

1. 在马克思主义产生之前，唯心史观一直占据统治地位，它的主要缺陷是（   ）

A. 认为社会历史是精神发展史

B. 根本否定英雄人物对历史发展的作用

C. 根本否定精神对历史发展的作用

D. 根本否定人民群众是历史的创造者

E. 明确肯定人民群众创造历史的作用

【答案】AD

2. 地理环境不是社会发展的决定性因素。这是因为（   ）

A. 地理环境不能影响人的心理特点和生理变化

B. 地理环境不能决定一个国家社会制度的性质

C. 地理环境不能决定一个国家社会制度的更替

D. 地理环境对社会发展的作用受生产力的制约

E. 地理环境对社会发展的作用受生产关系的制约

【答案】BCDE

3. 物质生活资料的生产方式是人类社会存在和发展的决定力量。这是因为（　　）

A. 生产方式是人类生活资料谋得的方式

B. 生产方式是全部社会关系的总和

C. 生产方式决定整个社会的面貌

D. 生产方式决定社会制度的性质

E. 生产方式决定社会制度的更替

【答案】ACDE

4. 社会心理和社会意识形式既有联系又有区别。下列各项反映两者区别的有（　　）

A. 前者错综复杂，后者简单清晰

B. 前者有鲜明的阶级性，后者阶级性不明显

C. 前者与实际联系紧密，后者往往脱离实际

D. 前者不定型、不系统，后者已经系统化、理论化

E. 前者直接与日常生活相联系，后者是对社会存在的间接反映

【答案】DE

5. 进行某一项社会改革，实施某一项重大方针政策，都要考虑到"人心向背"和群众心理的承受能力，这说明（　　）

A. 社会心理是影响社会发展的一种重要因素

B. 社会心理关系到人们对某一社会改革的积极性问题

C. 社会心理是影响群众情绪的较高水平的社会意识形式

D. 社会心理是关系到事情成败的决定性因素

E. 社会心理决定群众的感情、习惯和信念

【答案】ABE

6. 以下哪些观点说明了社会存在决定社会意识（　　）

A. 社会意识随着社会存在的产生而产生

B. 社会意识随着社会存在的发展而发展

C. 随着社会存在的变化发展，社会意识或迟或早要发生相应变化

D. 有什么样的社会存在，就有什么样的社会意识

E. 社会意识是人们社会物质交往的产物

【答案】ABCDE

7. 生产资料所有制关系是（　　）

A. 衡量生产力水平的客观标志

B. 生产关系中的决定因素

C. 区分社会经济制度性质的根本标志

D. 衡量社会道德水平的客观标志

E. 区分社会经济发展水平的根本标志

【答案】BC

8. 生产关系适合生产力状况的规律的内容表现为（　　）

A. 生产力决定生产关系

B. 生产力决定一定的生产关系能否产生

C. 生产力决定生产关系产生后的发展方向

D. 生产关系反作用于生产力

E. 生产关系的反作用归根到底取决于和服从于生产力的状况

【答案】ABCDE

9. 上层建筑是一个庞大的体系，包括丰富的内容，可以把它们归结为两个组成部分。这两个部分是（　　）

A. 政治思想和制度　　　　　　B. 法律思想和制度

C. 军事思想和制度　　　　　　D. 政治上层建筑

E. 观念上层建筑

【答案】DE

10. 上层建筑必须适合经济基础状况的规律的基本内容是（　　）

A. 经济基础决定上层建筑的发展方向

B. 上层建筑的反作用取决于经济基础的性质和要求

C. 上层建筑和经济基础相互决定、相互促进

D. 经济基础的性质决定了上层建筑的性质

E. 经济基础随着上层建筑的变化而变化

【答案】ABD

11. 人们对于社会形态的历史选择，最终决定于（　　）

A. 人民群众的根本利益

B. 人民群众的根本意愿

C. 人民群众对社会规律的把握和顺应程度

D. 领导层的根本利益和根本意愿

E. 领导层对社会规律的把握和顺应程度

【答案】ABC

12. 生产力和生产关系、经济基础和上层建筑的矛盾之所以是社会基本矛盾，是因为它们（　　　）

A. 贯穿于人类社会发展过程的始终

B. 规定各种社会形态、社会制度的基本性质

C. 制约着社会其他矛盾的存在和发展

D. 决定社会历史的一般进程，推动社会向前发展

E. 规定社会的基本结构的性质，涉及社会基本领域

【答案】ABCDE

13. 社会基本矛盾作为社会发展的根本动力，它在社会发展中的作用主要表现在（　　　）

A. 在社会矛盾中，生产力是人类社会发展和进步的最终决定力量

B. 生产力和生产关系的矛盾是"一切历史冲突的根源"

C. 社会基本矛盾从根本上影响和促进社会形态的变化和发展

D. 经济基础和上层建筑的矛盾是"一切历史冲突的根源"

E. 经济基础和上层建筑的矛盾影响生产力和生产关系的矛盾

【答案】ABCE

14. 下列各项反映科学的本质的有（　　　）

A. 科学是反映客观事实和客观规律的知识体系

B. 科学是一切知识的总汇

C. 科学是获得反映客观事实和客观规律的知识的相关活动

D. 科学是关于自然界的现象的知识

E. 科学是关于社会的现象的知识

【答案】AC

15. 科技革命对社会历史发展的作用表现在（　　　）

A. 改变社会生产力的构成要素　　　B. 对生活方式产生巨大影响

C. 促进思维方式的变革　　　D. 改变人们的劳动方式

E. 改变社会的经济结构

【答案】ABCDE

16. 科学技术的社会作用（　　）

A. 具有两重性

B. 受社会制度、利益关系的影响

C. 受人们的观念和认识水平的影响

D. 可以造福于人类

E. 也可以对人类的生存和发展带来消极后果

【答案】ABCDE

17. 在谁是历史的创造者的问题上，主观唯心主义和客观唯心主义者都（　　）

A. 认为历史的发展是个人意志的体现

B. 用个别人的思想动机来解释社会历史

C. 主张精神的力量主宰历史

D. 主张英雄人物是神意或绝对精神的受托者

E. 否定人民群众创造历史的作用

【答案】CE

18. 英雄史观产生的根源有（　　）

A. 停留于历史现象表面的认识根源

B. 少数人从事政治统治、垄断精神文化生活的社会历史根源

C. 剥削阶级思想家出于阶级偏见的阶级根源

D. 人的认识能力有限的认识根源

E. 社会历史很复杂因而不易认识的认识根源

【答案】ABC

19. 人民群众创造历史的决定作用表现在（　　）

A. 人民群众的活动创造了历史发展的规律

B. 人民群众的一切活动都推动社会历史前进

C. 人民群众是社会物质财富的创造者

D. 人民群众是社会精神财富的创造者

E. 人民群众是变革社会制度的决定力量

【答案】CDE

20. 唯物史观从人民群众创造历史这一基本前提出发，科学地说明了个人在历史上的作用。它认为（　　）

A. 社会历史发展是无数个人合力作用的结果

B. 历史人物在历史的发展过程中起着特殊的作用

C. 要从必然与偶然的辩证统一中理解个人的历史作用

D. 评价历史人物必须坚持历史分析方法和阶级分析方法

E. 个人的作用只有顺应历史发展要求和人民群众意愿才是积极的

【答案】 ABCDE

三、辨析题

1. 生产力可以跨越发展。

【答案要点】

这种观点是正确的。在现代社会，生产力的发展不是单线的，可以实现生产力的跨越式发展。生产力的跨越发展是有条件的，是在全球经济一体化的条件下，在改革和开放的条件下，通过利用生产力的已有成果，从而打破生产力的单线发展，实现跨越。

在当代中国，实现生产力的跨越式发展特别重要。由于历史原因，中国生产力比较落后，如果不实现跨越式发展，就会始终落后于世界生产力的发展。因此，实现生产力的跨越发展是当代中国生产力发展的特点，江泽民提出的以信息化带动工业化实现生产力的跨越发展，正是对当代生产力发展特点的反思。

2. 科学技术发展可以解决一切社会问题。

【答案要点】

这种观点是错误的。这是片面夸大科学技术作用的科学技术决定论观点。

科学技术提高人们认识和改造世界的能力，促进生产力和经济的发展。但科学技术不能解决资本主义制度所固有的矛盾，不能消灭压迫和剥削，也不足以克服社会关系中的各种矛盾。只靠科技进步，没有无产阶级的革命斗争，没有社会关系的根本变革，资本主义不能自动转变为社会主义。上述观点否认了社会基本矛盾在社会发展中的决定作用，否认了阶级斗争、社会革命与改革在社会发展中的作用，也没有看到科学技术掌握在不同阶级、不同人的手中，其作用是不同的。

3. 社会意识都属于思想上层建筑。

【答案要点】

这种观点是错误的。社会意识都是社会存在的反映，只有反映了社会存在的经济基础的社会意识才属于思想上层建筑。

如反映经济基础的政治法律思想、道德、哲学、艺术、宗教等属于思想上层建筑。不反映经济基础的自然科学、逻辑学、语言学等不属于思想上层建筑。

4. 群众和英雄共同创造历史。

【答案要点】

这种观点是错误的。因为这里的"创造"是指推动历史前进的行为，与破坏和阻碍相对应。如果英雄即历史人物是杰出人物，那就应包含在人民群众的范围之内，人民群众和杰出人物创造历史活动具有统一性。所以，没有必要说人民群众和英雄共同创造历史。如果历史人物是反动人物，他与人民群众创造历史活动是背道而驰、南辕北辙的。因此，坚持唯物主义一元论，只能肯定人民群众创造历史。

四、材料分析

[材料1] 劳动资料的使用和创造，虽然就其萌芽状态来说已为某几种动物所固有，但是这毕竟是人类劳动过程独有的特征，所以富兰克林给人下的定义是 a tool making animal，即制造工具的动物。动物遗骸的结构对于认识已经绝迹的动物的机体有重要的意义，劳动资料的遗骸对于判断已经消亡的社会经济形态也有同样重要的意义。各种经济时代的区别，不在于生产什么，而在于怎样生产，用什么劳动资料生产。劳动资料不仅是人类劳动力发展的测量器，而且是劳动借以进行的社会关系的指示器。

（摘自马克思：《资本论》）

[材料2] 人们在自己生活的社会生产中发生一定的、必然的、不以他们的意志为转移的关系，即同他们的物质生产力的一定发展阶段相适合的生产关系，这些生产关系的总和构成社会的经济结构，即有法律的和政治的上层建筑竖立其上并有一定的社会意识形式与之相适应的现实基础。物质生活的生产方式制约着整个社会生活、政治生活和精神生活的过程。不是人们的意识决定人们的存在，相反，是人们的社会存在决定人们的意识。社会的物质生产力发展到一定阶段，便同它们一直在其中运动的现存生产关系或财产关系（这只是生产关系的法律用语）发生矛盾。于是这些关系是由生产力的发展形式变成生产力的桎梏。那时社会革命的时代就到来了。随着经济基础的变革，全部庞大的上层建筑也或慢或快地发生变革。在考察这些变革时，必须时刻把下面两者区别开来：一种是生产的经济条件方面所发生的物质的、可以用自然科学的精确性指明的变革，一种是人们借以意识到这个冲突并力求把它克服的那些法律的、政治的、宗教的、艺术的或哲学的，简言之，意识形态的形式。我们判

断一个人不能以他对自己的看法为根据，同样，我们判断这样一个变革时代也不能以它的意识为根据；相反，这个意识必须从物质生活的矛盾中，从社会生产力和生产关系之间的现存冲突中去解释。无论哪一个社会形态，在它所能容纳的全部生产力发挥出来以前，是决不会灭亡的；而新的更高的生产关系，在它的物质存在条件在旧社会的胎胞里成熟以前，是决不会出现的。所以人类始终只提出自己能够解决的任务，因为只要仔细考察就可以发现，任务本身，只有在解决它的物质条件已经存在或者至少是在生成过程中的时候，才会产生。

（摘自《马克思恩格斯选集》第 2 卷）

［材料 3］新的社会思想和理论，只有当社会物质生活发展已在社会面前提出新的任务时，才会产生出来。可是，它们既已产生出来，便会成为最严重的力量，能促进解决社会物质生活发展过程所提出的新任务，能促进社会前进。在这里也就表现出新的思想、新的理论、新的政治观点和新政治制度所具有的那种伟大的组织的、动员的和改造的意义。新的社会思想和理论所以产生出来，正是因为它们为社会所必需，因为若没有它们那种组织的、动员的和改造的工作，便无法解决社会物质生活发展过程中已经成熟的任务。新的社会思想和理论既已在社会物质生活发展过程所提出的那些新任务基础上产生出来，便能扫除障碍，深入民众意识，动员民众，组织民众去反对社会上衰颓着的势力，因而推动着推翻社会上正在衰颓而阻碍社会物质生活发展的势力。于是，社会思想、理论和政治制度既已在社会物质生活发展过程、社会存在发展过程中已经成熟的那些任务基础上产生出来，便能反转来影响到社会存在，影响到社会物质生活，造成必要条件来彻底解决社会物质生活中业已成熟的任务，并使这社会物质生活可能向前发展。

（摘自斯大林：《辩证唯物主义和历史唯物主义》）

［材料 4］生产以及随生产而来的产品交换是一切社会制度的基础，在每个历史地出现的社会中，产品分配以及和它相伴随的社会之划分为阶级或等级，是由生产什么、怎样生产以及怎样交换产品来决定的。所以，一切社会变迁和政治变革的终极原因，不应当到人们的头脑中，到人们对永恒的真理和正义的日益增进的认识中去寻找，而应当到生产方式和交换方式的变更中去寻找；不应当到有关时代的哲学中去寻找，而应当到有关时代的经济中去寻找。

（摘自《马克思恩格斯选集》第 3 卷）

请回答：

（1）根据材料 1～4，说明生产关系与生产力、上层建筑与经济基础的矛盾。

（2）根据材料 2，说明"社会革命时代到来的条件"是什么。

（3）根据材料 3，说明社会意识对社会存在的能动的反作用。

【答案要点】

（1）生产关系与生产力之间的矛盾指的是：当一种新的生产关系取代旧的生产关系后，在一段时期内，由于它适合生产力的发展的要求，因而对生产力的发展起促进的作用，它能把被旧生产关系束缚的生产力解放出来。但随着生产力的进一步发展，生产关系就会由原来的适合而变为不适合，甚至逐步成为生产力发展的桎梏。这时社会矛盾就会激化，最终导致社会革命。打破旧的生产关系，重新建立新的生产关系，开始新一轮矛盾运动。经济基础与上层建筑的矛盾指的是：上层建筑是适应一定经济基础而建立起来的，是为经济基础服务的，在新的社会形态取代旧的社会形态之后，新建立的上层建筑，基本上是适应经济基础的巩固和发展要求的。如果一种社会经济形态已经变成落后腐朽的时候，生产关系严重不适应生产力的发展，上层建筑与生产力发展要求变革经济基础之间，就形成尖锐对抗。通过社会革命，去对原上层建筑加以根本变革。然后在新的基础上，重新建立新的上层建筑。

（2）社会存在决定社会意识，社会的物质生产力到一定程度时，便能检验出现存的生产关系已不再适合生产力发展，变成了束缚生产力的桎梏，这时社会矛盾就会激化，社会革命的时代就到来了。

（3）社会意识虽然为社会存在所决定，但又有其自身特有的发展规律，具有相对独立性。最突出的表现即在于它对社会存在产生重大的反作用。先进的、革命的社会意识对社会发展起推动和促进作用；落后的、反动的社会意识对社会的发展起延缓和阻碍的作用。但是，其反作用不是决定性的，而且其作用的大小，归根到底取决于它是否反映了经济发展的要求。

【考研真题】

1.（2003 年）生产力的社会条件中，最基本最重要的是（   ）

A. 政治法律制度 B. 生产关系

C. 历史文化传统 D. 伦理道德规范

【答案】B

【分析】本题考点：生产关系是生产力发展的社会条件。

马克思主义认为，生产是社会的生产，任何生产都是在一定的经济关系条件下进行的。因此，生产力的发展，一方面要遵循自身发展的规律，另一方面又离不开一定的社会条件。生产的社会条件包括多方面的内容，有政治的、法律的、文化的，但最基本的、最重要的社会条件是生产关系。因此，选项 B 正确。

选项 A、C、D 虽然在生产的社会条件中起着一定的作用，但都不是最基本、最重要的。

2.（2004 年）唯物史观认为，人类的第一个历史活动是（　　）

A. 吃喝穿住　　　　　　　　　B. 物质生活资料的生产

C. 人的自觉意识活动　　　　　D. 结成社会关系

【答案】B

【分析】本题考点：物质资料生产方式是人类社会存在与发展的基础。

这是历史唯物主义的一个基本观点。马克思、恩格斯指出："我们首先应当确定一切人类生存的第一个前提，也就是一切历史活动的第一个前提，这个前提：人们为了能够'创造历史'，必须能够生活。但是为了生活，首先就需要吃喝穿住以及其他一切东西。因此第一个历史活动就是生产满足这些需要的资料，即生产物质生活本身。"物质生产活动作为解决人类生存第一需要的基本活动，是人类其他实践活动的基础，在人类活动中居于最重要的地位，人类的其他一切活动都是由物质生产活动派生出来的，为物质生产活动服务，并要受到物质生产活动所制约。因此选项 B 是正确的。

选项 A、C 是人和动物所共有的，谈不上人的历史活动。而选项 D 又属于社会意识第二性的东西，也不正确。

3.（2005 年）广大农民在致富奔小康的过程中深切体会到"要富口袋，先富脑袋"，这一说法在哲学上的含义是（　　）

A. 精神是第一性的，物质是第二性的

B. 精神的力量可以变成物质的力量

C. 精神的力量可以代替物质的力量

D. 先有精神，后有物质

【答案】B

【分析】本题考点：意识与物质的辩证关系。

科学技术是一种精神力量，它通过对新事实、新现象的发现，对本质、规律的解释，对未来事件的预见，实现其认识功能。科学技术可以转化为直接的生产力，推动生产的发展。

4. （2005 年）第十届全国人大二次会议通过的宪法修正案，将"国家尊重和保障人权"写入宪法。这标志着（　　）

A. 我国社会主义生产关系的完善　　B. 我国社会主义政治文明的进步

C. 我国社会主义物质文明的发展　　D. 我国社会主义精神文明的升华

【答案】B

【分析】本题考点：社会的政治上层建筑的内容。

将"国家尊重和保障人权"写入宪法，是国家政治生活的一部分，体现了我国社会主义政治文明的进步。

5. （2006 年）"许多事情我们可以讲一千个理由、一万个理由，但老百姓吃不上饭，就没有理由。'民以食为天'"。这段话表明（　　）

A. 人们首先必须吃、喝、住、穿，然后才能从事政治、科技、艺术、宗教等活动

B. 人的生理需求是历史的基础

C. 人的自然属性决定着人的本质

D. 人的物质欲望是社会发展的根本动力

【答案】A

【分析】本题考点：本题是考查哲学第五章关于物质生产是人类社会存在和发展的基础原理的应用，属间接性试题。"民以食为天"，说明只有在生产实践的基础上才能去从事其他的一切活动。所以，本题 A 项正确。B、C、D 项观点错误。因为历史的基础是物质生活生产方式，决定人的本质的是社会关系，社会发展的根本动力是社会基本矛盾。

6. （2009 年）物质和意识的对立只有在非常有限的范围内才有绝对的意义，超过这个范围便是相对的了，这个范围是指（　　）

A. 物质和意识何者为第一性

B. 物质和意识是否具有统一性

C. 物质和意识何者更为重要

D. 物质和意识何者与社会生活的关系更密切

【答案】A

【分析】本题考点：本题是考查物质与意识的关系方面的知识。物质和意识何者是第一性的问题是该题目的答案，因此是 A。

7. （2009 年）近年来马克思的《资本论》在西方的一些国家销量大增。

列宁曾说，马克思的《资本论》的成就之所以如此之大，是由于这本书使读者看到整个资本主义社会形态是个活生生的形态，既有"骨骼"，又有"血肉"。人类社会作为一种活的有机体，其"骨骼"系统是指（   ）

A. 地理环境、人口因素和生产方式等社会物质生活条件

B. 与一定的生产力相适应的生产关系

C. 建立在一定经济基础之上的政治法律制度及设施

D. 由政治法律思想、道德、宗教、哲学等构成的社会意识形态

【答案】B

【分析】本题考点：生产力与生产关系的关系。

8.（2010年）由于气候变暖，北极冰盖融化，致使北极熊无处可去的场景，颇具震撼力。它给我们地球上的人类发出的警示是（   ）

A. 人与自然的关系成为人与人之间一切社会关系的核心

B. 生态失衡已成为自然界自身周期演化不可逆转的趋势

C. 自然地理环境已成为人类社会发展的根本决定力量

D. 生态环境已日益成为人类反思自身活动的重要前提

【答案】D

【分析】本题考点：人类活动对自然产生的影响，反过来会对人类的生活产生影响。

9.（2011年）社会存在是指社会的物质生活条件，它有多方面的内容，其中最能集中体现人类社会性质的是（   ）

A. 社会形态　　　B. 地理环境　　　C. 人口因素　　　D. 生产方式

【答案】D

【分析】参考大纲解析的 29 页。此题的出题角度是唯物史观中的社会存在考点，即社会存在是社会生活的物质方面，包括生产方式、地理环境和人口因素三个组成部分，其中，生产方式是决定因素，最能集中体现人类社会的物质性，所以正确答案是选项 D。

10.（2012年）恩格斯说："鹰比人看得远得多，但是人的眼睛识别东西远胜于鹰。狗比人具有敏锐得多的嗅觉，但是它连被人当作各种物的特定标志的不同气味的百分之一也辨别不出来。"人的感官的识别能力高于动物，除了人脑及感官发育得更加完善之外，还因为（   ）

A. 人不仅有感觉还有思维　　　　B. 人不仅有理性还有非理性

C. 人不仅有知觉还有想象　　　　D. 人不仅有生理机能还有心理活动

【答案】A

【分析】人与动物的区别之一，从马哲角度上讲，人有思维，有意识，能对客观世界反映，发挥主观能动性，所以，本题正确答案是选项A。

11.（2003年）下列有关历史创造者的观点中，属于唯物史观的有(　　)

A. 人人创造历史

B. 历史活动是群众的事业

C. 人们自己创造自己的历史

D. 人们总是在既定条件下创造历史

E. 尊重社会发展规律与尊重人民群众历史主体地位是一致的

【答案】BCDE

【分析】本题考点：人民群众是历史的创造者。

马克思主义唯物史观认为，社会发展的历史从根本上说是生产发展的历史，是作为物质资料生产者的人民群众所创造的历史。人民群众是历史的主体，是推动社会发展的决定力量，是历史的创造者。但人民群众创造历史的活动和作用，又受到社会历史条件的制约。坚持尊重社会发展规律与尊重人民历史主体地位的一致性，是马克思主义哲学研究历史创造者的基本立场和观点。因此选项B、C、D、E正确。

A项本身就是一个错误的观点，直接可以排除。

12.（2004年）2003年6月23日，《城市生活无着的流浪乞讨人员救助管理办法》正式发布，并于8月1日正式实施。1982年发布的《城市流浪乞讨人员收容遣送办法》同时被废止。这一变化体现了（　　）

A. 政治文明的进步　　　　　　B. 对人民群众根本利益的维护

C. 对人权的尊重和保护　　　　D. 上层建筑不断变革完善的要求

E. 生产关系的根本变革

【答案】ABCD

【分析】本题考点：上层建筑的变革及其现实意义。

"收容办法"的调整与变革，属于社会上层建筑方面的变化，是上层建筑不断变革和完善的要求，体现了政治文明和社会进步，体现了对人民群众根本利益的维护及对人权的尊重和保护。可见，A、B、C、D均为正确选项。

题干中材料所体现的，属于社会上层建筑方面的变化，与生产关系无关，更谈不上对生产关系的"根本变革"，选项E错误。

13.（2004年）有一幅广告幽默画，画的是几个行人在看一家饭店外贴的告示，上写："快进来吃饭吧，否则你我都得挨饿。"这幅广告画的寓意有（　　）

A. 生产者和消费者是相互依存的

B. 生产和消费具有直接的同一性

C. 利己是人的一切活动的出发点

D. 商品交换活动背后隐藏着人与人的关系

E. 生产关系本质上是人与人之间的物质利益关系

【答案】ABDE

【分析】本题考点：生产关系的本质及其内在关系；商品交换的本质。

生产关系是生产过程中人与人之间的关系，它有广义和狭义两个方面：狭义的生产关系包括直接生产过程中人与人之间的关系，广义的生产关系，就是指人们之间的经济关系。广告画中看告示的几个行人，是潜在的消费者，而张贴告示的饭店则是生产者。行人进饭店进餐，饭店就有生意可做，即有生产，进餐即消费，在此表明生产者和消费者是相互依存的。饭店的"生产"，一方面可使行人有"消费"，另一方面也决定了饭店员工的"消费"。因此，"生产"与"消费"具有同一性。可见，饭店买卖这种商品交换活动的背后隐藏着一种人（经营者）与人（消费者）的关系，这种关系归根到底是一种物质利益关系（经济关系）。因此选项A、B、D、E正确。

C项本身就是一个错误观点，可以排除。

14.（2005年）党的十六大指出，要不断深化对共产党执政规律、社会主义建设规律、人类社会发展规律的认识。这"三大规律"（　　）

A. 是有层次的

B. 都是人的活动的规律

C. 是人们在改造社会的实践活动中创造的规律

D. 存在着个别、特殊和一般的关系

【答案】ABD

【分析】本题考点：中国特色的社会主义发展规律。

这三大规律都属于社会规律，也是客观存在的，并不是人们能够主观创造的，因而不选C。

15.（2006年）马克思指出："一个社会即使探索到了本身运动的自然规律，——它还是既不能跳过也不能用法令取消自然的发展阶段。但是它能缩短

和减轻分娩的痛苦。"这表明（　　　）

A. 人类社会的发展是合规律性与合目的性的统一

B. 社会发展过程与自然界演变过程一样都是自觉的

C. 人的自觉选择在社会发展中具有重要作用

D. 人类总体历史进程是不可超越的

【答案】ACD

【分析】本题考点：本题考查哲学第六章唯物史观中社会规律及其特点的理解，属间接性试题。马克思在《资本论》第一卷序言中指出："我的观点是把经济的社会形态的发展理解为一种自然史的过程。""一个社会即使探索到了本身运动的自然规律，——本书的最终目的就是揭示现代社会的经济运动规律，——它还是既不能跳过也不能用法令取消自然的发展阶段。但是它能缩短和减轻分娩的痛苦。"马克思所说的社会运动的"自然规律"，是指社会也是一种自然历史过程即也是合规律的，因而，人类总体历史进程是客观的、不可超越。但人们可以探索到社会规律，并利用它来"缩短和减轻"新的社会形态产生的痛苦，这又说明人的自觉选择、社会发展的合目的性。所以，A、C、D 项正确。B 项错误，因为选项中包含的自然界演变过程是自觉的观点是错误的，正确的观点应是自发的。

16. （2007 年）列宁说："意识到自己的奴隶地位而与之作斗争，是革命家、没有意识到自己的奴隶地位而过着默默无言、浑浑噩噩、忍气吞声的奴隶生活的奴隶，是十足的奴隶。对奴隶生活的各种好处津津乐道并对和善的好主人感激不尽以至垂涎欲滴的奴隶是奴才，无耻之徒。"这三种奴隶的思想意识之所有有如此巨大的差异，是由于（　　　）

A. 人的社会意识并不都是社会存在的反映

B. 人的社会意识与社会存在具有不一致性

C. 人的社会意识中的各种形式之间相互作用

D. 人的社会意识具有历史继承性

【答案】B

【分析】这道单项选择题所考查的知识点，是对社会意识相对独立性表现的理解和掌握。历史唯物主义认为，社会存在决定社会意识，但社会意识在社会存在的制约下有其独立发展的规律性，具体表现为：社会意识和社会存在发展的不完全同步性或叫做不一致性；社会意识与经济发展水平的不平衡性；社会意识发展的继承性；各种社会意识形式之间的相互影响相互作用；社会意识对社会存在的反作用。题中列宁这段话是讲述了，虽然作为奴隶是处在同一个社会政治、经济等社会存在的条件下，但他们个人的社会意识则完全不同。列宁具体指出了奴隶中的三种不同的社会意识及其表现。这正好体现了"人的社会意识与社会存在具有不一致性"（B 项）的基本原理。该题考的是最基本的理论，没有任何难点。如果考生得不到这一分，说不过去。

17. （2007 年）2006 年 7 月 12 日凌晨，刘翔在瑞士洛桑国际田联超级大奖赛男子 110 米栏比赛中，以 12 秒 88 勇夺冠军，打破了由英国名将科林·杰克逊保持了 13 年之久的 12 秒 91 的世界纪录。科林·杰克逊在谈起自己已被打破的纪录时，没有一丝沮丧："我一点也不失望。正相反，我感到非常兴奋。"他说："记录本来就是用来被打破的。"这在哲学上的启示是（　　　）

A. 创新是永无止境的

B. 不断超越前人是历史发展的规律

C. 凡是在历史上产生的都要在历史上灭亡

D. 一切事物都是作为过程而存在，作为过程而发展

【答案】ABCD

【分析】这又是一道综合性质的不定项选择题。所考到的原理包括：唯物辩证法第二个总特征永恒发展；认识论中的创新问题；历史观中的人的自觉活动和社会发展规律的关系。该选择题虽然涉及的原理比较多，也比较复杂，但根据题干中所给定的大家非常熟悉的具体内容进行选择，也是不应该有问题的。不用理解杰克逊的感想，仅从刘翔打破了杰克逊保持 13 年之久的男子 110 米跨栏比赛的世界纪录，这件事情本身就说明了"创新是无止境的"（A项）；"不断超越前人是历史发展的规律"（B 项）；从辩证法的角度还说明了"一切事物都是作为过程而存在，作为过程而发展"的（D 项），亦即"凡是在历史上产生的都要在历史上灭亡"（C 项），没有永存的事物。这样 ABCD 选项全面满足了题干内容的要求，所以都是正确选项。

18. （2008 年）随着科学技术和经济全球化的发展，人类的交往活动日益普遍和深化，交往作为人类特有的活动和存在方式，对社会发展具有越来越重要的作用。主要表现在（　　　）

A. 交往促进生产力的发展

B. 交往推动社会关系的变革和改善

C. 交往是科学文化传承和发展的重要途径

D. 交往促进人自身的发展

【答案】ABCD

【分析】本题主要考到的是人类交往这种活动对社会发展的作用有哪些。ABCD 选项全面满足了题目的要求。

19. (2009 年)"随着新生产力的获得……人们也就会改变自己的一切社会关系,手推磨产生的是封建主义的社会,蒸汽磨产生的是工业资本家的社会。"这段话表明科学技术是（　　）

A. 历史上起推动作用的革命力量

B. 历史变革中的唯一决定性力量

C. 推动生产方式变革的重要力量

D. 一切社会变革中的自主性力量

【答案】ACD

【分析】本题主要考到科学技术在历史发展进程中的作用。

20. (2010 年)历史经验表明经济危机往往孕育着新的科技革命,1857 年世界经济危机引发了电气革命,推动人类社会从蒸汽时代进入电气时代。1929 年的世界经济危机,引发了电子革命推动人类社会从电气时代进入电子时代,由此证明（　　）

A. 科技革命是摆脱社会危机的根本出路

B. 科学技术是社会形态更替的根本标志

C. 社会实践的需要是科技发展的强大动力

D. 科技创新能够推动社会经济跨越式发展

【答案】CD

【分析】本题主要考到科学技术在历史发展进程中的作用。

21. (2010 年)1989 年,时任美国国务院顾问的弗朗西斯·福山抛出了所谓的"历史终结论",认为西方实行的自由民主制度是"人类社会形态进步的终点"和"人类最后一种的统治形式"。然而,20 年来的历史告诉我们,终结的不是历史,而是西方的优越感。就在柏林墙倒塌 20 年后的 2009 年 11 月 9 日,BBC 公布了一份对 27 国民众的调查。结果半数以上的受访者不满资本主义制度,此次调查的主办方之一的"全球扫描"公司主席米勒对媒体表示,这说明随着 1989 年柏林墙的倒塌资本主义并没有取得看上去的压倒性胜利,这一点在这次金融危机中表现的尤其明显,"历史终结论"的破产说明（　　）

A. 社会规律和自然规律一样都是作为一种盲目的无意识力量起作用

B. 人类历史的发展的曲折性不会改变历史发展的前进性

C. 一些国家社会发展的特殊形式不能否定历史发展的普遍规律

D. 人们对社会发展某个阶段的认识不能代替社会发展的整个过程

【答案】BCD

【解题分析】本题考到人类社会形态的发展规律。

22.（2012 年）2011 年 4 月，耶鲁大学出版了《马克思为什么是对的》一书，书中列举了当前西方社会 10 个典型的歪曲马克思主义的观点。其中一种观点认为：马克思主义将世间万物都归结于经济因素，艺术、宗教、政治、法律、道德等都被简单地视为经济的反映，对人类历史错综复杂的本质视而不见，而试图建立一种非黑即白的单一历史观，上述观点是对马克思主义关于经济基础和上层建筑辩证关系思想的严重歪曲，其表现为（　　　）

A. 把社会历史发展多重因素的综合作用歪曲为单一因素决定论

B. 把上层建筑与经济基础的相互作用歪曲为机械的单向作用

C. 把经济作为社会的"基础"所具有的归根到底的决定作用歪曲为唯一决定作用

D. 把意识形态对社会历史始终具有的积极能动作用歪曲为消极被动作用

【答案】ABC

【分析】此题中题干所指歪曲表现在把社会历史发展多重因素的综合作用歪曲为单一因素决定论、把上层建筑与经济基础的相互作用歪曲为机械的单向作用、把经济作为社会的"基础"所具有的归根到底的决定作用歪曲为唯一决定作用，意识形态的作用并没有涉及，因此，正确答案是 ABC。

23.（2003 年）在中国社会主义改革与社会主义改造关系问题上，有人说："早知今日，何必当初?"

【答案】

（1）社会主义改造是为了确立社会主义生产关系，并在这种经济基础上进一步健全社会主义上层建筑，以继续解放和发展生产力；社会主义改造创造性地实现了由新民主主义到社会主义的转变，全面确立了社会主义的基本制度，使占世界人口四分之一的东方大国进入了社会主义社会。这是中国社会变革和历史进步的巨大飞跃，也极大地支持和推进了世界社会主义事业，实现了中国历史上最广泛最深刻的社会变革。

（2）社会主义改革不是对社会主义改造的否定，也不是要回到改造前的状态；而是对社会主义改造后我国生产关系和上层建筑不适应生产力发展要求的部分进行调整和改革，是社会主义制度的自我完善和发展，目的仍然是进一步解放和发展生产力。

【分析】本题考点：社会主义改革与社会主义改造的关系。

社会主义改造与社会主义改革既有联系又有区别：二者的联系是根本目的相同，都是为了解放和发展生产力；区别在于前者是在中国确立社会主义制度，后者则要完善与发展社会主义制度，因此改革不是对改造的否定。表面上看来，当今的社会主义改革是退回去发展非公经济。实际上，社会主义改造时的非公经济属于新民主主义的经济结构，而今日的非公经济是社会主义初级阶段市场经济的重要组成部分，二者不可同日而语。

解答本题分三个层次：首先回答社会主义改造的根本目的及其历史必然性；其次回答社会主义改革的实质及意义；最后简要说明社会主义改革与社会主义改造的内在关系。

24.（2004 年）分析题：

材料1

20 世纪 80 年代末 90 年代初，东欧剧变、苏联解体，社会主义遭受重大挫折。对此西方思想界的保守派纷纷著书重新审视西方"胜利"的历史原因和人类历史发展道路。美国学者弗朗西斯·福山的《历史的终结及最后之人》便是这种背景的产物。福山在书中提出：一个值得注意的共识这几年已在世界出现，因为自由民主已克服世袭君主制、法西斯与共产主义这类相对的意识形态。自由民主可能形成"人类意识形态进步的终点"与"人类统治的最后形态"，也构成了"历史的终结"。自由民主的"理念"已不能再改良了。最值得注意的发展是，在拉丁美洲和东欧、苏联、中东与亚洲，强固的政府都在这二十年间动摇了。自由民主目前已及于全球的不同地区与文化，成为唯一一贯的政治憧憬对象。

材料2

改革开放 20 多年来，中国社会主义现代化建设以前所未有的速度向前发展，综合国力不断增强，人民生活总体达到小康水平。根据世界银行的排名，2001 年中国的经济总量仅次于美国、日本、德国、英国、法国，位居世界第六位。对外贸易进出口总额在世界上的排位上升到第 5 位，2002 年中国吸收外资超过美国，成为吸收外资最多的国家。在下图中，作为衡量一国总体经济实力主要指标的 GDP 也真实地反映了中国近五年来的变化。

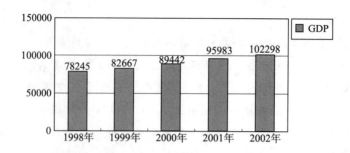

我国国内生产总值持续较快增长（单位：亿元）

①结合材料评析资本主义是"人类统治的最后形态"的观点。

②用唯物史观评析资本主义"自由民主的'理念'已不能再改良了"的观点。

③在两制并存的背景下，社会主义国家如何才能更快地实现自身的发展？

【答案】

（1）20世纪80年代末90年代初，苏联东欧发生剧变是世界社会主义发展遭受的重大挫折，但这并不是社会主义的终结，也不意味着资本主义是人类统治的最后形态。在这一时期，中国社会主义的发展取得了举世公认的成就。国民经济持续增长，增长速度居世界前列，经济总量大幅度跃升。这些事实说明，福山的观点是错误的。

（2）自由民主的理念属于社会的意识形态，它是社会存在的反映，是具体的、历史的，在阶级社会里是有阶级性的。资产阶级的自由民主观念及其所表现的政治制度是资本主义经济关系的反映，它只是在人类社会发展的一定历史阶段具有合理性，而不可能是永恒不变的，它必然为无产阶级的自由民主观念所扬弃，并发展为新的、更高的社会主义民主制度。

（3）社会主义国家要实现更快的发展，必须在两制的竞争中吸收和借鉴发达资本主义国家创造的一切文明成果，特别是先进的科学技术、经营方式和管理方法，但是要抵制资本主义腐朽的东西，在经济全球化的潮流中处理好开放与维护民族利益的关系，坚持社会主义道路与方向，从本国的国情出发，制定符合实际的发展战略，在与资本主义国家合作和竞争的过程中实现自身更快的发展。

【分析】本题考点：辩正的否定观及其方法论意义；社会意识形态是社会存在的反映；经济全球化条件下两种社会制度的并存与发展；社会主义的发展是曲折性与前进性的统一；坚持社会主义道路，探索具有本国特色的社会主义道路。

本题涉及的知识面较广，但只要考生对题干中的材料进行综合分析，并搞清各个问题所属的学科、章、节，及其知识要点，回答起来并不困难。

第一问，资本主义不是人类统治的最终形态，社会主义代替资本主义时社会的发展规律。考生如果了解"社会主义的发展是曲折性与前进性的统一"，并将它归入《世经》第六章，在结合相关知识进行分析说明，就不难解决。

第二问，考生如果了解"自由民主的'理念'"是属于社会意识形态，并将它归入《马哲》第七章，再运用"社会意识形态是社会存在的反映"这一知识点对材料和问题中的观点进行分析，同样不难回答。

第三问，社会主义国家如果想在"两制并存的背景下"实现自身的发展，第一要坚持辩正的否定观，取其精华、弃其糟粕，属《马哲》第三章；第二要处理好对外开放与维护民族利益的关系，属《政经》第七章；第三，要坚持社会主义道路，积极探索具有本国特色的社会主义道路，属《世经》第六章。

【小实验】

收集并分类整理古今中外描写人民群众作用的格言、警句与诗词。

参考答案：

（1）人民群众有无限的创造力。　　　　　　　　　　　　——毛泽东

（2）只有相信人民的人，只有投入人民生气勃勃的创造力泉源中去的人，才能获得胜利并保持政权。　　　　　　　　　　　　　　　　——列宁

（3）树木从泥土中吸取营养，英雄从人民中得到力量。　　——维吾尔族

（4）群众是根茎，是海洋；个人是树叶，是滴水。　　　——维吾尔族

【求索参考资料】

一、马克思主义经典著作

1.《共产党宣言》《马克思恩格斯选集》第 1 卷 人民出版社 1995 年版。

2.《德意志意识形态》《马克思恩格斯全集》第 3 卷 人民出版社 1960 年版。

3.《关于费尔巴哈的提纲》《马克思恩格斯选集》第 1 卷 人民出版社 1995 年版。

4.《1844 年经济学哲学手稿》《马克思恩格斯全集》第 42 卷 人民出版社 1979 年版。

5.《反杜林论》《马克思恩格斯选集》第 3 卷 人民出版社 1995 年版。

6.《家庭、私有制和国家的起源》《马克思恩格斯选集》第 4 卷 人民出版 社 1995 年版。

7.《〈政治经济学批判〉序言》《马克思恩格斯选集》第 2 卷 人民出版社 1995 年版。

8.《路德维希·费尔巴哈和德国古典哲学的终结》《马克思恩格斯选集》 第 4 卷 人民出版社 1995 年版。

9.《法兰西内战》,《马克思恩格斯选集》（第 2 卷），人民出版社，1972 年版。

10.《在马克思墓前的讲话》,《马克思恩格斯选集》（第 3 卷），人民出版 社，1972 年版。

11.《论波兰问题》,《马克思恩格斯选集》（第 1 卷），人民出版社，1972 年版。

二、其他参考书目

1. 伏尔泰著，高达观等译，《哲学通信》，上海人民出版社，1961 年版。

2. 伊曼努尔·康德著，《宇宙发展史概论》，上海译文出版社，2001 年版。

3. 鲍·格·库兹涅佐夫著，《伽利略传》，商务印书馆，2001 年版。

4. 西塞罗著，《西塞罗三论——老年、友谊、责任》，商务印书馆，1998 年版。

5. 亚当·斯密著，蒋自强等译，《道德情操论》，商务印书馆，1997 年版。

6. 弗朗西斯·培根著，水天同译，《培根论说文集》，商务印书馆，1958 年版。

7. 大卫·休谟著，关文运译，《人类理解研究》，商务印书馆，1957 年版。

8. 大卫·休谟著，关文运译，《人性论》，商务印书馆，1957 年版。

9. 让·雅克·卢梭著，李平沤译，《爱弥儿——论教育》，商务印书馆，1978 年版。

10. 让·雅克·卢梭著，李常山译，《论人类不平等的起源和基础》，商务印书馆，1978年版。

11. 托马斯·莫尔著，戴镏龄译，《乌托邦》，商务印书馆，1959年版。

12. 马可·奥勒留著，何怀宏译，《沉思录——一个罗马皇帝的人生思考》，中央编译出版社，2008年版。

13. 梭罗著，徐迟译，《瓦尔登湖》，上海译文出版社，2006年版。

14. 别尔嘉耶夫著，张雅平译，《历史的意义》，学林出版社，2002年版。

15. 儒家经典系列：《四书五经》。

16. 道家经典系列：《老子》、《庄子》。

17. 雷·蒙克、弗里德里克·拉斐尔著，王成兵等译，《大哲学家——思想大师们的生平与精髓》，内蒙古人民出版社，2004年版。

18. L·A·贝克著，赵增越译，《东方哲学的故事》，中国盲文出版社，2002年版。

19. 荷马著，陈中梅译，《荷马史诗》，中国戏剧出版社，2005年版。

20.《哲学笔记》《列宁选集》第55卷 人民出版社1990年版。

21.《唯物主义和经验批判主义》《列宁选集》第2卷人民出版社1995年版。

22. 列宁：《共产主义运动中的"左派"幼稚病》，《列宁选集》第4卷，人民出版社1995年版。

23. 毛泽东：《关心群众生活，注意工作方法》，《毛泽东选集》第1卷，人民出版社1991年版。

24. 毛泽东：《为人民服务》，《毛泽毛选集》第3卷，人民出版社1991年版。

第四章 资本主义的形成及其本质

【明确学习目标】

1. 学习目标概述

学习和掌握马克思揭示的人类社会发展规律，深入了解资本主义生产方式产生的历史必然性，认识私有制商品经济在资本主义发展过程中的地位和作用，把握资本主义生产方式的本质，正确认识资本主义政治制度和意识形态的实质。

2. 重点掌握

本章重点：

（1）资本原始积累及其在资本主义生产方式形成中的作用；

（2）私有制基础上商品经济的基本矛盾及其发展规律；

（3）马克思的劳动价值论及其意义；

（4）马克思的的剩余价值论及其意义；

（5）资本主义基本矛盾及其表现形式与经济危机；

（6）资本主义政治制度与意识形态的特点和本质。

本章难点：

（1）如何理解自然经济、商品经济、市场经济之间的关系；

（2）深化对马克思劳动价值论的认识；

（3）价值创造与财富生产的关系；

（4）劳动价值论、供求价值论、生产费用论、边际效用价值论有什么区别；

（5）如何理解资本积累的一般规律；

（6）社会化生产一般规律的当代意义。

【教师导航分析】

本章逻辑概述

本章着重阐明马克思主义关于资本主义经济制度和政治制度形成及其本质的理论。全章的安排紧紧围绕揭示资本主义经济制度和政治制度的本质特征而展开。本章共分三节：

第一节　着重阐明马克思的劳动价值理论

该理论揭示了商品经济的本质及其运动规律。资本主义是建立在商品经济充分发展的基础上的，关于商品经济运动规律的理论也就在逻辑上成为认识资本主义生产方式的内在矛盾及其运动规律的前提。本节阐述了资本主义生产关系的产生和资本主义生产方式的形成、商品的二因素和生产商品的劳动二重性，分析了私有制条件下商品经济的基本矛盾，层层深入地介绍马克思的劳动价值论。

1. 资本主义生产方式的形成。资本主义生产关系的萌芽，经过资本原始积累的加速作用以及资产阶级政权的建立和工业革命，最终导致资本主义生产方式的确立。

2. 以私有制为基础的商品经济的基本矛盾。社会分工和私有制导致了商品经济产生。使用价值和价值是商品的二因素，具体劳动和抽象劳动是商品生产的劳动二重性。商品的价值量由社会必要劳动时间决定。私人劳动与社会劳动的矛盾是以私有制为基础的商品经济的基本矛盾。

3. 马克思劳动价值论的意义。劳动价值论为剩余价值理论的创立奠定了基础，揭示了商品经济的一般规律。深化对劳动价值论的认识，对社会主义市场经济发展有着重要的意义。

第二节　着重阐明马克思的剩余价值理论

该理论揭示了资本主义生产方式的本质及其运动规律，阐明了资本主义生产方式产生、发展和必然灭亡的历史趋势。剩余价值理论是在劳动价值理论的基础上建立起来的，该理论宣布了资本主义的必然灭亡和社会主义的必然胜利，为科学社会主义奠定了坚实的理论基石。本节阐述了劳动力成为商品和货币向资本的转化，揭示资本主义所有制的本质，指出生产剩余价值是资本主义生产方式的绝对规律，最后通过分析资本主义基本矛盾及其运动规律，揭示资本主义制度的本质。

1. 劳动力成为商品与货币转化为资本。劳动力商品的使用价值是价值增殖和剩余价值产生的源泉，劳动力成为商品是货币转化为资本的前提。

2. 资本主义所有制。资本家凭借对生产资料的占有，在等价交换的原则下，占有工人的剩余劳动，这是资本主义所有制关系的本质。

3. 生产剩余价值是资本主义的绝对规律。资本主义生产过程是劳动过程和价值增殖过程的统一。资本依据其在剩余价值生产中的不同作用，划分为不变资本和可变资本。绝对剩余价值和相对剩余价值是剩余价值生产的两种基本方法。追求剩余价值的内在动因和竞争的外在压力加速了资本积累，促进了资本有机构成提高和生产集中。资本的增殖在资本循环与周转的运动中实现；社会资本再生产的核心问题是社会总产品的实现问题。资本主义工资是劳动力的价值或价格。不同部门资本的竞争形成了利润平均化。

4. 资本主义基本矛盾与经济危机。生产资料私人占有和生产社会化之间的矛盾，是资本主义的基本矛盾，资本主义基本矛盾是经济危机的根本原因，经济危机的实质是生产相对过剩。

第三节　着重阐明马克思主义关于资本主义上层建筑

即政治法律制度和意识形态理论。从逻辑顺序上讲，它是第二节的自然延伸。经济基础决定上层建筑，只有从理论上阐明了资本主义经济基础的形成及其本质特征，才能准确认识和把握资本主义上层建筑的本质和作用。只有科学认识资本主义经济制度和政治制度及其意识形态的本质，才能深刻理解资本主义产生、发展和灭亡并被社会主义所取代的历史趋势，坚定社会主义必然胜利的信念。本节阐述了资本主义国家的职能、政治制度、资本主义的意识形态及其本质。

1. 资本主义国家的职能、政治制度及其本质。资本主义国家的基本职能是对内实行政治统治和社会管理，对外进行国际交往和维护国家安全及利益。资本主义政治制度包括民主与法制、政权组织形式、选举制度、政党制度等，其本质是为资产阶级专政服务的。

2. 资本主义的意识形态及其本质。资本主义意识形态是资本主义社会条件下的观念上层建筑，是为资本主义社会形态的经济基础服务的，是资产阶级的阶级意识的集中体现。

【观点案例点评】

案例1　电子货币
——中外银行卡的产生及作用（关于货币的形式及其发展）

　　信用卡作为电子货币的主要形式，20世纪初起源于美国。它最早是由商家发行的。商家们为了推销商品的需要，刺激购买，有选择地向一些讲信誉的客户发放了一种信用筹码，客户可以凭借这种筹码，先赊购商品，然后再用现金或是银行存款转账等来支付款项。后来，这种筹码被演变成为了小小的塑料卡片，也就有了现代信用卡的雏形。由此看来，信用卡不过是一种赊购商品的许可证，最后完成交易，还是需要用支付现金或是银行存款转账等实质付款形式。1950年，美国商人弗兰·麦克纳马拉与他的好友施奈德合作投资1万美元，在纽约创立了"大莱俱乐部"，这家俱乐部后来成为了著名的大莱信用卡公司。俱乐部向会员们发放了一种能够证明身份的特殊卡片，会员可以凭卡片记账，一定时期后再统一结账。这时的信用卡就已经有了清楚的现代形式了。由于信用卡使用方便，它一经创新出来，就广受社会关注。1952年，美国加州的富兰克林国民银行进入发行行列，率先发行了银行信用卡。随后，许多银行都跟之而来，信用卡迅速在美国乃至在世界流行开来。1985年，中国银行珠江分行发行了第一张"中行卡"，开创了中国信用卡发行的先河。由于受我国商业信用发展的限制，同时受社会信用体系还不健全的影响，除了几家银行发行的国际卡之外，在国内使用的完全赊账性质的信用卡直到20世纪90年代末才开始发行，大量的信用卡是不具有"信用的特色"。我国最先发行的信用卡称为"借记卡"。它的特点是在银行发卡给你之前，你必须先存足一笔钱，记录在卡中，你消费支付时，不得超过这笔钱的数额。这种卡相当于"存款卡"或者是"储蓄卡"，目前，我国这种卡的数量还不少，有的就直接取名"储蓄卡"。随后发行的有"准贷记卡"。它的特点是，在银行发卡给你之前，你同样必须存一笔钱，但你在消费时，你可以有限制地透支一些额度。如果你存入3000元，而你消费时，可以达到4500元，这样你就可以有1500元的透支。不过，你透支通常必须支付相当高的利息，许多持卡者在透支之后，一般是尽快到银行将透支的钱补上，免得负担太多。现在我们有了真正能够赊账用的，而且是以人民币记账，在国内使用的信用卡，它被称为"贷记卡"。你不需要存入任何钱，银行凭据你的信誉而发给你卡。当然，你的卡是有级别的，在一定时间内，并不是你花多少钱，就可以透支多少钱，你有一个花钱的限制线。而且，在一定时期内，你花了钱是不用支付利息的，只有超过了期限之后，你才负担正常的利息。商家实际上收到钱，并不是从信用卡里收到的，而是从银行收到的。这就告诉我们，你使用信用卡消费，在没有最后结算之前，你其实没有真正地花钱，但却真正地享受了商品。你完全可以享受而最后不付钱。那么，银行为什么会发卡给你呢？这就是你的信用了。信用卡的最根本之处、也就在这里。银行根据你的信用向你发卡，信用越好，你就能够得到级别越高的信用卡，如所谓的"金卡"等，你可以在没有付钱之前，消费到很大数额的钱。如果你有一次赖账不付，以后你就会有不良记录，就再也别想得到信用卡了。在现代经济社会中，银行尤其是大银行的信誉通常是很高的，它所发行的信用卡是商家们所放心来"刷"的，因为银行不会赖账。这样，你持有那种信誉很好的大银行发行的信用卡，就可以走遍天下。

观点案例点评：

货币是人们普遍接受的交换媒介。在各个时代，人们所认定的货币形式是不同的。原始社会的人把贝壳等实物作为货币，重商主义时代的人只认金银为货币，而21世纪的人在用电子货币。有内在价值的东西作为货币，是商品货币。没有内在价值而由政府法令所确定的货币称为法定货币，纸币就是法定货币。货币发展到今天，它已经是一个非常大的家族了；我们目前处在完全的纸币流通时代，并在向着电子货币时代进军。在现实经济生活中，商品交易或是消费所使用的货币中介，主要是国别纸币、银行支票和信用卡等。随着现代信用制度和电子技术的发展，货币形式的发展从有形到无形，逐步产生了电子货币。电子货币的主要形式为信用卡，它储藏了持卡人的姓名、银行账号等信息，放入电子计算机系统的终端机后，银行就自动记账、转账或换取现金。电子货币是一种纯粹观念性的货币，它不需要任何物质性的货币材料。储存于银行电子计算机中的存款货币使一切交易活动和结账都通过银行计算机网络完成，既迅速又方便，可以节省银行处理大量票据的费用。电子货币已经成为一些发达的市场经济国家货币流通的主要形式，在经济生活中起着越来越大的作用。

银行进入信用卡的发行行列，并没有改变信用卡的基本性质，它仍然还是为商家赊购商品而提供的一种身份证明和支付能力的证明。只不过，银行发行的信用卡将商家和客户之间的交易关系分为三个过程：一是商品的买卖过程，即持卡人到商店"刷卡"，然后拿走商品；二是商家和银行的结算过程，即商家会将"刷卡"记录下来的金额，到银行去索取款项；三是信用卡持有人向银行付钱的过程，他会在购买商品一定时间后，向银行补齐买货的钱款。信用卡的存在虽然使商家与客户之间的买卖过程实际上是复杂多了；但由此形成的经济拉动和商品销售增长，以及建立良好的信用联系和支付体系，特别是方便客户方面，有了长足的进步。从我国信用卡的发展过程中我们也能了解到，信用卡是依据信用基础而来的。没有基本的信用，就不可能有信用卡的存在和发展；而信用卡的使用反过来又有助于社会建立良好的信用关系，形成信用意识。总之，信用卡不是货币，当然也不是信用货币，但它离不开信用。你在使用信用卡时，你并没有将卡交给商家，但你已经将发卡银行的信用、你的信用交出去了。

信用卡作为一种电子货币，习惯上通常被人们称为"信用货币"（实质上不是信用货币，信用货币是从事物表面现象看问题的一种提法），而一种"信用货币"的信用力量的大小，也就是人们是不是乐意接受的普遍程度，在于货币背后确定的经济价值支持力度的大小。如果哪一天，某种信用货币得不到制度支持了，那么再精美的信用卡、再快速的电子数字，也就不是货币了。

案例2 劳动力黑市（关于劳动力买卖的理论）

徜徉于城市街头，在某些地方，我们常常可以看到三五成群的人们，一些人手中提着"木工"、"瓦工"、"厨师"等的木牌或木片、纸片，另外有一些人正在跟他们讨价还价。当管理部门的执法人员一来，那些人就作鸟兽散；执法人员一走，他们又卷土重来。有关部门伤透了脑筋，想尽了办法，各级劳动部门和工商管理部门进行了多次协商、研究和讨论，先后使用过驱赶、清理、劝说等办法对其进行解决，可以说是软硬兼施，但均未见效。后来，有关部门提供各种优惠的政策，希望通过降低加入正规劳动力市场的成本，吸引劳动力离开黑市。即使如此，民工们仍然在黑市上寻找活干。为什么在全国范围内普遍存在着这种现象，而且长期得不到解决；劳动力黑市的存在产生一些副作用的同时，有什么必然性和合理性，应该如何采取正确的对策对其进行有效的引导，将其纳入正常的轨道，使劳动力市场健康地、有序地发展，这是值得人们深思的一个问题。

观点案例点评：

劳动力市场作为劳动力资源配置的场所、渠道和领域，自然而然地形成了。但是，由于人们受传统思想的影响，观念还比较陈旧、落后，束缚了劳动力市场的正常发展，即劳动力市场的发展严重滞后，从而使劳动力黑市就不可避免地存在并发生作用。制约劳动力市场发展的诸多因素中，除观念问题外，主要是体制因素和信息问题。

劳动力市场存在着流动性障碍，首先是由体制性的原因造成的。体制性的原因导致劳动力市场的交易成本太高。这里的劳动力交易成本太高，主要不是指职业介绍费，而是指行政性限制太多。例如，在南京，你要在职业介绍所找工作，除了要有身份证以外，还必须有户籍所在地政府发放的外出务工证，结婚的还要有计划生育证，诸多证件必须齐全。办证成本不仅包括办证的价格，也包括办证的"交易成本"，例如，劳动力在办证过程中因为主管部门人员"寻租"而额外支付的费用。在许多地方层层加码，甚至连村委会也要前来收取务工费。最后，旨在"规范"农村劳动力流动和就业的证件，成为了某些部门和人员"寻租"的手。在办证成本非常高的情况下，仅仅降低职业介绍费而不取消证件限制，要吸引黑市劳动力复归到正规劳动力市场，是十分困难的，甚至是不可能的。劳动力市场存在流动性障碍的另外一个原因是信息方面的原因。信息的对称性、流畅性、准确性是劳动力市场发展的必要条件。我国目前一方面存在着劳动力市场的信息严重不对称的问题。由于通讯、信息基础设施不完善，以及劳动者的知识层次差异，存在着较大的信息不对称，导致交易费用较高。劳资双方难以达成稳定、公正的就业协议。例如，对大量农村打工者，由于相关经济、法律等知识的欠缺，大量非法的、损害劳动者利益的就业契约出现，造成劳动力市场混乱。另一方面，存在着信息不流动的问题。缺乏相应的流动机制和设施，信息流动空间狭窄，获取信息的成本高，导致劳动力市场的信息，如供求状况、价格信号难以迅速有效地传播到雇主和雇工，使得企业难以及时补充，同时，人才滞留在低效的地方，得不到利用。比如，在许多地方，求职渠道单一，仅靠就业中心求职，而许多就业中心受到利益驱使，提供的信息却往往是虚假的、过时的信息，这样使得求职者难以分辨企业的优劣。另外，信息不准确的情况也比较严重。由于信息在传递过程中存在着人为的扭曲，地方就业指导部门在信息方面没有纠正措施，导致信息不正确、不全面。这就使得企业错误估计供求状况，制定不合理的工资价格，而供给者也错误地判断需求状况，盲目流动。比如，近年来农村的打工潮，受到错误信息的驱使，就有盲目流动的趋势。

我国劳动力黑市出现，并有不断蔓延的趋势。关键在于，在劳动力流动的限制得到解除的同时，并没有消除对劳动力相关权利的限制。一方面，试图通过市场机制调节劳动力供求；另一方面，却对劳动力行政限制不加以解除。这样，劳动力黑市自然难免。我国之所以要对劳动力市场实行管制，主要不是因为劳动力市场失灵，而是源自计划经济的惯性。而要解决劳动力黑市问题的唯一出路，就是彻底消除一切不正当的管制，开放市场，自由竞争。市场经济是开放式的，劳动力作为市场中最活跃的要素必然要流动起来，雇主对劳动力成本的价格比较促进了这种流动。打工的要找饭碗，雇工的要尽量减少雇工成本，这一切都要通过劳动力自由流动和劳资双方双向选择来实现。另外，在劳动力供过于求的现状下，限制劳动力自由流动（户籍的限制）也收不到实际效果。所有的用人单位无不想降低雇工成本，使用外来民工比使用本地工省钱还省事。再说，雇工单位在一座城市成千上万，谁用外来工、谁用本地工，政府根本无法统计。有人担心，放开管制会带来无序，实际上并非如此，劳动力会从切身利益考虑问题，不断地调整自己的行为，使劳动力的盲目性流动逐渐消失。事实正好相反，黑市是因管制而生，因放弃管制而亡的。保障秩序的条件不是管制，相反是充分自由的选择。所有这一切都应从转变观念入手，引导企业和劳动者向市场观念转变，培养新型就业择业观念，改革就业和相关体制，规范就业指导，拓宽信息基础渠道，保证信息的对称性、流畅性和准确性，强化市场配置劳动力资源的主导作用，促进劳动力市场的健康发展。

案例3 成本节约——企业盈利的关键（成本价格和利润）

由于资本的流动和部门之间的竞争形成了成本价格，对于企业而言，为了获得更多的利润，必须降低成本。在市场经济条件下，成本的节约是企业生存的关键，这一点适用于所有性质的企业，当然，国有企业也不例外。邯郸钢铁"细"处多努力，做成"大文章"，就是一个例子。有人说，靠着"节约"，邯郸钢铁（以下简称邯钢）成功地进入了上市公司50强。邯钢的"节约"就是国有企业向管理要效益的典范。邯钢的"节约"首先是一种思想、一种认识，是从企业领导到企业员工的自觉行为。有一次，邯钢三轧钢厂的职工发现，为了使产品的包装质量符合公司要求，修卷减去的线材头尾一个月达上百吨，由此造成的损失超过了6万元。为了降低成本，职工自发对卷线机进行了技术改造，在充分保证包装质量的前提下，轧用量降低了40%。像这样的例子，在邯钢数不胜数，而正是从这些小处着手，邯钢"节约"下来一笔笔巨款；最终构筑起一个上市公司 50 强。邯钢的"节约"靠的是制度和机制，是优秀的企业管理水平。"节约"二字，说时容易做时难。近 8 年来，邯钢坚持不懈地深化、完善"模拟市场核算，实行成本否决"的管理机制，生产成本不断下降，企业效益逐年上升，其成功的成本控制背后，实质上是企业优秀的管理水平。几年来，在邯钢实现的利润中，靠消化减利因素、挖潜增效的约占总额的三分之一。邯钢的"节约"不是被动的，更不是收缩性的，相反，它已经成为企业不断健康发展的动力源泉。邯钢将成本控制应用于技术改造和项目建设，使得"节约"又成为企业发展的动力。邯钢曾想引进一台高速线材轧机，但后来经过测算，只引进了其关键的精辛 L 部分和控冷部分，其余由国内配套制造，这样，仅花了 6000 万元，节约了几亿元资金。8 年间，邯钢技改投资 44 亿元，先后进行了 20 多项大、中型技改，新增钢的综合生产能力 190 万吨，吨钢投资 2400 多元，仅为新建钢厂吨钢投资的 40% 左右。统计显示，邯钢的技改一般比别的同型设备改造少投入 30%～50% 的资金，而效益却多出 50%。目前，邯钢在冶金行业的 44 项主要指标中，75% 进入全国前三名，其中十余项列第一位，实现净利润已居全国第二位。靠着"节约"，靠着从细微之处加强管理，靠着练就的一身基本功，邯郸钢铁把握了市场经济中企业的生存法则，从而能够在近几年不甚景气的钢铁行业中立于不败之地，成为国有企业改革的一面旗帜。邯钢的成功向我们述说了这样的道理：一个企业，惟有重其"细"、重其"微"，才能真正得其"强"、得其"大"。

观点案例点评：

在充分的市场竞争中，非垄断厂商很难通过调整价格来提高利润，增加利润的根本办法是成本的节约。

在市场经济条件下，所有的企业都要根据市场的供求情况进行生产经营决策，不论何种性质的企业，都不拥有任何形式的特权。如何才能在市场竞争中获得良好的经济效益，邯郸钢铁的做法值得推广。事实上，邯郸钢铁并没有什么起死回生的灵丹妙药，也并未开发利润率较高的新产品，只是通过节约生产中各个环节的成本，从而实现了扭亏为盈。邯郸钢铁扭亏为盈的案例证明，只要管理科学、经营得当，国有企业完全能够在激烈的市场竞争中立于不败之地。

案例 4

有人说，美国的民主被卖给了出价最高的人；有人说，美国的民主制度是非常公正合理的。孰是孰非？透视美国的选举制度，你就会从中做出正确的判断。

四年一度的美国总统选举不仅是美国政治生活中的大事，也吸引着世界的目光，美国号称是世界上的"民主最成熟"的国家，而总统选举则被看作是民主最重要、最直接的标志。透视美国的总统选举制度，我们不难发现，它是带有美国独特历史逻辑和文化烙印的一种民主。

美国总统选举周期之长、程序之复杂堪称世界之最。美国总统选举的主要程序包括预选、各党召开全国代表大会确定总统候选人、总统候选人竞选、全国选民投票、选举人团投票表决和当选总统就职。预选通常在大选年的 1 月与 6 月之间举行，并确定出席全国提名大会的代表；然后在 7、8 或 9 月间召开全国大会，产生党派提名人。选民投票在 11 月第一个星期一之后的星期二举行。12 月第二个星期三之后的第一个星期一，选举人团投票选出总统和副总统。次年 1 月 20 当选总统就职。

2008 年大选，民主党候选人奥巴马获得 365 张选举人票，共和党总统候选人麦凯恩获得 173 张选举人票，奥巴马当选美国第 56 届总统。

奥巴马在选举中胜出的重要原因之一是背后强大的金钱支持，这在美国总统选举史上可以说是相当普遍。根据联邦选举委员会公布的数据，奥巴马的个人筹款达到 7.4 亿美元。麦凯恩的筹款则只有大约 2.3 亿美元。根据美国联邦选举委员会 11 月 26 日公布的一份报告显示，2008 年美国大选各总统竞选人的开支总额高达 17 亿美元，创历史新高。

从 1789～1797 年担任美国首届总统的乔治·华盛顿，到美国前总统小布什，绝大部分担任关国总统的人都出身富豪。可以说，总统职位是富人的"专利"。许多人印象中的"平民总统"其实不贫穷。从 1860～2008 年，美国进行了 40 次总统选举，其中绝大多数都是竞选开支超过对方的一方获胜。1860 年大选，林肯竞选费用为 10 万美元，而民主党道格拉斯为 5 万美元，林肯最后胜出。2008 年美国总统选举同样是创美国总统选举历史上个人筹款最多的奥巴马当选。

在美国，竞选的费用不断攀升，数目之巨令人咋舌。1996 年美国大选花费 9 亿美元，2000 年花费 30 亿美元，2004 年花费 40 亿美元，2008 年总花费超过 53 亿美元，创美国总统选举历史开支之最。由此可见，美国的总统无法摆托金钱的摆布，金钱选举也成了美国民主中的一个重大缺陷。

选举人团制度是美过总统选举制度的又一缺点。"得票少也能当总统"已成为美国民主的尴尬．在 2000 年美国总统一竞选中，共和党总统统候选人乔治·布什普选得票比民主党竞选对手戈尔少了 54 万多张，但最终布什当了总统。在美国历史上，这样的总统至今已有 17 位了。为什么得票少还能当总统呢？事情的蹊跷就在于美国总统选举实行选举人团制度。从法律上说，美国总统由选举人团选举产生，并非由选民直接选举产生，获得半数以上（270 张）选举人票者当选总统。选民在大选日投票时，不仅要在总统候选人当中选择，而且要选出代表 50 个州和华盛顿特区的 538 名选举人，以组成选举人团。选举人团制度规定，绝大多数州和华盛顿特区均实行"胜者全得"规则，即把本州或特区的选举人票全部给予在本州或特区获得相对多数选民票的总统候选人。当选的选举人必须在选举人团投票时把票投给在该州获胜的候选人。从选举人团制度的发展历史来看，美国两党制的产生和发展决定了选举人团的演变，现行选举人团制度已逐渐沦为维护美国两党政治的一个有力工具，这严重背离制宪者们的初衷。

政党认同也削弱了选举的民主性。在美国，一般民众对政党心存疑虑，认为政党的力量越弱，民主的力量就越强。但是民众的绝大多数长期以来却都与政党有某种程度的联系，要么认同于民主党，要么认同于共和党，纯粹的独立人士并不太多。这一点从美国大选各州的分布情况就可以清楚地看出：美国中部各州是共和党（红州）的传统票仓，而沿海各州（蓝州）则被视为民主党的天下。这样一来。各党候选人在竞选时就可以根据自身的情况着重攻取摇摆各州。从一定程度上说，政党认同过于关注候选人的政党身份，而较少关注候选人的能力和政策措施等，这无疑削弱了选举的民主性。另外，美国的两党政治又渗透于美国政治生活的各个层面，如果是第三党或者无党派人士要参选议员或州长等职位。必须征集到一万人以上选民的签名。有的州甚至规定必须征集到五万选民以上的签名。这在很大程度上影响了美国选民的参与积极性。

美国总统选举制度是美国宪法缔造者们智慧的结晶，虽然它已经成为美国政治制度运行中对社会发展和稳定产生举足轻重影响的一个不可或缺的政治机制，但毕竟是为资产阶级统治服务的，因而不可避免地有其历史的和阶级的局限性。随着西方世界新一轮民主化浪潮的到来，将会激起美国人的政治参与热悄,这必将使美国的民主制度面临着新的挑战和需要进一步改革的更大压力。

美国著名政治思想家乔万尼·萨托利在他的《民主新论》一书中说过:"现实中的民主不是,也不可能同理想的民主一样;民主是从其理想与现实的相互作用中,从应然的动力和实然的抗拒力的相互作用中产生和形成的。"民主不仅是一个政治的理念,而且是一种建立在其自身的社会、文化和伦理形式之上的生活实践。

——资料来自肖黎朔:《以美国为首的西方强国的民主制度没有普世性》

观点案例点评:

在资本主义国家,选举已经成为国家政治制度运行中对社会发展和稳定产生举足轻重影响的、一个不可或缺的政治机制,特别是美国四年一次的总统选举总是令人瞩目。资本主义国家的选举是以"人民主权原则"和"代议制"为理论基础的,提供了一个公民表达意愿、参与国家事务的重要形式。经过200多年的发展,西方的选举制度日益完善,技术日益精巧,手段日益多样。如,美国的秘密划票、选民提名、公开计票的方式在一定程度上体现了选举的公平性;选民广泛参与的预选程序设计也在一定程度上遏制了政党对选举的过多影响,保证在候选人提名阶段充分体现选民的意愿。在美国,两党政治在美国政治生活中是无处不在的,但相对来说,其选举制度在一定程度上可以制衡政党的强大势力,增强选举的民主性和公正性。那么,是否可以由此得出结论,西方的选举制度真正体现了人民民主呢?答案是否定的。资产阶级选举制度乃至整个资产阶级民主常常被金钱、财团、媒体和黑势力等所影响和操纵,成了"富人的游戏"、"钱袋的民主"和资本玩弄民意的过程。在美国大选中,竞选费用数额巨大,而且连年不断攀升;绝大部分担任美国总统的人出身富豪;在美国历次选举中,绝大多数都是竞选开支超过对方的一方获胜,等等。不仅如此,资产阶级民主政治口头上标榜平等,实践中并不平等;形式上平等,实际内容却不平等。美国大选中的"胜利者得全票"的制度及参选率低的事实,实际上暗度陈仓地改变了或削弱了普选制。这些事实充分证明,资产阶级民主政治奉实上是金钱政治,资本主义政治制度本质上不过是资产阶级进行政治统治和社会管理的手段和方式,是为资产阶级利益服务的,是少数人统治下的"精英"民主。以美国为首的西方强国的民主制度没有普世性。

【游弋大千题海】

一、单项选择题

1. 商品的本质因素是（　　）

A. 使用价值　　　B. 价值　　　　　C. 交换价值　　　D. 价格

【答案】B

2. 生产商品的劳动分具体劳动和抽象劳动，其中具体劳动的作用是（　　）

A. 创造新价值　　B. 创造剩余价值　C. 创造必要价值　D. 创造使用价值

【答案】D

3. 社会必要劳动时间是在现有的社会正常生产条件下，在社会平均劳动熟练程度和劳动强度下制造某种使用价值所需要的劳动时间，它是以（　　）

A. 具体劳动为尺度的　　　　　　　B. 简单劳动为尺度的

C. 复杂劳动为尺度的　　　　　　　D. 个别劳动为尺度的

【答案】B

4. 商品经济是通过商品货币关系实行等价交换的经济形式，它的基本规律是（　　）

A. 价值规律　　　B. 剩余价值规律　C. 竞争规律　　　D. 货币流通规律

【答案】A

5. 马克思说："一切商品对它们的所有者是非使用价值，对它们的非所有者是使用价值。"这句话表明（　　）

A. 有使用价值的不一定有价值

B. 商品的使用价值是对它的购买消费者而言的

C. 商品所有者同时获得使用价值和价值

D. 商品是使用价值和价值的对立统一

【答案】B

6. 如果部门劳动生产率下降，同一劳动在单位时间内创造的（　　）

A. 使用价值量减少，单位产品的价值量增加

B. 使用价值量减少，单位产品的价值量减少

C. 价值量增加，单位产品的价值量增加

D. 价值量减少，单位产品的价值量减少

【答案】A

7. 对"劳动是财富之父，土地是财富之母"这句话的正确解释是（　　）

A. 劳动和土地都是价值的源泉

B. 劳动创造使用价值，土地形成价值

C. 劳动是创造价值的外部条件，土地是价值的真正源泉

D. 劳动必须和自然物相结合才能创造出物质财富

【答案】D

8. 商品内在的使用价值与价值的矛盾，其完备的外在表现是（　　）

A. 商品与商品之间的对立　　　　B. 私人劳动与社会劳动之间的对立

C. 商品与货币之间的对立　　　　D. 资本与雇佣劳动之间的对立

【答案】C

9. 价值规律是商品经济的基本规律，它的作用是通过（　　）

A. 生产者之间的竞争实现的

B. 消费者之间的竞争实现的

C. 生产者和消费者之间的竞争实现的

D. 价格机制、供求机制和竞争机制实现的

【答案】D

10. 在商品经济中，形成价值的抽象劳动的支出必须借助于（　　）

A. 具体劳动　　　　　　　　　　B. 剩余劳动

C. 商品的生产形式　　　　　　　D. 资本主义生产方式

【答案】A

11. 商品生产者要获得更多收益必须使生产商品的（　　）

A. 个别劳动时间等于倍加的社会必要劳动时间

B. 个别劳动时间等于社会必要劳动时间

C. 个别劳动时间大于社会必要劳动时间

D. 个别劳动时间小于社会必要劳动时间

【答案】D

12. 正确认识价值创造和财富生产的关系，关键是运用（　　）

A. 劳动二重性学说　　　　　　　B. 资本有机构成学

C. 剩余价值学说　　　　　　　　D. 平均利润学说

【答案】A

13. 货币之所以能执行价值尺度的职能，是因为（　　）

A. 它能衡量其他商品价值的大小

B. 它是社会劳动的产物，本身具有价值

C. 它具有计量单位

D. 它可以是观念上的货币

【答案】B

14. 资本集中的方式是（　　）

A. 资本积聚和资本积累　　　　B. 竞争和剩余价值的资本化

C. 竞争和信用　　　　D. 简单再生产和扩大再生产

【答案】C

15. 资本主义地租是（　　）

A. 平均利润转化来的　　　　B. 超额利润转化来的

C. 垄断利润转化来的　　　　D. 企业利润转化来的

【答案】B

16. 资本是一种运动，资本循环是从（　　）

A. 资本运动的形式和条件方面研究资本的运动

B. 资本运动的速度方面研究资本的运动

C. 资本运动的实现条件方面研究资本的运动

D. 资本运动的矛盾性方面研究资本的运动

【答案】A

17. 资本循环的三种职能形式是（　　）

A. 产业资本、商业资本、借贷资本

B. 固定资本、流动资本、生产资本

C. 货币资本、生产资本、商品资本

D. 不变资本、可变资本、流通资本

【答案】C

18. 资本主义经济危机的实质是（　　）

A. 生产过剩的危机　　　　B. 生产不足的危机

C. 生产相对过剩的危机　　　　D. 生产绝对过剩的危机

【答案】C

19. 资本主义经济危机呈现出周期性的原因在于（　　）

A. 资本主义基本矛盾　　　　B. 资本主义基本矛盾运动的特点

C. 资本主义的基本矛盾周期性　　　　D. 资本主义再生产的周期性

【答案】B

20. 下列实物形态的资本中，同时属于生产资本、不变资本和固定资本的是（　　）

A. 原料和燃料　　B. 辅助材料　　C. 机器设备　　D. 商业设施

【答案】C

二、多项选择题

1. 关于所有制和所有权的关系，下列说法正确的是（　　）

A. 所有制是所有权的基础

B. 所有权是所有制的基础

C. 所有制决定着所有权，所有权是所有制的法律形态，它是反映着经济关系的意志关系

D. 同一种所有制可以有不同的所有权

【答案】ACD

2. 价值是商品的本质属性，它是（　　）

A. 凝结在商品中的抽象劳动　　　　B. 商品的社会属性

C. 交换价值的基础　　　　　　　　D. 反映商品生产者之间的社会关系

【答案】ABCD

3. 生产商品的劳动二重性是指（　　）

A. 个别劳动　　B. 社会劳动　　C. 具体劳动　　D. 抽象劳动

【答案】CD

4. 货币的本质通过它的职能体现出来，货币有多种职能，其中最基本的职能是（　　）

A. 价值尺度　　　　　　　　　　　B. 流通手段

C. 支付手段　　　　　　　　　　　D. 贮藏手段和世界货币

【答案】AB

5. 以下对马克思的劳动价值论的说法正确的是（　　）

A. 是对古典政治经济学劳动价值论的批判、继承和发展

B. 是剩余价值理论的基础

C. 是研究价值分配的理论

D. 为揭示资本主义生产方式的本质奠定了理论基础

【答案】ABD

6. 简单商品经济中所包括的各种矛盾主要是（　　）

A. 使用价值和价值的矛盾　　　　B. 价值和交换价值的矛盾

C. 具体劳动和抽象劳动的矛盾   D. 私人劳动和社会劳动的矛盾

【答案】ACD

7. 使用价值、交换价值、价值三者之间的关系是（　　）

A. 使用价值是交换价值和价值的物质承担者

B. 交换价值和价值寓于使用价值之中

C. 价值是交换价值的基础和内容

D. 交换价值是价值的表现形式

【答案】ABCD

8. 一切商品都包含着使用价值和价值二因素，商品是使用价值和价值的统一。这表明（　　）

A. 缺少使用价值和价值任何一方面，都不能成为商品

B. 没有使用价值就没有价值

C. 有使用价值，但不是劳动产品，也不是商品

D. 有使用价值，也是劳动产品，但只是供生产者自己消费，也不是商品

【答案】ABCD

9. 影响市场上商品价格变化的规律有（　　）

A. 商品价值的变化   B. 货币价值的变化

C. 供求关系的变化   D. 平均利润率的变化

【答案】ABCD

10. 价值规律的内容和要求是（　　）

A. 商品的价值量由生产商品的社会必要劳动时间决定

B. 商品交换以商品的价值量为基础

C. 商品交换必须实行等价交换

D. 价格围绕价值上下波动

【答案】ABC

11. 具体劳动和抽象劳动的区别是（　　）

A. 具体劳动是劳动的具体形式，抽象劳动是一般人类劳动

B. 具体劳动是体力劳动，抽象劳动是脑力劳动

C. 具体劳动反映人与自然的关系，抽象劳动反映社会生产关系

D. 具体劳动不是使用价值的唯一源泉，抽象劳动是价值的唯一源泉

【答案】ACD

12. 在下列几种价值形式中，没有本质区别的两种形式是（　　）

A. 简单的或偶然的价值形式　　　B. 扩大的价值形式

C. 一般价值形式　　　　　　　　D. 货币形式

【答案】CD

13. 价格受市场供求的影响，围绕价值上下波动，不是对价值规律作用的否定，而是价值规律作用的表现形式，这是因为（　　）

A. 商品交换都是按照价格与价值相一致的原则进行的

B. 从商品交换的总体看，价格总额与价值总额是相等的

C. 从商品交换的较长时间看，价格与价值是趋于一致的

D. 各种商品价格的波动，是以各自的价值为基础的

【答案】BCD

14. 在商品经济运行中，价值、价格、供求三者之间的关系是（　　）

A. 价格受供求关系影响，围绕价值上下波动

B. 价格受价值影响，随供求关系变化而变动

C. 价格由价值决定，反映价值并反映供求关系

D. 价格由价值决定，反映价值但不反映供求关系

【答案】AC

15. 在新的历史条件下，与马克思所处的时代相比，深化对创造价值的劳动的认识主要有（　　）

A. 劳动的科技含量和知识含量增加了

B. 科技人员和管理人员的劳动在劳动总量中的比重增加了

C. 农业劳动已成为物质生产劳动的基本形式

D. 在总的劳动消耗量中物化劳动的比重增加而活劳动的比重相对减少了

【答案】ABD

16. 价值规律发挥作用的表现形式有（　　）

A. 价格围绕价值上下波动　　　　B. 价格围绕交换价值上下波动

C. 价格围绕成本价格上下波动　　D. 市场价格围绕生产价格上下波动

【答案】AD

17. 单位商品的价值量和生产这种商品的（　　）

A. 劳动生产率成正比　　　　　　B. 社会必要劳动时间成正比

C. 劳动生产率成反比　　　　　　D. 社会必要劳动时间成反比

【答案】BC

18. 资本主义生产过程的结果是（　　　）

A. 生产出新的使用价值　　　　B. 转移了生产资料的价值

C. 再生产劳动力的价值　　　　D. 创造出剩余价值

【答案】ABCD

19. 劳动力商品的价值包括（　　　）

A. 维持劳动者生存所需要的生活资料价值

B. 劳动者维持生产所必需的生产资料价值

C. 养育子女所需要的生活资料价值

D. 劳动者的教育和培训费用

【答案】ACD

20. 资本区分为不变资本和可变资本的意义在于（　　　）

A. 进一步揭示了剩余价值的真正源泉

B. 为计算剩余价值率提供了科学依据

C. 为计算资本周转速度提供了依据

D. 为平均利润、生产价格理论奠定了基础

【答案】ABD

三、辨析题

1. 在知识经济时代，价值的增长不是通过劳动，而是通过知识。

【答案要点】

此观点错误。（1）商品生产过程是各种生产要素结合在一起发挥作用的过程，各种生产要素在商品生产中的作用与劳动创造价值的关系是不同的。就商品使用价值的生产而言，土地、材料、技术、知识等生产要素是商品使用价值的物质要素，与劳动者的具体劳动一起，共同构成了使用价值的源泉。但就商品价值的创造而言，价值是凝结在商品中无差别的人类劳动即抽象劳动。抽象劳动是形成价值的唯一源泉，离开了人的劳动，价值增长就不可能实现，劳动是价值的唯一源泉。这是马克思劳动价值论的基本观点。

（2）在信息经济社会中，知识转化为生产力，能提高劳动生产率，给人类的生产带来极大的方便。在这一时代，知识和技术甚至成为首要的生产力。但价值的增长源泉仍是劳动，而不是知识。知识不创造价值，它本身的价值也必须通过生产者的具体劳动才能转移到新产品中去，成为商品价值的一个构成部分。

（3）此观点的错误在于没有认清价值的来源。

2. 利用价值规律的作用，就能自动地实现资源的最优配置。

【答案要点】

此观点错误。价值规律的积极作用表现在：第一，自发地调节生产资料和劳动力在社会各部门之间的分配，从而调节生产和流通，使生产和销售、供给和需求保持大体平衡；第二，促使商品生产者改进技术，改善经营管理提高劳动生产率；第三，促使商品生产者展开竞争。价值规律作用的形式表现为商品的价格受供求关系影响围绕着价值上下波动。生产者在价格的引导和利益的驱动下，必然将资源从投入过多，商品供过于求、价格低、获利减少的部门，向资源投入少，商品供不应求、价格高、获利多的部门转移，从而起到自动调节社会资源配置的作用。

但是，价值规律的调节即市场机制有其自身弱点和消极面：市场机制的启动，是基于微观经济主体对自身近期局部利益的追求；市场信息反馈的只是资源配置的方向而非精确的数量，而且具有滞后性；它不能自发地实行国民经济总量平衡和稳定增长，对某些社会效益重于经济效益的经济活动难以达到预期的目的，甚至会导致垄断，妨碍自由竞争，造成资源的巨大浪费等。市场的这些缺陷和不足，需要国家对市场的宏观指导和调控来弥补和克服。计划和市场的有机结合，才有可能实现资源的最优化配置。

3. 资本不是一种物，而是一种以物为媒介的人和人之间的社会关系。

【答案要点】

此观点正确。资本是自行增殖的价值，是能够带来剩余价值的价值。在现实生活中，资本总是表现为一定的物，如货币、机器设备、商品等，但这些物本身并不是资本，只有在一定的社会关系下，这些物被用来从事以获得剩余价值为目的的生产活动，也就是成为带来剩余价值的手段时，它才成为资本。所以马克思强调指出，资本的本质不是物，而是在物的外壳掩盖下的一种社会生产关系，即资本主义剥削关系。

4. 资产阶级的思想文化成果是人类文明进步的成就和体现。

【答案要点】

此观点正确。对于资本主义的意识形态应该用辩证的观点来看。资本主义社会在创造出大量的物质文明的同时也创造出了丰富的精神成果，这些思想文化成果是人类文明进步的体现。在资本主义国家建立以前，那些反映文艺复兴时期和资产阶级革命时期的资产阶级的思想和理念，由于它们在反封建主义和宗教神学方面，推动资产阶级革命的发展，在促进资产阶级国家建立的过程中发挥着重要的作用。

四、材料分析题

[材料1] 资本既然存在，也就统治着全社会，所以任何民主共和制、任何选举制度都不会改变事情的实质。（参见《列宁选集》第4卷，人民出版社1995年版，第37~38页）

[材料2] "资产阶级平时十分喜欢分权制，特别是喜欢代议制，但资本在工厂法典中却通过私人立法独断地确立了对工人的专制。"（《马克思恩格斯全集》第23卷，人民出版社1975年版，第465页）

[材料3] "任何一种所谓人权都没有超出利己主义的人，没有超出作为市民社会的成员的人，即作为封闭于自身、私人利益、私人任性、同时脱离社会整体的个人的人。"（《马克思恩格斯全集》第1卷，人民出版社1956年版，第439页）

请回答：

（1）资本主义的民主共和制、选举制是真正的民主制吗？

（2）资本主义能够真正实行分权制吗？

（3）资本主义人权的实质是什么？

【答案要点】

（1）凡是存在着土地和生产资料的私有制、资本占统治地位的国家，不管怎样民主，都是资本主义国家，都是资本家用来控制工人阶级和贫苦农民的机器。至于普选权、立宪会议和议会，那不过是形式，不过是空头支票，丝毫也不能改变事情的实质。（《列宁选集》第4卷，人民出版社1995年版，第37页）

（2）"财富"的无限权力在民主共和制度之下更可靠，是因为它不依赖政治机构的某些缺陷，不依赖资本主义的不好的政治外壳。民主共和制度是资本主义所能采用的最好的政治外壳，所以资本一旦掌握（通过帕尔钦斯基、切尔诺夫、策烈铁里之流）这个最好的外壳，就能十分巩固十分可靠地确立自己的权力，以致在资产阶级民主共和国中，无论人员、无论机构、无论政党的任何更换，都不会使这个权力动摇。（《列宁选集》第3卷，人民出版社1995年版，第121页）

（3）在资产阶级的各种权利中，"人绝不是类存在物，相反地，类生活本身即社会却是个人的外部局限，却是他们原有的独立性的限制。把人和社会连接起来的唯一纽带是天然必然性，是需要和私人利益，是对他们财产和利己主

义个人的保护。"（参见《马克思恩格斯全集》第 1 卷，人民出版社 1956 年版，第 439 页）

【考研真题】

1. （2003 年）商品内在的使用价值和价值的矛盾，其完备的外在表现是（   ）

A. 商品与商品的对立　　　B. 具体劳动与抽象劳动的的对立

C. 私人劳动与社会劳动的对立　　D. 商品与货币的对立

【答案】D

【分析】本题考点：货币的起源。货币是商品交换发展到一定阶段的产物，是商品内在矛盾发展的必然结果。货币的出现，使商品世界分为两极：一极是商品，它们都是特殊的使用价值；另一极是货币，它是一切商品价值的代表。这样，商品内在的使用价值与价值的矛盾就表现为商品与货币的对立。因此，选项 D 正确。选项 A 中的提法错误，B 项是生产商品的劳动二重性的表现，C 项是简单商品经济的基本矛盾，均不符合题意。

2. （2003 年）根据下述材料该企业预付资本总周转次数为（   ）

生产资本构成	价值（单位：万元）	年周转次数
固定资本	1000	
其中：厂房	300	1/20
机器	600	1/10
小工具	100	1/4
流动资本	500	3.4

A. 1.0 次　　　B. 1.2 次　　　C. 1.3 次　　　D. 1.4 次

【答案】B

【分析】本题考点：预付资本的总周转速度。企业预付资本总周转是固定资本和流动资本的平均周转，预付资本一年中的总周转次数 =（一年中固定资本周转的价值总额 + 一年中流动资本的年周转价值总额）/预付资本总额。应用到本题，该企业预付资本总周转次数 = $(300 \times 1/20 + 600 \times 1/10 + 100 \times 1/4 + 500 \times 3.4)/(1000 + 500) = (15 + 60 + 25 + 1700)/1500 = 1800/1500 = 1.2$。因此选项 B 正确。

3. （2003 年）在土地的资本主义经营垄断下，由于在同一块土地上连续追加投资的劳动生产率不同而形成的地租是（   ）

A. 级差地租 Ⅰ   B. 级差地租 Ⅱ   C. 绝对地租   D. 垄断地租

【答案】B

【分析】本题考点：级差地租的具体形式。级差地租是与土地等级相联系的地租形式，产生的原因是对土地经营权的垄断。根据形成条件的不同可以分为级差地租Ⅰ和级差地租Ⅱ，前者是由于土地肥沃程度和距离市场远近不同而形成的地租；后者是由在同一地块上连续追加投资的劳动生产率不同而形成的级差地租。据此可得选项B为正确答案。

4.（2004年）社会总资本扩大再生产的前提条件是（   ）

A. Ⅰ（V + M）= ⅡC   B. Ⅱ（V + M）= ⅠC

C. Ⅰ（V + M）> ⅡC   D. Ⅱ（V + M）> ⅠC

【答案】C

【分析】本题考点：社会资本扩大再生产的前提条件。社会总资本扩大再生产有两个前提条件：第一，第一部类生产的生产资料除维持两大部类简单再生产的需要外，还必须有多余的生产资料，用来满足两大部类扩大再生产对追加生产资料的需要，用公式表示为：Ⅰ（c + v + m）> Ⅰc + Ⅱc 或 Ⅰ（v + m）> Ⅱc。第二，第二部类生产的消费资料除维持两大部类简单再生产过程中工人和资本家的需要外，还必须有多余的消费资料，用来满足两大部类扩大再生产对追加消费资料的需要，用公式表示为：Ⅱ（c + v + m）> Ⅰ（c + m/x）+ Ⅱ（v + m/x）或Ⅱ（c + m − m/x）> Ⅰ（v + m/x）。因此选项C正确。选项A是社会资本简单再生产的基本实现条件。B、D两项不能满足社会总资本扩大再生产的需求，都不正确。

5.（2005年）在市场上，一台笔记本电脑的标价是12000元，此时执行价值尺度职能的货币是（   ）

A. 实在的货币   B. 信用货币   C. 观念上的货币   D. 现金

【答案】C

【分析】本题考点：货币的价值尺度职能。货币在执行价值尺度的职能时，只需要观念上的货币就可以了。电脑的标价一般是在电脑这种商品上贴一个标签，标签上写着货币的数额，而并不是真的金属货币或者现金，表现出来的只是一个标签而已。人们在看到这个标签就会在头脑中有真实的货币量。

6.（2006年）某企业有一台高精度磨床，价值为20000元，使用年限为10年，目前已使用2年。这时由于生产该种设备的劳动生产率提高，所需社会必要劳动时间减少，其价值降为15000元。此时，这台高精度磨床的物质磨

损是（ ）

A. 1000 元 B. 2000 元 C. 3000 元 D. 4000 元

【答案】D

【分析】本题考点：固定资本无形损耗。题目中的说法表明，这台磨床的物质磨损是 4000 元，精神磨损即价值的贬值为 1000 元 = 20000 − (20000/10) × 2 − 15000。

7. 某资本家投资 100 万元，资本有机构成 4:1，$m' = 100\%$，一年周转 4 次，其年剩余价值量和年剩余价值率分别是（ ）

A. 80 万，100% B. 40 万，400% C. 40 万，100% D. 80 万，400%

【答案】D

【分析】本题考查的是"资本周转速度对商品生产和价值增殖的影响"这一知识点的内容，是政治经济学的常考点。本题属于基本概念考查，具体讲，是考查年剩余价值量和年剩余价值率这两个概念，考查方式是通过数字计算引导考生理解基本概念，但并不需要死记硬背。2004 年的单选题第 12 题（考查劳动收入这一概念）和 2005 年的单选题第 6 题（考查固定资本的物质磨损这一概念）都有这一特点。本题作为数字计算题其思考和计算的过程如下：①年剩余价值量：$M = v \cdot m' \cdot n = (100 \text{万} \times 1/5) \times 4 \text{次} = 80 \text{万}$（这里要注意题干中讲的 $m' = 100\%$ 这一条件）②年剩余价值率：$M' = v \cdot m' \cdot n/v = m' \cdot n = 100\% \times 4 \text{次} = 400\%$。

8. （2006 年）商业资本作为一种独立的职能资本，也获得平均利润，其直接原因是（ ）

A. 商业部门和产业部门之间的竞争和资本转移

B. 产业资本家为销售商品将部分利润让渡给商业资本家

C. 商业资本家加强对商业雇员的剥削

D. 产业部门将工人创造的一部分剩余价值分割给商业部门

【答案】A

【分析】本题考查的是"商业资本和商业利润"这一知识点的内容。商业资本和商业利润是剩余价值分配理论中的重要理论点和知识点，但并不是政治经济学这一学科在考研当中的常考点，本题是围绕商业资本和商业利润这两个基本概念进行考查。商业资本并不创造剩余价值，但商业资本作为一种独立的职能资本，也要获得平均利润。这是通过商业部门和产业部门之间的竞争，以及它们之间的资本转移实现的。因此，答案是 A。本题的考查目的在于引导考生理解市场机制如何配置资源，如何实现按生产要素进行分配以及资本家的剥削实质。

9.（2007年）货币的本质是（　　　）

A. 商品交换的媒介物　　　　　B. 商品价值的一般等价物

C. 商品的等价物　　　　　　　D. 商品相对价值形式

【答案】B

【分析】该题考查对货币的本质的掌握。货币是固定地充当一般等价物的特殊商品。货币也是一种商品，也具有使用价值和价值。但货币的本质是商品交换中的一般等价物，它体现着商品生产者之间的社会经济关系。因此，B是正确选项。

10.（2007年）在资本主义社会，农业资本家和土地所有者之间争夺的是（　　　）

A. 形成级差地租Ⅰ的超额利润　　B. 形成级差地租Ⅱ的超额利润

C. 形成绝对地租的超额利润　　　D. 形成垄断地租的超额利润

【答案】B

【分析】该题考查对级差地租Ⅱ的掌握。资本主义地租是剩余价值的转化形式，它的本质是农业资本家获得的超过平均利润以上的那部分剩余价值，即超额利润。农业资本家因为租用了土地所有者的土地而把这部分超额利润交给土地所有者，便构成地租。资本主义地租根据它产生的原因和条件的不同，区分为两种基本形式：级差地租和绝对地租。级差地租由于形成条件的不同而分为两种形态：级差地租Ⅰ和级差地租Ⅱ。级差地租Ⅰ是指由于土地肥沃程度不同或地理位置不同所产生的级差地租。级差地租Ⅱ是指由于在同一块土地上连续投资而提高了劳动生产率所产生的级差地租。可见，土地本身由于农业资本家投资而产生或者增加了级差地租Ⅱ，所以才有了对于级差地租Ⅱ的争夺。因此，本题的正确选项是B。

11.（2007年）作为商品的资本是（　　　）

A. 商业资本　　　B. 借贷资本　　　C. 产业资本　　　D. 流通资本

【答案】B

【分析】该题考查对借贷资本的特点的掌握。借贷资本是生息资本的一种形式，是为了取得利息而暂时贷给职能资本家（产业、商业或银行资本家）使用的货币资本。它是适应资本主义生产和流通发展的需要而从职能资本运动中独立出来的一种特殊的资本形式。借贷资本与商业资本、产业资本等职能资本相比，具有不同的特点：借贷资本是一种作为商品的资本，即资本商品。因此，本题的正确选项是 B。

12. （2011 年）马克思把商品转换成货币称为"商品的惊险的跳跃"，"这个跳跃如果不成熟，坏的不是商品，但一定是商品占有者"。这是因为只有商品变为货币（   ）

A. 货币才能转化为资本　　　　　　B. 价值才能转化为使用价值

C. 抽象劳动才能转化为具体劳动　　D. 私人劳动才能转化为社会劳动

【答案】D

【分析】在以货币为媒介交换的过程中，商品—货币—商品，商品生产者只有顺利实现商品到货币的跳跃，把商品换成可以和其他一切商品相交换的货币，商品生产者才能生存下去。即通过商品交换，使用价值才能转化为价值，具体劳动才能转化为抽象劳动，私人劳动才能转化为社会劳动。因此正确答案是选项 D。

13. （2012 年）在资本主义社会里，资本家雇佣工人进行劳动并支付相应的工资。资本主义工资的本质是（   ）

A. 工人所获得的资本家的预付资本　　B. 工人劳动力的价值或价格

C. 工人所创造的剩余价值的一部分　　D. 工人全部劳动的报酬

【答案】B

【分析】这是一道识记性考点，资本主义社会工人的工资就是劳动力的价格，劳动力已经成为一种特殊的商品，其使用价值是劳动，价值是工资。所以，本题的正确选项是选项 B。

14. （2012 年）2011 年 9 月以来美国爆发的"占领华尔街"抗议活动中，示威者打出"我们是 99%"的标语，向极富阶级表示不满。漫画所显示的美国社会财富占有的两极分化，是资本主义制度下（   ）

A. 劳资冲突的集中体现　　　　　　B. 生产社会化的必然产物

C. 资本积累的必然结果　　　　　　D. 虚拟资本泡沫化的恶果

【答案】C

【分析】资本主义制度下，资本积累的必然结果就是两极分化，剥削程度加深，人民生活水平降低，相对人口过剩。因此，本题的正确选项是选项 C。

15. （2003 年）价值规律发挥作用的表现形式有（   ）

A. 价格围绕价值上下波动　　　　　B. 价格围绕交换价值上下波动

C. 价格围绕成本价格上下波动　　　D. 市场价格围绕生产价格上下波动

E. 市场价格围绕垄断价格上下波动

【答案】ADE

【分析】本题考点：价值规律的表现形式。价值规律作用的表现形式在三个不同的历史阶段有不同的表现形式：①简单商品经济条件下和资本主义发展初期，价值规律作用的表现形式：商品的市场价格受供求关系的影响围绕价值上下波动；②在自由竞争资本主义阶段，价值规律作用的表现形式变为：商品的市场价格受供求关系的影响围绕生产价格上下波动；③进入垄断资本主义阶段，由于垄断价格的出现，价值规律的表现形式是市场价格围绕垄断价格上下波动。据此分析，选项A、D、E正确。

16.（2003年）G－W－G′之所以被称为资本的总公式，是因为它（　　）

A. 既包括买的过程，又包括卖的过程

B. 既包括商品运动，又包括货币运动

C. 概括了各种资本运动的一般特征

D. 概括了资本流通与商品流通的共同特征

E. 体现了资本运动的根本目的

【答案】CE

【分析】本题考点：资本的总公式及其矛盾。资本总公式G－W－G′与商品流通公式W－G－W不同：前者概括了各种资本运动的一般特征，其根本目的是获取更多的货币；而后者目的是获取新的商品，它没有也不可能概括资本流通和商品流通的共同特征。但它们也有相同的地方，即都包含了买和卖的过程、都有商品运动和货币运动。据此分析，选项D错误，C、E两项正确。选项A、B属于资本流通与商品流通的共同性，不符合题意。

17.（2003年）在其他条件不变的情况下，资本有机构成的提高会导致（　　）

A. 相对过剩人口的形成

B. 利润率提高

C. 可变资本在总资本中的比例的降低

D. 资本周转速度的减缓

E. 平均利润率的下降

【答案】ACDE

【分析】本题考点：资本有机构成提高的后果。资本有机构成提高，表现为全部资本中不变资本所占比例增大，可变资本所占比例相应减少，它必然导致：①可变资本吸纳的劳动力相对减少，相对过剩人口出现；②由于可变资本减少，剩余价值量减少，导致利润率、平均利润率下降；③由于不变资本所占比重增大，因而用于添加劳动资料的固定资本比重增大，同时由于固定资本总体上周转较慢，导致资本周转速度减缓。因此选项A、C、D、E正确。资本有机构成越高，在剩余价值率和劳动力价值一定的情况下同量资本中的可变资本就越小，所使用的劳动力就减少，从而剩余价值也越少，导致利润率越低。反之，利润率就越高。所以，就整个生产部门而言，利润率与资本有机构成成反比变化，因此B选项不正确。

18.（2004年）利润转化为平均利润的过程，同时也是（　　　）

A. 资本有机构成提高的过程

B. 价值转化为生产价格的过程

C. 资本在不同部门之间发生转移的过程

D. 资本家集团重新瓜分剩余价值的过程

E. 超额利润消失的过程

【答案】BCD

【分析】本题考点：利润向平均利润转化的结果。利润转化为平均利润，是部门之间竞争、资本转移的结果，也是资本家集团重新瓜分剩余价值的过程。随着利润转化为平均利润，商品的价值便转化为生产价格，因此选项B、C、D正确。利润转化为平均利润可以在资本有机构成不变的情况下发生，选项A错误。部门之间的竞争使各部门趋于获得平均利润，部门内各企业之间的竞争意在追求超过平均利润的超额利润，所以平均利润与超额利润同时存在，E选项也错误。

19.（2005年）资本主义地租中的绝对地租（　　　）

A. 是农产品价值超过社会主义生产价格以上的超额利润

B. 形成的条件是农业资本有机构成低于社会平均的资本有机构成

C. 形成的原因是对土地的资本主义经营垄断

D. 来源于农业工人创造的剩余价值

【答案】ABD

【分析】本题考点：绝对地租的含义及形成。绝对地租是指由资本主义土地私有制所导致形成的地租。绝对地租产生的根本原因，是资本主义土地私有权。而在当代，绝对地租主要来自农产品的垄断高价，来自工资和利润的扣除。选项C是级差地租的特点，故而不选。

20. （2006 年）在资本积累过程中，实现个别资本增大的形式是（　　　）

A. 资本循环　　　B. 资本积聚　　　C. 资本周转　　　D. 资本集中

【答案】BD

【分析】本题考查的是"资本的积聚和集中"这一知识点的内容，属于基本概念考查。这是因为资本积聚和资本集中这两种经济行为和经济现象在我们社会主义企业中都存在，因而具有现实性。在资本主义社会，资本有机构成提高的速度，一般要以单个资本的增大为前提，而实现单个（个别）资本增大的形式有资本积聚和资本集中。因此，答案是 B、D 选项。

21. （2007 年）商品的市场价格发生变化（　　　）

A. 与货币的价值量变化无关　　　B. 与商品的价值量变化有关

C. 与商品的生产价格变化无关　　　D. 与商品的供求变化有关

【答案】BD

【分析】该题考查对决定和影响商品市场价格的的因素的掌握。商品价格是商品价值的货币表现，价值决定价格，同时，它还受诸多因素的影响。一方面，市场上供求关系的变化会引起价格的变化。当商品供不应求时，消费者竞相购买，商品价格就会上升；而供过于求时，生产者被迫压价，价格就会下降。另一方面，价格是价值的货币表现，因此当货币价值变化时，商品价格就会发生相应的变化。再者，在平均利润形成以前，商品按价值出卖。随着利润转化为平均利润，商品的价值就转化为生产价格，商品必须按生产价格出卖。生产价格的形成，没有否定价值规律，但价值规律的作用形式发生了变化。生产价格形成前，价值是商品交换的基础，价值规律作用形式是价格以价值为中心而上下波动。生产价格形成后，生产价格是商品交换的基础，价值规律作用形式就变为市场价格以生产价格为中心而上下波动。由此可见，商品的市场价格发生变化不仅与商品的价值量变化、商品的供求变化有关。而且也与货币的价值量变化、商品的生产价格变化有关。本题的正确选项是 B、D 选项。

22. （2007 年）利润率表示全部预付资本的增殖程度，提高利润率的途径有（　　　）

A. 提高剩余价值率　　　B. 提高资本有机构成

C. 加快资本周转速度　　　D. 节省不变成本

【答案】AD

【分析】该题考查对提高利润率的途径的掌握。决定和影响利润率的因素主要有：（1）剩余价值率。它与利润率呈同方向变化。（2）资本周转速度，它与利润率呈同方向变化。(3) 不变资本的节省,它与利润率呈同方向变化。(4) 资本有机构成,它与利润率呈反方向变化。(5) 原料价格的变动,它与利润率呈反方向变化。由此可见,提高剩余价值率、节省不变资本是提高利润率的途径,而提高资本有机构成、加快资本周转速度只会使利润率降低。因此,本题的正确选项是 A、D 选项。

23. (2007 年) G—W—G′是(　　　)

A. 货币资本的循环公式　　　　B. 生产资本的循环公式

C. 商品资本的循环公式　　　　D. 资本总公式

【答案】AD

【分析】该题考查对 G—W—G′这一公式的掌握。G—W—G′(G + ΔG)公式,概括了产业资本、商业资本和借贷资本各种资本运动的一般特征。所以,通常把它称作资本总公式,这个公式反映了资本运动的目的在于,在资本流通中,资本家以取得货币增值(ΔG)为目的,为卖而买。另外,产业资本的循环是连续不断的运动过程。从连续不断的运动过程看,每一种职能形式的资本,都要依次经过三个阶段,采取三种职能形式,执行三种资本职能,进行各自的循环,从而形成货币资本循环、生产资本循环和商品资本循环这三种资本循环形式。货币资本的循环公式是:G—W⋯P⋯W′—G′。简写为:G—W—G′。生产资本的循环公式是:P⋯W′—G′·G—W⋯P。商品资本的循环公式是:W′—G′·G—W⋯P⋯W′。因此,本题的正确选项是 A、D 选项。

24. (2011 年) 2008 年由美国次贷危机引发了全球性的经济危机,很多西方人感叹这一经济危机,从根本上仍未超出 100 多年前马克思在《资本论》对资本主义经济危机的精辟分析,马克思对资本主义经济危机科学分析的原创性主要是(　　　)

A. 指明经济危机的实质是生产相对过剩

B. 提示造成相对过剩的制度原因是生产资料的资本主义私有制

C. 指出经济危机的深层根源是人性的贪婪

D. 强调政府对经济危机的干预是摆脱经济危机的根本出路

【答案】AB

【分析】生产相对过剩是资本主义经济危机的本质特征,及相对于劳动人民有支付能力的需求来说是过剩的;资本主义经济危机爆发的根本原因是资本主义的基本矛盾,其制度原因是生产资料的资本主义私有制,只要存在资本主义制度,经济危机就不可避免,政府的干预只能在一定条件下缓和经济危机。

马克思主义基本原理概论辅助读本

因此，本题正确答案是选项 A、B 选项。

25. （2012 年）人们往往将汉语中的"价"、"值"二字与金银财宝等联系起来，而这两字的偏旁却都是"人"，示意价值在"人"。马克思劳动价值论透过商品交换的物与物的关系，揭示了商品价值的科学内涵，其主要观点有（　　）

A. 劳动是社会财富的唯一源泉

B. 具体劳动是商品价值的实体

C. 价值是凝结在商品中的一般人类劳动

D. 价值在本质上体现了生产者之间的社会关系

【答案】CD

【分析】此题考查价值问题。商品是用来交换的能满足人们某种需要的劳动产品，具有使用价值和价值两个因素，是使用价值和价值的矛盾统一体。使用价值是指商品能满足人们某种需要的属性，即商品的有用性，反映人与自然之间的物质关系，是商品的自然属性，是一切劳动产品共有的属性。使用价值构成社会财富的物质内容。使用价值是交换价值的物质承担者。交换价值首先表现为一种使用价值同另一种使用价值交换的量的关系或比例。决定商品交换比例的，不是商品的使用价值，而是价值。价值是凝结在商品中的无差别的一般人类劳动，即人类脑力和体力的耗费。价值是商品特有的社会属性。使用价值不同的商品之所以能按一定比例相交换，就是因为它们都有价值。商品价值在质的规定性上是相同的，因而彼此可以比较。商品的价值实体是凝结在商品中的无差别的人类劳动，它本质上体现生产者之间的一定社会关系。价值是交换价值的基础，交换价值是价值的表现形式。

26. （2009 年）分析题：以劳动力形式存在的流动资本，它的价值同原料、燃料和辅助材料等劳动对象的价值一样都是一次性地转移到新产品中去。

【答案】

（1）流动资本是以原料、燃料、辅助材料等劳动对象以及劳动力形式存在的生产资本。从价值周转方式看它们都是一次全部投入生产过程，并随着产品的出售，一次全部收回。

（2）用于购买劳动力的那一部分资本和以原料、燃料、辅助材料等形式存在的资本在价值回收方式上存在不同。以原料、燃料、辅助材料等形式存在的那部分资本，在物质形式上只在一次生产过程中发挥作用，随着使用价值的完全消耗，其价值也随之全部地转移到新产品中去。用于购买劳动力的那部分资本，它的价值不是转移到新产品中去，而是由工人在生产过程中创造的新价值来补偿。

【分析】本题考点：流动资本及其转移。流动资本包括以燃料、辅料、原材料形式所存在的不变资本和以劳动力形式存在的可变资本。其中燃料、辅料、原材料的价值在生产过程中通过劳动力的具体劳动能将自身的价值转移到新的商品中去，凝结成新商品的价值，并制造出新的使用价值。但是以劳动力形式存在的流动资本，其价值不能转移，而是通过劳动力的抽象劳动，在必要劳动时间内再次创造出来；而劳动力在剩余劳动时间内创造的剩余价值，则是无偿地被资本家占有了。因此，以劳动力形式存在的流动资本的价值不能一次性地转移到新的商品中去，命题中的观点是错误的。

【小实验】

据说，亚马逊河的一只蝴蝶扇动翅膀，可能会在太平洋掀起一场龙卷风。与之相似的是，一个名为"次级房贷债券"的金融衍生品，从 2007 年起引发了美国次贷危机，该危机在 2008 年 9 月中旬迅速升级为席卷全球的金融风暴。

查找 2008 年国际金融风暴相关资料，思考一下此次金融风暴的成因，观察各国的应对举措，进而理解经济全球化的消极后果和当代资本主义危机形态的变化和实质及当今资本主义国家的经济调解机制的变化。据此回答 2008 年金融危机的成因有哪些？比较"第二次世界大战"前后发生的经济危机，你认为当代资本主义经济危机形态及经济调节机制发生了哪些重要变化？2008 年金融危机对我们的启示有哪些？

参考答案：

（1）此次美国金融危机爆发后人们对危机的成因有诸多分析，如美国的消费模式、金融监管政策、金融机构的运作方式，等等。固然经济危机的发生涉及上述因素，然而根探不在于此。表面上看，当下金融危机的导火线是有效需求"过度"。但从根本上说、资本世界的古典危机与现代危机并无本质不同：都是生产过剩危机。只不过是把"皮球"从供给方踢给了需求方。总之，金融危机的根源并未超越马克思的逻辑。

（2）面对金融风暴，世界各国纷纷采取举措救市。这些举措既包括采用宽松的财政政策和货币政策，又包括由政府向金融机构注资以换取部分股权，即"暂时的国有化"。同时、世界各国还联手探究如何从根本上消除深层隐患，并积极探索未来国际金数体系改革和调整的方向。

（3）此次严重的国际金融危机，是在经济全球化不断深入的背景下发生的。它用事实再次警示人们：经济全球化是一把双刃剑。它不会自动确保全球经济健康发展，需要以新的思维、新的方式谨慎把握与应对。

【求索参考资料】

一、马克思主义经典著作

1. 马克思：《（政治经济学批判）导言》，《马克思恩格斯选集》第2卷，人民出版社1995年版。

2. 马克思：《（政治经济学批判）序言》，《马克思恩格斯选集》第2卷，人民出版社1995年版。

3. 马克思：《雇佣劳动与资本》，《马克思恩格斯选集》第1卷，人民出版社1995年版。

4. 马克思：《资本论》第1~3卷，人民出版社1975年版。

5. 马克思和恩格斯：《共产党宣言》，《马克思恩格斯选集》第1卷，人民出版社1995年版。

6. 恩格斯：《在马克思墓前的讲话》，《马克思恩格斯选集》第3卷，人民出版社1995年版。

7. 恩格斯：《反杜林论》，《马克思恩格斯选集》第3卷，人民出版社1995年版。

8. 列宁：《马克思主义的三个来源和三个组成部分》，《列宁选集》第2卷，人民出版社1995年版。

9. 斯大林：《苏联社会主义经济问题》，人民出版社1961年版。

二、其他参考书目

1. 李嘉图：《政治经济学及赋税原理》，商务印书馆1976年版。

2. 凯恩斯：《就业利息与货币通论》，商务印书馆1957年版。

3. ［美］约瑟夫·熊彼特：《资本主义、社会主义与民主》，吴良健译，商务印书馆1999年版。

4. 哈伯勒：《繁荣与萧条》，商务印书馆1963年版。

5. ［美］爱德华·勒特韦克著：《涡轮资本主义》，褚律元译，光明日报出版社2000年版。

6.［法］米歇尔·阿尔贝尔：《资本主义反对资本主义》，社会科学文献出版社1999年版。

7. 肖枫：《社会主义与资本主义：两个主义一百年》，当代世界出版社2000年版。

8. 胡连生、杨玲：《当代资本主义的新变化与社会主义的新课题》，人民出版社2000年版。

9. 顾海良、张雷声：《马克思劳动价值论的历史与现实》，人民出版社2002年版。

10. 王振中：《政治经济学研究报告》，社会科学文献出版社2000年版。

11. 阎照祥：《英国政治制度史》，人民出版社1999年版。

12. 张定河：《美国政治制度的起源与演变》，中国社会科学出版社1998年版。

13. 徐育苗主编：《中外政治制度比较》，中国社会科学出版社2004年版。

14. 李惠斌、杨雪冬：《社会资本与社会发展》，社会科学文献出版社2000年版。

第五章　资本主义发展的历史进程

【明确学习目标】

1. 学习目标概述

学习和掌握资本主义从自由竞争发展到垄断的进程和垄断资本主义的发展趋势；科学认识国家垄断资本主义和经济全球化的本质，正确理解当代资本主义新变化的特点及其实质；深刻理解资本主义必然为社会主义所代替的历史必然性，坚定资本主义必然灭亡、社会主义必然胜利的信念。

2. 重点掌握

本章重点：

（1）私人垄断资本主义的形成及特点。

（2）国家垄断资本主义的特点和实质。

（3）资本输出与垄断资本的国际扩张。

（4）经济全球化的表现及其后果。

（5）当代资本主义的新变化及其实质。

（6）资本主义的历史地位及其被社会主义所代替的历史必然性。

本章难点：

（1）关于垄断利润的本质和来源问题。

（2）关于国家垄断资本主义产生与发展。

（3）关于资本主义国家对社会经济的调节。

（4）关于资本输出的必然性和基础问题。

（5）关于新殖民主义的问题。

（6）关于垄断资本主义经济发展的两种趋势问题。

（7）对垄断资本主义的历史地位与历史进程的再认识。

【教师导航分析】

本章逻辑概述

第一节　从自由竞争资本主义到垄断资本主义

一、从自由竞争资本主义到垄断资本主义

1. 垄断是现代资本主义最深厚的经济基础

资本主义发展到现在经历了两个历史阶段，即自由竞争的资本主义和垄断的资本主义。自由竞争的资本主义在 19 世纪六七十年代达到了它发展的顶点，此后逐步向垄断资本主义过渡，到 20 时纪初，基本上完成了自由资本主义向垄断资本主义的过渡，垄断在全部经济生活中占统治地位。

所谓垄断，简单地说就是"独占"，是指资本主义少数大企业为了获得高额垄断利润联合起来独占生产和市场。

自由竞争引起生产集中，生产集中发展到一定阶段必然走向垄断，这是因为：

（1）当生产集中达到一定高度时，就具备了产生垄断的可能性。如果一个部门的生产和资本分散在社会上成千上万的中小资本家手中，则根本不可能形成垄断的局面。因为他们之间很难达成某种协议，即使一些企业形成某种联合，也难以左右整个部门的生产和流通。而在生产高度集中时，情况则大不一样。这时，一个部门的生产已经集中在少数大企业和大公司手里，它们之间就比较容易达成某种协议，通过联合控制本部门的生产和市场。

（2）生产的高度集中，在一定程度上造成了竞争的困难，从而导致垄断的趋势。因为当少数大企业控制了一个部门的生产和流通时，该部门的中小企业由于实力不济，难以与之竞争，而其他部门的资本也难以转移到这个部门，从而保持了大企业的独占地位。

（3）生产高度集中后，也产生了垄断的必要性。如果一个部门中的少数大企业之间进行竞争，那么，由于它们实力相近，结果会造成两败俱伤。为了避免发生这种竞争，这些大企业之间就会谋求暂时的妥协，为共同控制生产和市场，获取高额垄断利润而达成协议，从而形成了垄断。

2. 垄断和竞争的关系

虽然垄断取代自由竞争而在社会经济生活中占据了统治地位，但是，它并

167

没有消除竞争，而是凌驾于竞争之上，与竞争同时并存。

垄断之所以不能消除竞争，是因为：（1）垄断没有也不可能消除竞争赖以存在的客观基础。商品经济是竞争产生的客观经济条件，而竞争的存在，又推动着商品经济的发展。垄断不能消灭商品经济，自然也就不能消除竞争。（2）垄断组织不可能囊括所有的生产部门和企业。在垄断组织占统治地位的条件下，还存在着大量非垄断的企业。在非垄断企业之间，以及非垄断企业与垄断企业之间势必会展开激烈的竞争。（3）垄断组织之间的竞争也始终存在。垄断组织在确立了自己的统治地位后，为了扩大统治范围，它们之间也进行着激烈的竞争。因此，在垄断统治的条件下，既存在着非垄断企业之间的自由竞争，也存在着垄断竞争，即垄断组织之间的竞争、垄断组织内部的竞争、以及垄断组织与局外企业之间的竞争。

垄断条件下的竞争与自由竞争时期的竞争相比，具有了新的特点：（1）竞争的目的不同。在垄断统治的条件下，竞争的目的已不是取得平均利润或超额利润，而是攫取高额垄断利润。（2）竞争的手段不同。在自由竞争时期，部门之间的竞争主要是通过资本转移进行的，部门内部的竞争则是依靠技术进步，提高劳动生产率，降低商品成本，来击败对手。在垄断时期，垄断资本家在经济上主要是依靠垄断的高压统治，在政治上仰仗政府的力量来战胜竞争对手。为了达到目的，垄断资本家有时甚至不惜采取暴力手段。（3）竞争激烈程度和后果不同。垄断资本的竞争双方都是实力雄厚、势均力敌的垄断组织，这便使得竞争特别激烈，更具有持久性，竞争造成的破坏也更加严重。（4）竞争的范围不同。自由竞争主要发生在国内经济领域，垄断时期的竞争范围则由国内扩展到国外，由经济领域扩展到政治、军事、文化等诸多领域。

3. 垄断利润和垄断价格

垄断资本家实行垄断统治的主要目的，就是要凭借其在经济上的垄断地位来获得高额垄断利润。垄断利润是指垄断资本家凭借其在经济上的垄断地位而获得的大大超过平均利润的高额利润。尽管垄断利润远远高于平均利润，但是，就其来源来说，依然是工人阶级创造的剩余价值和其他劳动者创造的一部分价值。

垄断利润主要是通过规定垄断价格来实现的。垄断价格是指垄断资本家凭借其在经济上的垄断地位所规定的旨在保证其能够获得垄断利润的产品价格。它包括垄断低价和垄断高价两种基本形式。垄断低价是指垄断组织在向非垄断企业、小生产者和经济落后国家购买生产资料时规定的低于商品价值或生产价值的价格。垄断高价是指垄断组织出售商品时规定的大大高于商品价值或生产价值的价格。然而，垄断价格并非一种可随心所欲任意定价的纯主观性范畴，而是一种客观经济范畴。垄断是垄断价格产生的客观基础，同时，它还会受到市场竞争、商品供求和购买者有支付能力的需求等客观经济情况的制约。

二、金融资本和金融寡头的统治

1. 金融资本的形成

与自由资本主义不同，在垄断资本主义阶段，占统治地位的资本不是工业资本而是金融资本。帝国主义就是"从一般资本统治进到金融资本统治"，就是"金融资本时代"。

所谓金融资本是指工业垄断资本和银行垄断资本溶合或混合生长而形成的一种新型资本。金融资本既不是银行垄断资本，也不是工业垄断资本，而是在银行垄断资本和工业垄断资本的基础上所形成的一种新的资本形态。

金融资本是在银行垄断资本和工业垄断资本相互渗透、彼此溶合的基础上形成的。具体来说，20世纪初，在工业垄断资本形成的基础上，银行垄断资本也迅速发展起来。银行业垄断同样是银行业集中的结果。随着银行业的集中和垄断，便使银行的作用发生了根本性变化，即由普通的借贷关系中介人变成了控制工业企业融资活动，乃至整个国民经济的万能的垄断者。银行的这种新作用表现在：（1）大银行与工业企业之间逐渐形成了较为固定的金融关系，银行可借此掌握了企业资金往来和经营情况，能对企业进行及时的有效的监督和控制，甚至左右企业的命运。（2）大银行可通过购买工业企业股票等方式参与和控制工业企业，把它们控制在自己手中。（3）大银行要派人充当企业的董事或经理，实现银行与企业人事上的结合，直接掌握和控制企业。银行与工业企业之间的关系日益密切，促使银行垄断资本和工业垄断资本逐渐融合起来。一方面，银行垄断资本通过购买工业企业的股票和创办新的工业企业的办法，把资本渗入工业中去。另一方面，工业垄断组织也通过购买银行股票和创办新的银行等办法，把资本渗透到银行业。这样，通过金融联系、资本交织和个人联合，银行垄断资本和工业垄断资本日益融合在一起，从而产生了一种新的资本形态即金融资本。

在金融资本的基础上，产生的掌握大量金融资本，控制着国民经济命脉和国家机器的少数最大垄断资本家或垄断资本家集团，就是金融寡头。金融寡头是当代资本主义国家中的真正统治者，他们控制着经济、政治、文化等社会生活的各个领域。

2. 金融资本和金融寡头的统治

金融资本和金融寡头在经济领域的统治，主要是通过"参与制"实现的。"参与制"是通过掌握一定数量股票额来支配和控制企业的制度。金融寡头通过"参与制"建立对母公司、子公司、孙公司等的层层控制，并进而控制着整个国民经济。

金融寡头在政治上的统治，主要是通过"个人联合"的方式实现的，基本上是两个途径：一是通过各种渠道收买决策人和高级官吏，如通过赞助选举、提供政治捐款等，影响政府制定和执行有利于垄断资本的内外政策；二是利用在其控制下的政党，派代理人或亲自出马担任政府要职，直接掌握国家机器实现政治统治。此外，金融寡头还凭借其经济力量建立许多企业、事业机构，掌握着出版、报刊、通讯、广播、电视等宣传工具，并插手于文化、教育、科学、艺术、体育、卫生、慈善事业等，把其统治扩展到社会生活一切方面。

三、资本输出

金融寡头在国内建立起全面统治的地位后，为了获取更多的多方面的利益，必然要向外扩张，资本输出就成为它们扩张的主要手段。因此，列宁指出："自由竞争占完全统治地位的旧资本主义的特征是商品输出。垄断占统治地位的最新资本主义的特征是资本输出。"

在垄断资本主义阶段，资本输出之所以能够取代商品输出而占据主要地位，是因为：

1. 国内大量"过剩资本"的出现。随着垄断的形成，一方面，金融寡头攫取了大量的垄断利润，积累并掌握了巨额的货币资本；另一方面，国内的有利投资场所明显不足。这样，便出现了大量"过剩资本"，这显然与资本的本性相矛盾。于是，资本输出便成为垄断资本获取高额垄断利润的必由之路。当然，这里所说的"过剩资本"并非绝对"过剩"，仅仅是相对"过剩"，是相对于利润率不足以满足垄断资本家获取高额垄断利润的需要而言的。

2. 资本输出是金融资本争夺世界商品销售市场和原料来源的需要。垄断造成的巨大生产能力，使产品销售市场和原料来源问题愈加突出，为此而展开的国际竞争也越演越烈。资本输出可以跃过对方的贸易和关税壁垒，就地生产，就地销售，迅速占领和垄断市场。把资本输出到落后国家直接开发资源，又是垄断廉价原料的稳定来源的最好办法。

四、垄断资本主义的发展

（一）由私人垄断资本主义向国家垄断资本主义的发展

在垄断资本主义阶段，生产力的增长与生产社会化的发展进一步推动了资本社会化的发展，使私人垄断资本主义成长为国家垄断资本主义。

1. 国家垄断资本主义的形成

国家垄断资本主义就是国家政权与私人垄断资本相结合而形成的一种垄断资本主义，其实质是垄断资本利用国家政权的力量，以维护其垄断统治并保证获得稳定的高额垄断利润。

国家垄断资本主义产生和发展的根本原因，就在于资本主义基本矛盾的运动。具体来说，"第二次世界大战"后爆发的第三次科技革命，促使资本主义生产的社会化程度空前提高，为了适应生产社会化的发展，就要求资本社会化得到相应的发展。而战后国家垄断资本主义的兴起，就是因为私人垄断资本主义这种资本社会化形式已经不能完全适应生产社会化的要求，因而资本家阶级不得不对资本主义生产关系再次做出局部的调整。主要表现在：

（1）大规模生产建设需要巨额投资与私人垄断资本数量相对不足发生了矛盾。在战后科技革命条件下，一批新兴产业部门迅速形成和发展，如航空航天、生物工程、新材料等。此外，还有一批"传统产业"经过"脱胎换骨"的改造，已经或正在成为新的高技术产业，如冶金、汽车业、化工业等。与此同时，一些规模巨大的企业涌现出来，并在经济中占据了绝对优势。如1990年美国占公司总数3.9%的特大企业占公司收入总额的88.77%。与新兴产业发展相适应，必须进行能源、供水、交通运输、邮电通讯等基础设施和服务设施的配套建设。同时，治理公害、开展保护环境。维护生态平衡的各项工程，也必须提上经济社会发展的日程。然而，高新产业、巨型企业、基础设施、以及环境工程的建设，都要求数额巨大的长期的投资。这就遇到私人垄断资本数量相对不足的限制，而国家垄断资本的积累和发展，能在相当程度上缓解这一矛盾。因为国家可以把巨大的财政资金转化为国家垄断资本，所以，国家垄断资本在数量上要比单个私人垄断资本充足得多。

（2）现代生产和现代科技的社会化发展，遇到了私人垄断资本单纯追求自身利益和眼前利益的矛盾。在当代条件下，有一些为社会资本扩大再生产所必须的投资和经营，如污染治理和环境保护的投资、公共产品生产投资和基础设施、服务设施的投资等，由于周期长、赢利小（甚至亏本）、风险大，私人垄断资本无力承担，或者虽有力量进行但不愿承担，这只能由国家垄断资本来从事和承担。因为作为"总资本家"的国家垄断资本，可以在相当程度上从垄断资产阶级的整体利益和长远利益出发，来考虑和安排社会经济问题。

（3）生产力社会化的高度发展同私人垄断资本盲目竞争和生产无政府状态的矛盾加剧了。现代科技进步和生产社会化的发展，使社会分工深化，国民经济部门不断增多，因而客观上要求有计划按比例地调节社会生产。这是各自为政、追求私利的私人垄断资本不可能做到的。而作为"总资本家"的国家垄断资本，就必须担负起对社会经济组织和调节任务。由于国家凌驾于私人垄断资本及其私利之上，并且手中直接掌握着巨大的经济力量和各种经济杠杆，它也有可能根据垄断资本总利益的需要而在一定程度上实现这种调节。

（4）生产力的迅速增长与人民群众有支付能力的需求相对缩小的矛盾加深了。因为，第二次世界大战后，人民群众有支付能力的需求以及由此决定的市场容量虽然也有增长，但由于垄断资本的剥削更深重了，这种需求却越来越相对落后于社会生产的扩大，从而导致商品资本、生产资本和货币资本的过剩现象日趋严重。为了缓和生产和消费的矛盾，缓和日趋严重的经济危机，需要作为"总资本家"的国家垄断资本开拓和扩大国内外市场。

2. 国家垄断资本主义的发展阶段

国家垄断资本主义的发展过程大体分为三个阶段：

（1）1914年第一次世界大战爆发前，是国家垄断资本主义开始形成的时期。这时，一些资本主义国家建立了国营的铁路、邮政、电话、道路和交通运输设施，国家举办储金局、专卖事业等。有的国家为了发动侵略战争，国家出资建立军火或军需品工厂，国家预算中增加军事采购，甚至对一些企业实行国有化。这些是国家垄断资本主义的早期形式。

（2）第一次世界大战至第二次世界大战结束初期，是国家垄断资本主义不稳定发展、并带有特殊性的时期。在第一次世界大战期间，各交战国为了适应战争的需要，普遍加强了国家对经济的干预，普遍建立了战时经济管理机构，对生产、分配、交换的各个领域实行国家监管和调节，把人力、物力、财力都置于国家控制之下，有的国家甚至采取了政府订货、给予补助和贷款，以及使工人服军事苦役等方式支持垄断组织，国家垄断资本主义得到了迅速发展。而1929～1933年世界性经济危机的爆发，使得国家垄断资本主义发展又掀起新的高潮。各主要资本主义国家为了摆脱危机，纷纷放弃原来所奉行的"自由放任"政策，转而采取各种国家调节经济的手段，其中以美国所实施的罗斯福"新政"最具典型意义。1939～1945年的第二次世界大战期间，各主要资本主义国家干预和调节经济生活的力度进一步得到加强，国家垄断资本主义又得到了新的发展。总之，在这段时期，由于战争和反危机的需要，国家垄断资本主义曾出现过三次高潮。但是，战争和危机一过去，各国又都纷纷取消经济的管制，减少对经济的干预，因而又出现了三个回潮。所以，这个时期国家垄断资本主义的发展，具有特殊性和不稳定性的特点。

（3）从20世纪50年代开始到现在，是国家垄断资本主义广泛高度发展的时期。这个时期国家垄断资本主义的发展具有这样的特点：一是战后国家垄断资本主义的发展是在第三次科技革命和生产力社会化高度发展条件下的发展，因而具有经常性和稳定性的特点；二是战后国家垄断资本主义的发展，是适应社会化资本再生产的需要，在生产、交换、分配和消费的各个领域获得了普遍的发展，因而具有广泛性和普遍性的特点；三是战后国家垄断资本主义的发展，具有系统化、制度化的特点。国家直接参与社会再生产过程，全面干预和调节经济，成为整个经济运行不可缺少的重要部分。

（二）国家垄断资本主义的形式和实质

国家垄断资本主义是资本主义国家和垄断资本相结合而形成的一种资本主义。因此，由于国家和垄断资本结合的情况不同，便形成了国家垄断资本主义的不同具体形式。

1. 国有垄断资本，即国家作为垄断资本家的总代表直接掌握的垄断资本。其中国家投资是形成国有垄断资本的主要途径，而国有企业是国有垄断资本的组织形式。

2. 国家和私人共有的垄断资本，即国有垄断资本和私人垄断资本在一个企业内部的结合。在这种形式中，国家以资本所有者的身份和作为资本所有者的垄断组织合作经营企业。其形式是股份公司。

3. 国家和私人密切联系的垄断资本，即国家垄断资本与私人垄断资本在社会范围内的结合。在这种形式中，私人垄断资本是资本运动的主体，私人垄断资本与国家垄断资本的结合，并不改变私人垄断资本的占有形式，改变的却是资本的运动形式，也就是说，私人垄断资本的独立运动变为其与国有垄断资本的结合运动。国家调节经济是其主要形式。这也是国家垄断资本主义最主要、最重要的一种形式。

国家垄断资本主义无论采取何种形式，其实质都是私人垄断资本利用国家机器来为其发展服务的手段，是私人垄断资本为了维护垄断统治和获取高额垄断利润而和国家政权相结合的一种垄断资本主义形式，是资产阶级国家在直接参与社会资本的再生产过程中，代表资产阶级总体利益并凌驾于个别垄断资本之上，对社会经济进行调节的一种形式。

（三）国家垄断资本主义的作用

1. 国家垄断资本主义对资本主义经济发展的促进作用

（1）国家垄断资本主义是资本社会化的最高形式，因而在相当程度上克服了私人垄断资本社会化程度较低的局限性；

（2）国家垄断资本从垄断资本的整体利益、长远利益和全局观点考虑资本主义经济发展问题，从而在相当程度上克服了私人垄断资本只顾眼前利益和局部利益的局限性；

（3）国家垄断资本的实力雄厚，从而在相当程度上克服了私人垄断资本数量相对不足的矛盾；

（4）国家垄断资本对经济的宏观调节和计划管理，也在相当程度上克服或抑制了私人垄断资本的无政府状态和盲目性。

2. 国家垄断资本主义对资本主义经济发展的阻碍作用

这是由国家垄断资本主义与资本主义基本矛盾的结合体这一特性决定的。它既是适应生产社会化发展而产生和发展的，又使国民收入的分配和再分配有利于私人垄断资本，从而加深着资本主义基本矛盾和阶级矛盾。

（1）国家垄断资本主义是以私人垄断资本为基础的，并为其获取高额垄断利润服务的；

（2）国家垄断资本主义的宏观经济调节本身有着不可克服的内在矛盾。

第二节 当代资本主义的新变化

一、经济全球化与当代资本主义的新变化

（一）经济全球化的涵义与特点

1. 经济全球化的涵义

所谓经济全球化，是指随着科学技术和国际分工的发展以及生产社会化程度的提高，使世界各国、各地区的经济活动越来越超出一国和地区的范围而相互联系和紧密结合的趋势。

对经济全球化的内涵，可以从以下几点加以理解和把握：（1）它是指各种经济行为主体在全球范围的发展趋势，是一个描述世界变化的广度与深度的概念；（2）它意味着各种经济行为主体的竞争、冲突和合作即相互作用是在全球范围内展开的；（3）经济全球化的最终结果将不单指经济生活的全球化，

而且也包括政治文化和社会生活的全球化。

2. 经济全球化的特点

（1）经济全球化是以市场经济为基础的；

（2）经济全球化是以跨国公司为主要载体的；

（3）当代经济全球化以发达国家为主导。

二、经济全球化的后果

1. 经济全球化的性质

经济全球化的性质是二重的：一方面它是生产社会化及经济国际化高度发展在时间和空间上的多维度拓展，因而反映了科学技术进步和人类社会生产力发展的客观要求；另一方面经济全球化又是当代资本主义主导下进行的，是由美国为首的发达资本主义国家积极推动起来的。

2. 经济全球化对资本主义发展的影响

（1）社会生产力获得了巨大发展；

（2）资本主义生产关系在私有制范围内不断进行调整，出现了资本占有社会化的趋势；

（3）资产阶级政治统治形式趋于完善；

（4）当代资本主义国家在不损害资产阶级根本利益的前提下，推行了一系列社会改良的措施，使工人阶级与资产阶级之间的矛盾相对缓和。

三、资本主义新变化的原因

1. 它是资本主义生产力内部矛盾运动的结果；

2. 它是发达资本主义国家对资本主义生产关系进行自我调节的结果；

3. 它是当代不平等的国际经济关系运动的结果。

四、资本主义新变化的本质

当代资本主义的新变化，不可否认是人类历史进步的表现。但是，它并没有也不可能改变资本主义生产关系的实质。这是因为：

1. 没有改变资本主义私有制的经济基础；

2. 没有改变资本主义剥削的实质；

3. 没有改变工人阶级受雇佣的阶级地位；

4. 没有改变资本主义的基本矛盾。

第三节 资本主义的历史地位和发展趋势

由于资本主义制度存在着自身不可克服的矛盾，必然导致资本主义制度向更高社会形态的转化，因此，社会主义制度的建立就成为历史的必然。由资本主义向社会主义的过渡，是人类历史上最宏伟、景深刻的社会变革，揭示这场社会变革的必然性，研究这场社会变革的规律、特点及曲折性，是时代赋予马克思主义的崇高使命。

一、资本主义的历史地位

在人类社会历史发展的长河中，资本主义曾有过它璀璨的年华。但它的每一个进步却包含着自己的反面，最终不能逃脱被更高的社会形态取代的历史命运。

1. 资本主义在历史上起过巨大的革命作用

资本主义制度取代封建制度是社会发展中的一次大飞跃。它全面破坏了封建主义的社会关系和意识形态，在社会生活的各个领域中引起了一系列革命性的变革。主要表现在：资本主义制度的建立使生产力冲破封建主义生产关系的桎梏，社会财富的急剧增长犹如冲破闸门的洪水奔腾出来。"资产阶级在它不到一百年的阶级统治中所创造的生产力，比过去一切时代创造的全部生产力总和还要多，还要大。自然力的征服、机器的采用，化学在工业和农业中的应用，轮船的行驶，铁路的通行，电报的使用，整个大陆的开垦，河川的通航"等，这一切都是过去时代无法比拟的。

资本主义不仅消灭了封建割据状态，建立厂统一的国家，而且消灭了古老的民族工业，许多国家实现了工业化和生产的商品化、社会化，开拓了世界市场。资本主义把世界变成丁一个开放的世界，使一切国家的生产和消费都成为世界性的了，使各国经济形成了相互依赖、渗透和竞争的新格局。

物质生产如此，精神生产也是如此。资本主义制度使科学、教育、文化的发展呈现了前所未有的新局面。在思想领域中，资产阶级的思想家从资产阶级的"人性"论出发，高举理性原则的旗帜，对封建专制制度和维护它的宗教神学进行了无情地批判。他们以"自由、平等、博爱"以及"天赋人权"为口号，冲破了中世纪以来封建专制的精神枷锁，从而给人类带来了一次精神大解放。

资本主义所以能在历史上起革命作用，根本原因是顺应历史发展的客观规律，打破了束缚生产力发展的腐朽的封建所有制生产关系，建立了资本主义生产关系，为生产力的发展开辟了广阔道路。

2. 资本主义的每一个进步都包含着自己的反面。

资本主义生产关系的建立，适应于生产力发展的需要。但是它是以一种私有制代替了另一种私有制，以一种剥削制度代替另一种剥削制度。资本主义私有制和建立在它基础上的雇佣劳动制度，是产生自己一切反面的根源。

资本主义制度的建立，解放了生产力，促进了生产力的发展和进步。但是生产力的进步是伴随着对劳动人民的剥削和压迫的加深，它成为资产阶级剥削工人、自己致富的手段和物质力量。资本主义生产力的进步与资本主义保守的私有制度的对立，资本主义的发展与随它发展起来的工人阶级的对立是显而易见的。这种对立就包含着对资本主义和资产阶级的否定因素。虽然资产阶级已在不断调整生产关系和社会关系，但这种调整归根到底是为了保持自己存在的基础不变，这个基础就是在资本主义私有制基础上的雇佣劳动制度。资本主义生产关系与发展着的生产力之间，资产阶级和无产阶级之间的矛盾，资本主义制度本身是无法克服的。

资本主义提供了造福人类、解放人类的物质条件，但却利用这种物质条件破坏了人类的进一步解放，把人类又推向灾难的深渊。

资本主义创造了巨大的财富，同时又带来了社会财富的巨大浪费和破坏。

资本主义国家的科学、文化、教育有了巨大的发展，但同时又使社会风气腐败，精神道德颓废，社会治安恶化，这形成了显明的对照。

总之，资本主义在繁荣进步的之后，包含着日益加深的社会资本主义向更高社会形态转化的必然性。

3. 资本主义为社会主义代替的历史必然性

科学社会主义创始人马克思、恩格斯早在 100 多年前所写的《共产党宣言》中，就明确提出了一个重要论断：资本主义必然灭亡、共产主义必然胜利。他们所揭示的这一真理，主要破坏不是出于对资本主义的痛恨和对社会主义的向往，而是基于对资本主义经济运动的科学分析。资本主义社会的基本矛盾是生产的社会化与生产资料资本主义私人占有之间的矛盾。资本主义生产力的特征是生产的社会化。社会化生产既然已经不具有个体的私人生产的性质，因而也就否定了私人占有生产资料和劳动产品的基础，生产的社会化要求改变以生产资料私有制为基础的资本主义生产关系。这是生产力决定生产关系、生产关系一定要适合生产力状况规律决定的，是不以人的意志为转移的。

在资本主义制度下，由于广大劳动者共同使用的生产资料，属于资本家私人占有；生产过程虽然变成许多工人共同协作的社会行动，但组织和管理这种生产社会化的却是资本家及其代理人；由许多工人共同创造的社会产品，也为资本家私人占有。这就形成了资本主义私有制与社会化大生产之间不可调和的矛盾。这一矛盾主要表现为：在生产方面表现为个别企业生产的有组织性和整个社会生产的无政府状态的矛盾；在生产和消费的关系方面，表现为资本家为了追求剩余价值生产无限扩大的趋势和千百万劳动群众有支付能力的需求相对缩小的矛盾；在阶级关系方面，表现为无产阶级和资产阶级之间的矛盾。生产社会化与资本主义私人占有的矛盾，是资本主义社会一切矛盾和冲突的总根源，决定着资本主义必然灭亡的历史命运。

随着资本主义生产社会化程度的不断提高，它同资本主义私人占有制的矛盾也日益尖锐起来，在这一矛盾基础上产生出来的各种社会矛盾也日益尖锐化。资本主义孕育着革命，这一革命就是按照生产关系一定要适合生产力状况的规律，社会主义生产资料公有制代替资本主义生产资料私有制，资本主义制度向更高级的社会形态——社会主义转化。这是资本主义基本矛盾发展的必然结果，而生产的社会化是决定这一转化的革命因素。这是因为，生产社会化的发展，使资本主义所有制关系的外壳逐步容纳不下去，于是生产力发展的锋芒就指向了资本主义制度，这个外壳就要被炸毁了。

资本主义的发展，不仅造成了摧毁资本主义生产关系的物质技术力量——社会化大生产，而且随着资本主义的发展使工人阶级的队伍不断扩大，而且素质日益提高。

在资本主义社会中，无产阶级处在社会的最底层，除了出卖自己的劳动力之外，一无所有，在经济上遭受残酷的剥削，在政治上深受压迫，没有自己的什么东西需要保护，它的阶级利益同资本主义发展的历史趋势——资本主义被社会主义所代替是一致的，它同其他劳动阶级相比．最具有革命的彻底性和坚定性。无产阶级又是先进生产力的代表，它与大机器工业相联系，具有严格的组织性、纪律性和团结一致的精神。社会化生产使无产阶级日益成为有机的整体。无产阶级同资本主义社会中的其他劳动阶级根本利益是一致的，因此它能够把广大劳动群众团结起来，组成一支浩浩荡荡的革命大军，能够打碎资本主义旧世界，创造一个社会主义新世界。无产阶级的社会地位和阶级特点，决定了无产阶级的历史使命就是推翻资本主义，建设社会主义。无产阶级是资本主义的掘墓人，是实现由资本主义向社会主义过渡的社会力量。由资本主义向社会主义过渡的必然性，是通过无产阶级的自觉行动实现的。

综上所述，资本主义向社会主义的转化，是资本主义社会生产力和生产关系矛盾运动的必然结果，是资本主义社会两大对抗阶级之间阶级斗争发展的必然结局。

【观点案例点评】

案例 1　火药托拉斯的霸气

杜邦公司成立于 1802 年，其早期经营便获得了巨大的成功。从 1803～1810 年间，该公司的收益平均为其销售额的 l8%，而公司资产在其后数年间竟增至原资产的 3 倍。这主要得益于以下几个因素：

首先，是由于杜邦家族与法国和美国政界的头面人物有着千丝万缕的政治联系。杜邦公司的创始人厄留梯·伊雷内·杜邦的父亲皮埃尔·塞缨尔·杜邦是法国重农学派经济学家，在路易十五和路易十六手下担任过多种官职，并被路易十六封为贵族。伊雷内则与当时法国的新政权保持着密切的联系。通过这种联系，伊雷内从他自己学习制造火药的地点——法国，获悉了提炼硝石的新方法，得以不断地改进自己的技术，从而在竞争中立于不败之地。法国大革命前，当老杜邦尚活跃于法国政治舞台上的时候，还与当时任美国驻法国公使的托马斯·杰弗逊建立了密切的联系，并且成为亲密的朋友。杜邦家族移居美国后不久，杰弗逊当选为美国总统，这使杜邦家族在美国的开发计划如鱼得水。

与政界头面人物的这种政治联系为杜邦公司的发展带来了许多有利条件，杜邦公司本身的长于经营，则加速了其发展的进程。在杜邦火药公司内部实行的是终身雇佣制。在签订雇佣合同时，工人必须同意永远不将在杜邦厂内学到的制造火药的经验和技术带到其他的雇主那里。在这种雇佣合同的限制下，到工厂工作的法国难民们不仅自己不可能流动到其他工厂去，而且其子孙后代也大都被限制在杜邦公司中工作，从而在杜邦的火药公司中形成了一个对外封闭的社会。在这个社会中，伊雷内·杜邦实行着家长式的统治，享有至高无上的权威。这种终身雇佣制和封闭式家长统治的管理方式，显然带有打着封建烙印的杜邦家族的色彩，但它却为杜邦的火药公司造就了一支服从命令、遵守纪律的劳动大军。依靠这支劳动队伍的勤奋努力，杜邦公司便有可能在竞争激烈的火药市场上所向披靡。

在公司内部，杜邦公司实行的是"血汗工厂制"。工人们起早贪黑，每天工作 12 小时，如遇订货过多、工期紧张时，每天要工作 18 小时，但工资却低得可怜。据统计，在 19 世纪 80 年代末，杜邦火药公司在生产线上工作的工人，工资最高的当属 4 名工头，但其工资也不过是每天 l 美元。从这种对工人的残酷压榨中，杜邦家族获得了最大的利润。

在杜邦火药公司早期的经营中，1812 年的英美战争是公司大发展的契机。战争给杜邦公司带来的这些飞来横财使得杜邦火药公司在开张后的 10 年内，便又在布兰迪万河畔建立了新的哈格利火药厂，扩大了杜邦公司的火药生产能力，从而使得杜邦家族在 1824 年便挤进了美国著名的大财阀的行列。到 1832 年即杜邦火药公司创办 30 年之际，该公司已经具备了年产 80 万磅火药的生产能力。

杜邦公司到美国内战（1861~1865）结束时，它在美国火药业中的地位已经首屈一指，但形势却不容乐观。由于战争对火药的需求猛增，而杜邦公司的供应并不能满足全部需要，这就为其他火药公司的发展提供了机遇。战时，在美国东部，除杜邦公司外，又发展起了几家大的火药公司，如拉弗林—兰德公司（Laflinand Rand）、哈泽德火药公司（Hazard Powder Company）等。而在美国西部，由于杜邦公司在战时无力满足西部金矿开采所需的火药，金矿主们便筹资 10 万美元建立了一个加利福尼亚火药公司（California Powder Company）来生产火药。到内战结束时，加利福尼亚公司已具备月产 50 万磅炸药的生产能力，成为西海岸最大的火药生产厂家。更使杜邦公司感到不安的是，加利福尼亚公司在战后火药生产过剩、库存增加、火药价格下跌的形势下，竟然能够依靠廉价的华工来增加自己的利润。

面对这种形势，亨利·杜邦充分地利用了杜邦公司在美国火药业中的地位，采取了建立卡特尔的方式，以避免自己在竞争中受损，并迎接加利福尼亚公司等西海岸诸公司的挑战。

1872 年，亨利向东部 6 家主要的火药公司发出邀请信函，请它们派代表出席在纽约华尔街 70 号杜邦公司办事处召开的结束价格竞争，共同稳定市场的特别会议。亨利的邀请得到了这些公司的积极响应，它们分别派出代表与会或书面表示支持。在这次美国火药业的重要会议上，建立了"美国火药同业公会"，也称"火药托拉斯"。拉摩特·杜邦当选为火药同业公会主席，亨利·杜邦则当选为该同业公会的常任顾问委员会主席。这些公司的代表经过协商，按照公司的实力分配了各自在同业公会中的投票权。在最初的投票权分配中，杜邦公司、拉弗林—兰德公司和哈泽德公司各拥有 10 票，其余几家公司分别拥有 4 至 6 票不等。同业公会划分了各会员的市场范围及可进行"自由竞争"的地区范围，并规定了各地区的产品价格；违反协议规定的会员公司，则会受到罚款等惩处。

表面上看来，火药托拉斯不过是东部几家大火药公司瓜分市场的组织，但实际上，由于杜邦公司在美国火药业中的地位及在这个托拉斯中所占据的重要领导位置，使得火药托拉斯成为亨利·杜邦及杜邦公司兼并其他公司、扩展自己势力的一个有力工具。

对于未加入这个同业公会的独立中的小火药企业，杜邦公司通过同业公会的力量，以致命的价格竞争来挤垮它们，然后加以兼并；对于同业公会中的竞争对手，亨利则通过收购它们的股票，或对违规公司进行处罚等方式，来逐步控制它们。运用这些方式，杜邦公司于 1875 年获得了对火药同业公会中的第三大公司——哈泽德公司的控制权；而后又吞并了同业公会中的第四大公司——拥有 6 票表决权的东方火药公司；同时，杜邦公司还成为拉弗林—兰德公司的股东。通过这样一番兼并和控制活动，杜邦公司在它倡导建立的火药托拉斯中拥有了超过半数的 27 票表决权，从而使杜邦公司完全控制了这个火药托拉斯。在取得了对火药同业公会的绝对控制权后，亨利·杜邦开始在同业公会中实行一种新的严格的市场配额制度，并由他把持的常任顾问委员会来负责监督执行。

对于势力强大的加利福尼亚公司，亨利·杜邦利用火药同业公会的力量，在 3 年内便强迫该公司就落基山矿区各州的所谓"中立领土"达成了一项协议，共同瓜分了这片有利可图的市场。与此同时，拉摩特·杜邦经过一场激烈的火药倾销战，购得了这个西海岸最大的黑色火药公司 43% 的股份，使杜邦公司在它这个强大的西部对手的经营和管理机构中拥有了很大的发言权。

到 1881 年时，杜邦公司通过火药同业公会已控制了全美国黑色火药市场的 85%，而到 1889 年时，美国 92.5% 的火药生产已垄断在杜邦公司控制的这个火药托拉斯手中。

案例 2　"如果他们打喷嚏，美国绝对会感冒"

有一个形象的比喻，说"如果他们打喷嚏，美国绝对会感冒"。这里的"他们"指的就是美国大名鼎鼎的十大财团，正是这几个为数不多的财团控制着美国经济、政治、文化等各个领域。

19 世纪初，美国开始了产业革命，到 1890 年，美国工业总产值超过了英、法、德等国，跃居世界第一。工业的蓬勃发展加速了生产和资本的集中。集中发展到一定阶段，就自然而然走到垄断。1893 年经济危机，一些企业被兼并，一批垄断企业因而产生，例如 1901 年创立的美国钢铁公司就是这次企业兼并的产物。它是美国第一家"10亿美元公司",控制700多家企业,垄断了全国钢的生产,年产量占全国总产量的65%。在工业生产迅速集中的过程中,银行资本也更为集中。19世纪末,纽约出现了金融实力雄厚的3家人寿保险公司和两家商业银行(纽约第一国民银行和纽约花旗银行)。它们各自控制着几十家商业银行和保险公司,形成了强大的金融垄断组织,开始与工业资本融合,洛克菲勒财团和摩根财团就是这样诞生的。20世纪初,洛克菲勒财团和摩根财团已控制了美国全部国民财富1200亿美元的1/3左右。

在两次世界大战中,美国财团获得惊人的发展,由此产生的垄断达到了空前未有的高度。具体表现在:(1)生产的高度集中。据美国《幸福》杂志的统计,1954~1969年美国500家最大的工矿企业的产品销售额,在产品的总销售额中所占的份额,从46%增加到65%;雇佣人数在全国雇员总数中所占份额,从46%增加到71%;全国工矿产品销售总额的2/3集中在只占企业总数的0.1%的大企业手里。这500家最大的工矿企业约有86%属于十大财团。(2)资本越来越集中。1901年首次出现"10亿美元公司"时,银行资本、工业资本均已相当集中,并开始融合。第二次世界大战后,资本集中程度更高。金融界在20世纪80年代竟出现了千亿美元的银行,如第一花旗银行和美洲银行。财团的垄断势力随着各财团的经济实力迅速膨胀而日益加强,控制着美国政治、经济及社会生活的各个方面。财团除靠所属企业积累资金、扩大企业的生产能力之外,还依靠企业的兼并而扩大规模。自第二次世界大战到70年代末,曾掀起3次企业兼并的高潮,每经过一次兼并,财团的经济实力就得到一次增强,更加提高了它们对国民经济的垄断程度。美国经济的各个部门,无不受到各大财团的控制和支配。

战后美国垄断财团经历了深刻的变化,最显著的是:

财团经营多样化。美国财团最初是按经济部门发展起来的,具有专业化的特点。例如,洛克菲勒财团以石油起家,摩根财团依靠钢铁发展起来,杜邦财团则是依赖化学发迹的。但至第二次世界大战之后,尤其自20世纪70年代以来,由于科学技术的日新月异及财团之间的竞争加剧,各大财团转向经营多样化,成为综合性的财团。随着经营多样化的发展,各财团所控制的工商企业五花八门,各色俱全,彼此之间的利害不尽相同,甚至互相冲突,使财团无法代表它们各方的利益,更难进行统一的指挥,只好放松控制,所以今天的财团内部的关系日趋松散。

财团互相渗透。他们派遣人员互兼董事,使财团之间的关系错综复杂,界限不易划清。过去的美国的大公司、大企业一般只受一家财团的控制，近年来，经过各财团的渗透，一家公司往往变成由几家财团共同控制的公司。

财团资本进一步国际化。美国财团不仅要将美国经济置于它们的统治下，而且还要向国外扩张势力，在国际范围内建立它们的垄断地位。第二次世界大战后，美国各财团大力扩大它们的经济活动范围，由一国扩展为多国。由于资本的进一步国际化，跨国公司不但获得迅速发展，而且在世界经济活动中的地位越来越重要，美国各大财团所控制的大公司、大企业、大银行，几乎没有例外地都已成为名副其实的跨国公司。

公司的经营权和所有权逐渐分离。"能人主义"在美国工矿企业中生下了根，各大公司经理不再实行代代相传的世袭制，而是选贤与能，聘请掌握生产技术又擅长经营管理的能人当经理，财团的家族色彩日益淡薄。

各大财团不但凭借其雄厚的金融资本和工业资本，掌握着美国国民经济的命脉，而且还利用它们的金融家、企业家及经济学家，组织各种委员会、协会、同业公会等公众团体，针对当前美国的财政、金融、外贸等经济问题，发表调查报告或研究论文，提出有利于财团的各种建议意见，以左右政府的决策。垄断财团通过操纵总统竞选和国会改选的途径，争夺政府要职和国会席位，从而左右政府的内政外交，成为美国真正的统治集团。由于各大财团在海外的利益不断膨胀，因而对政府的外交政策特别关心，千方百计设法对政府施加影响。

案例3　谁为经济全球化买单？

经济全球化是一把双刃剑，当你正在享受经济全球化带来的好处时，也许其背后的祸端已经悄然升起。

金融动荡可控吗？

在经济全球化过程中，不少国家的对外贸易依存度已超过30%，个别国家则达到了50%～60%。在这种环境下，经济波动和危机的国际传染便成为经常性的而且是不可避免的事情。1997年泰国的汇率危机，很快扩散到整个东南亚地区以及韩国和日本，从而形成严重的地区性金融危机，随后又波及俄罗斯和拉美地区，形成了事实上的全球性金融动荡。

国际游资的存在是全球经济不稳定的重要根源之一。作为一种超越国界的巨大的金融力量，国际游资一次又一次地扮演了全球性金融动荡的制造者或推动者，扮演了危机传染的主要媒介物。20世纪60年代的美元危机，70年代初布雷顿森林体系的瓦解，80 年代初的拉美债务危机，90 年代初的欧洲货币体系危机，1994 年的墨西哥汇率危机，1997 年的东南亚金融危机，每次都令人震惊地表现了国际游资的巨大破坏力。

经济主权如何安置？

欧盟经济体发展的历程表明，随着一体化程度的逐步提高，各成员国经济主权独立性则不断下降。从早期的关税同盟，统一农产品价格、汇率联合浮动，到单一货币欧元出现以后的统一金融政策，无不说明各成员国的财税和货币主权已逐渐让渡给超国界的欧盟协调机制。

对于欧盟以外的世界其他国家来说，在经济全球化的过程中，其经济主权（特别是在财税和货币政策方面）的独立性，同样面临越来越严峻的考验。这种考验大致有两种不同的形式。一种是经济主权的主动让渡。从关贸总协定（现为世界贸易组织）的历次减税和贸易自由化谈判，到发生金融危机的国家为了得到国际货币基金组织的援助被迫进行的经济调整，都是一定程度上的主权主动让渡。另一种是跨国私人经济力量对经济主权的侵蚀。其最为典型的例子就是跨国公司。由于跨国公司的战略目标很少会同东道国的经济发展目标完全一致，因而他们对于东道国为了实现既定的发展目标采取的许多政策措施经常表现出一种本能的抵抗和规避。利用转移定价（Transfer Pricing）进行合法避税已为世人熟知，通过这种手段或其他渠道在国际间进行大规模资金转移对东道国货币金融政策的消极作用同样难以让人忽视。许多国家的经验表明，在汇率动荡时期，跨国企业常常是大规模货币投机的主要责任者。

自 20 世纪 90 年代初以来，随着各国资本账户的逐渐开放，不少国家（特别是新兴市场国家）的货币政策独立性受到严重挑战。在资本流动日益自由化的形势下，这些国家感到了保持货币政策独立性和维持汇率稳定之间的激烈冲突，同时也深深感受到了保持货币独立性的艰难和巨大代价。1992～1993 年导致英镑退出欧洲汇率机制的欧洲货币体系危机、1994 年的墨西哥比索危机、1997 年的泰国汇率危机以及巴西汇率动荡，十分清楚地表明了这种冲突和由此产生的连带反应。在上述危机过程中，几乎每个国家最终都勉强保持了货币政策的独立性，但同时在汇率动荡方面付出了巨大的代价。

事实上，对于在资本自由流动条件下一国能否保持货币政策的独立性这个问题，早就有人做过堪称经典性的论述。20 世纪 60 年代初，J. Marcus Fleming 和 Robert Mundell 曾在各自的论文中先后谈到，资本完全流动的条件下，一国将面临货币政策独立性与汇率稳定两者之间的明显矛盾。他们认为，一国政府最多只能同时实现下列三项目标中的两项：完全的资本流动性、货币政策独立性和固定汇率制。上述结论被后人称为"蒙代尔三角"。这个分析框架清楚地显示，在经济全球化过程中，由于资本的自由流动不可避免地成为一种基本经济现象，因此，一国要想保持汇率的稳定，必须在一定程度上向跨国私人资本让渡货币主权，或者必须以汇率的经常性动荡换取货币主权的独立。

在经济全球化中，谁是最大的受益者？

世界银行《2000～2001年世界发展报告》的主题是"与贫困作斗争"。该报告指出，1960年，最富裕的20个国家的人均GDP是最贫穷的20个国家的18倍，1995年扩大到37倍。联合国贸发组织公布的数字也证明了世界上穷国与富国间的收入差距在不断拉大，而且速度在加快。1950年，最富裕的国家与最贫穷的国家人均收入比为35：1，1973年为44：1，1997年为727：1。富国人均年收入超过2万美元，而在贫穷国家还有13亿人每天生活费不到1美元。全球最不发达的国家从20世纪70年代的25个增加到1997年的48个，这些国家人口占世界人口的13%。

世界银行专家对世界120个国家财富分配情况进行全面调查，并在其官方网站公布了题为《国家财富在何处》的调查报告，结果表明，世界上最富裕的国家瑞士人均财富几乎是最贫穷的国家埃塞俄比亚人均财富的330倍，今后这一趋势还将得到延续。

世界银行在进行专项调查时，不仅考虑国民生产总值水平、人均收入等传统因素，还非常重视自然资源的利用程度、环境损害规模、劳动力价值等。结果是，瑞士高居世界富国榜首，人均648241美元，之后是丹麦（575138美元）、瑞典（513424美元）、美国（512612美元）、德国（496447美元）、日本（493241美元）、奥地利（493080美元）、挪威（473708美元）、法国（468024美元）、比利时和卢森堡（各451714美元）。世界上最贫穷的国家是埃塞俄比亚，人均1965美元，其次是布隆迪（2859美元）、尼日尔（3695美元）、尼泊尔（3802美元）、几内亚比绍（3974美元）。

案例4　离奇的微软垄断

初临战火

1974年，刚刚创建的微软公司即致力于为个人电脑编制基础软件。1980年，该公司被选择为国际商用机器公司（IBM）的个人电脑设计操作系统，从此事业发展突飞猛进，并逐渐发展成为全球磁盘操作和视窗操作软件制造领域的霸主。由于微软公司发展速度之快超乎想象，早在 1990 年，美国联邦贸易委员会就对该公司是否把 MS－DOS 与应用软件捆绑在一起销售展开调查，后来，由司法部接手继续调查。这一时期正值微软开发"视窗"操作系统之际，许多软件厂商认为该软件将使微软更加具有不公平的竞争优势。于是，司法部把调查重点放在了视窗系统上。直到 1994 年 7 月，美国政府与微软达成一项协议，微软同意不再要求计算机制造商将其视窗操作系统作为必备软件安装，从而结束了长达一年多的调查。

烽烟再起

就在微软官司缠身的时候，全球因特网服务领域崛起了一批优秀企业，其中最著名的就是美国的网景公司和太阳微系统公司。对该领域不甚重视的比尔·盖茨很快就意识到自己的失误，立即全力补救。1995 年 5 月，比尔·盖茨对该公司的互联网战略进行了调整。11 月，微软推出"探索者"2.0 版。之后，微软要求个人电脑制造商如要安装视窗 95 操作系统就必须在该系统上安装"探索者"浏览器。微软以后推出的视窗操作系统，直接内含"探索者"浏览器。微软公司还投资参与了"空中因特网计划"，拟将 288 颗低轨卫星送上天，形成一个覆盖全球的通信网。这一做法使网景公司的市场份额从 80%降到 62%，微软的份额则从零猛增至 36%，招致网景等公司的极大不满，也引起司法部的注意。

1997 年 10 月美国司法部再次起诉微软公司，12 月美国地区法官托马斯·杰克逊签发禁止令，要求微软公司不得勒令计算机生产商安装视窗 95 操作系统必须同时安装其 IE 4.0 浏览器软件。1998 年 5 月，美国司法部和 20 个州（南卡罗来纳州后退出）联合提出诉讼，声称微软公司非法阻止其他软件厂商与其进行正当竞争以保护其软件的垄断地位，控告微软公司违反美国的反垄断法。6 月 23 日，一个由 3 名法官组成的上诉委员会取消了杰克逊法官对视窗 95 操作系统软件的限制令，称微软公司有足够的理由将浏览器软件与操作系统软件捆绑销售。

1998 年 10 月 20 日，司法部向哥伦比亚地方法院递交了上告微软的诉状，认为该公司将安装 IE 作为电脑制造商申请"视窗 95"使用许可条件的做法严重违反了 1995 年签订的协议，应对其课以巨额罚款。两个月后，哥伦比亚地方法院驳回这一要求，但宣布了另一项临时裁定：禁止微软把安装 IE 浏览器作为个人电脑制造商申请其操作系统使用许可的条件。但 1999 年 5 月 12 日，哥伦比亚地方上诉法院裁定，微软的"视窗98"不受该项禁令的影响。6月23日，上诉法院做出终审裁决，认定哥伦比亚地方法院的禁令是错误的，并判决微软无罪。

开庭审理

由于上诉法院5月12日的裁决对司法部大为不利，5月18日，司法部和20个州政府又分别向哥伦比亚地方法院递交诉状，指控微软公司违反反垄断法。在经过几个月的多方取证之后，10月19日，这桩备受世人瞩目的"微软不正当竞争案"正式开庭审理。

案件的审理是围绕1995年6月21日微软与网景之间的一次会议展开的。司法部的目的是，证明微软公司为维护自己的特许经营权以及开拓新市场，非法利用其业已拥有的市场优势，打击竞争对手。在司法部的传讯下，美国在线公司（AOL）提供了对微软极为不利的证据，证明微软公司在1995年的那次会议上，曾企图非法阻止网景公司的浏览器进入视窗软件市场。AOL作证说，微软在会上要求网景放弃与该公司的竞争，并给IE浏览器更多的市场份额。作为回报，网景将成为微软的一个特殊合作伙伴。如果网景拒绝这一要求，微软就会联合其他大公司将其摧毁。随后，AOL又提供了1996年AOL和微软的一次会议纪要，其中记载着盖茨曾试图说服该公司与微软结盟，以压制网景公司。

之后，为了证明盖茨是1995年会议的幕后主使，司法部律师戴维·博伊斯拿出1999年8月27日与盖茨的面谈录像带，随后，博伊斯又出示了微软在1995年的会议之前就已拟好的内部文件。文件显示，盖茨曾积极督促公司经营决策人员与网景达成有关交易。

在反垄断案审理的第二天，微软对司法部的指控奋起反抗。在开庭陈述中，公司首席律师约翰·沃登提出抗辩，指出微软从未提议网景停止设计适合"视窗95"使用的"导航者"浏览器，更没有以此方式提出瓜分市场的建议。在1995年的会议上，微软公司只是努力寻求与网景公司建立"战略性"伙伴关系，谋求达成合作协议，而没有任何瓜分市场的意图。

事实认定——垄断行为

1999年11月5日，美国联邦地区法院法官托马斯·杰克逊宣布事实认定，称微软公司对"Windows"操作系统的垄断性销售行为损害了消费者、计算机生产商和其他相关公司的利益。

随后的5个月中，波斯纳法官召集微软公司和州以及司法部的代表进行调解。由于双方的方案差距太大，2000年4月1日波斯纳法官宣布调解失败。

2000年4月3日，杰克逊法官在华盛顿宣布，微软公司通过"反竞争手段"来维持其对个人电脑操作系统的垄断，并滥用这一垄断力量来谋取对网络浏览器市场的垄断，被判违反《谢尔曼反垄断法》。2000年5月24日，有关微软垄断案的最后一次听证会在华盛顿结束，为了阻止其垄断行为，微软公司有可能面临被分为三个公司的可能。2000年6月，哥伦比亚特区地方法院法官托马斯·杰克逊判定：微软公司违反反垄断法，应将其一分为二，一家公司主营个人电脑的操作系统，另一家经营IE浏览器、办公应用软件等。

新的转机——微软不被拆分

微软不服，提出上诉。2001年6月28日，美国多伦比亚特区联邦上诉法院以7：0的表决结果驳回联邦地方法院法官杰克逊作出的将微软公司分割为两家公司的判决，但维持该公司在个人电脑操作系统市场具有垄断力量的事实认定。上诉法院的判决终究消除了笼罩在微软上空的分割阴云，微软躲过了分拆危机。

微软垄断案出现转机也许涉及某种政治原因。据有些媒体报道微软在上诉高等法院的同时，还聘请总统小布什的资深顾问利德作为说客，小布什当时就公开表示反对分割微软。在2000年美国大选中，微软公司还大量增加了政党捐款，总数达到110万美元，其中捐给共和党的占60%。由于小布什在竞选时就表态同情微软公司，所以在他当选总统后，虽不直接干涉法院事务，但通过舆论给司法部门形成压力造成对微软有利的形势。

2001年9月6日，美国司法部宣布，将不再寻求通过分割的方式来处罚微软公司，同时还将撤销有关微软非法将其网络浏览器和"视窗"操作系统捆绑在一起的指控，从而使这一历史性的反托拉斯案件再次出现新的转折。司法部作出上述声明后，微软公司的股票随即上涨。司法部表示，作出上述决定是为了简化这一案件，以便法院尽快拿出对微软的有效处罚措施。新的处罚判决将结束。微软的违法行为，防止微软再次违法，以恢复操作系统市场的竞争状态。

11月，微软公司与司法部和9个州达成和解方案，但哥伦比亚特区及其他9个州仍不同意这一和解协议，他们誓言要将反垄断案进行到底。

美国当地时间2001年11月12日，北京时间11月13日，美国地区法官科琳·科拉正式接受修正后的微软公司和解方案。这场持续四年之久、错综复杂的反垄断案最终以微软大获全胜而告终，同时，这一裁决也被美国司法部长称为消费者和企业的重大胜利。

案例5　外国学者眼中的当代资本主义新变化

法国学者让·克洛德·德洛奈，法国马恩河谷大学教授、弗朗索瓦·佩鲁研究所主任。该研究所成立于1990年，主要研究方向是当代资本主义。

当代资本主义有哪些主要变化？

克洛德·德洛奈：资本主义正处在新的起点上。20世纪后半叶，不是资本主义处境艰难，而是民主运动处境艰难。资本主义在经历了经济和政治危机之后，出现了反弹。当然，我并不认为资本主义可以永世长存。但是资本主义作为制度，的确具有某种积极的效用，虽然它有极其野蛮和非人道的一面。经验告诉我们，从科学的角度看，必须慎于对资本主义作出结论。既不能轻易对资本主义产生的动力和运动作出结论，也不能轻易对资本主义表现出的矛盾以及对超越这些矛盾的办法作出结论。资本主义仍在发展，就像地平线一样，我们每前进一步，都有新的视野。

资本主义目前处在什么发展阶段，这个阶段又有什么特点？

克洛德·德洛奈：我所说的当代资本主义是指20世纪80年代以来的资本主义，我把它称作金融垄断资本主义。它有以下几个特点：

（1）生产资本的全球化。资本主义在生产领域，尤其是自20世纪90年代以来，实现了全球化。资本主义制度的全球化已经有几个世纪了，但是生产资本的全球化却是不久前的事。这是对17世纪以来欧洲形成的民族国家形式的局部超越。生产资本从部门和领土的角度，向全球扩张并互相渗透。

（2）资本主义经济的金融化。伴随着资本生产的全球化，出现了资本主义经济的金融化，银行、保险、金融市场在质和量两个方面的扩张等等。金融的这种新的作用，并不是为了保证为本国投资融资，而是为了把世界储蓄集中起来。其目的在于：使各国之间能够相互借贷；有利于生产资本的对外扩张；使金融资本家能够尽快地从大规模投资中解脱出来，从而进行金融投机。总之，资本主义金融化就是为了保证资本的流动性。这种流动性是空前的，甚至企业也成为大量的、经常的交易对象，这是前所未有的。

（3）世界垄断寡头，即跨国公司的形成。在当代金融资本框架下的资本全球化的有力推动下，资本主义企业实现了空前规模的积聚。来自各个不同的国家的资本的相互渗透和并购，最终形成了巨大的全球垄断寡头，即产量超过中等国家国民生产总值的巨大的跨国公司。

（4）全球金融垄断资本主义形成。这里所说的全球金融垄断资本主义是指金融资本与世界范围内的产业资本、商业资本、服务资本、保险资本和各种投资资本的复合体。各国的私人垄断资本和国家垄断资本融合成全球的私人垄断资本。

（5）高技术资本主义的形成。上述资本主义的深刻变化都是与大规模的科学技术变化相联系的，都是以信息革命为核心的高科技革命为基础的。信息技术深入到所有生产部门，其中包括服务部门，推动了生产过程的自动化和连续化。大量信息的储存、"实时"的分析和处理、远程的交换、迅速的决策极大地提高了劳动生产率。此外，生物技术、基因工程等开辟了新的产业领域。高技术资本主义改变了发达国家的产业结构，从而引起了就业结构和社会结构的变化。

这些变化是否意味着资本主义的本质也有所改变？

克洛德·德洛奈：当然，今天的资本主义已不同于狄更斯、雨果时代的资本主义，但是资本主义的本质并没有发生变化。

在当代资本主义社会仍然存在过度剥削、收入和贫富差距的扩大、雇佣劳动的弹性和不稳定性、失业率居高不下、社会福利的减少等。在经济全球化条件下，由于劳动市场的全球化，世界垄断寡头使全世界劳动者的经济利益处在直接的对立甚至敌对之中。它们利用第三世界国家对发展的要求，使用各种手段，例如，利用企业外迁，来压制发达国家的工人运动。当前，资本与劳动的对立不仅没有消失，反而更加剧烈了，而且扩大到了全世界。从理论上看，用以说明资本主义剥削的劳动价值理论和剩余价值理论并没有过时，除了自然禀赋，在劳动创造的价值之外，我看不出还有什么其他经济财富的源泉。所不同的是，在世界金融寡头掀起的剧烈竞争条件下，市场价格发生严重扭曲，越来越偏离价值，消费者更加难于了解"实际价格"。在所谓资本主义"软"竞争体系中，马克思所描述的"均衡价格"作用下降，经济当事人的原生态的经济权力则起着举足轻重的作用。世界金融寡头关心的不是产品中实际花费了多少劳动，而是关心他们所支付的劳动的价格。他们把效益的风险转移给承包商，并分散到全世界。他们所关心的是跨国公司全球战略下的利润最大化。

【游弋大千题海】

一、单项选择题

1. 金融寡头实现经济上统治的"参与制"是指金融寡头（　　）

A. 直接参与工业企业的生产经营和管理

B. 直接参与银行的经营和管理

C. 通过购买一定数量的股票层层控制许多大企业和大银行的经济统治方式

D. 通过购买所属公司全部股票直接掌握许多大企业和大银行的经济统治方式

【答案】C

2. 国家垄断资本主义是（　　）

A. 消除生产无政府状态的垄断资本主义

B. 资产阶级国家同垄断资本相互分离的垄断资本主义

C. 资产阶级国家同垄断资本融合在一起的垄断资本主义

D. 带有社会主义因素的垄断资本主义

【答案】C

3. 第二次世界大战后，国家垄断资本主义发展的特点是（　　）

A. 发展缓慢不稳定　　　　　　B. 发展迅速且持续稳定

C. 发展迅速但不稳定　　　　　D. 时而削弱，时而发展

【答案】B

4. 国家垄断资本主义的宏观管理和调节体现的是（　　）

A. 全体劳动人民的经济利益　　B. 个别金融寡头的经济利益

C. 垄断资产阶级的整体利益　　D. 国有企业的经济利益

【答案】C

5. 国家垄断资本主义的形式中，最主要、最重要的形式是（　　）

A. 国家市场垄断经济　　　　　B. 国家调节经济

C. 公私合营经济　　　　　　　D. 国家自然垄断经济

【答案】B

6. 垄断资本主义国家的"经济计划化"（　　）

A. 可以从根本上解决资本主义基本矛盾

B. 使生产的无政府状态得到一定的缓解

C. 导致资本主义向社会主义和平过渡

D. 可以消除资本主义经济危机

【答案】B

7. 国家垄断资本主义的局限性在于（　　）

A. 使垄断资本主义存在着时而迅速发展时而停滞的趋势

B. 使垄断资本主义经济长期处于停滞状态

C. 使垄断资本主义经济长期处于滞胀状态

D. 它只能暂时使某些矛盾缓和，但却使这些矛盾进一步加深和复杂化

【答案】D

8. 垄断资本主义国家的金融寡头在经济上的统治主要借助于（　　）

A. "代理制"　　B. "个人联合"　　C. "企业联合"　　D. "参与制"

【答案】D

9. 各国垄断组织从经济上瓜分世界产生了（　　）

A. 国家垄断资本主义　　　　　　B. 国际垄断同盟

C. 金融资本和金融寡头　　　　　D. 殖民地和宗主国

【答案】B

10. 经济全球化发展趋势的现实基础是（　　）

A. 新科技革命　　　　　　　　　B. 生产国际化

C. 国际贸易的高度发展　　　　　D. 国际金融的迅速发展

【答案】C

11. 金融资本是由（　　）

A. 产业资本和商业资本融合或混合生长而成的

B. 银行资本的工业资本融合或混合生长而成的

C. 垄断的银行资本和垄断的工业资本融合或混合生长而成的

D. 垄断银行资本和银行资本融合或混合生长而成的

【答案】C

12. 在垄断资本主义阶段占统治地位的资本是（　　）

A. 工业资本　　　B. 农业资本　　　C. 银行资本　　　D. 金融资本

【答案】D

13. 在垄断资本主义的各个基本经济特征中最根本的特征是（　　）

A. 国家垄断同盟的形成　　　　　B. 资本输出具有重要的意义

C. 垄断在经济生活中占统治地位　　D. 瓜分世界领土，形成殖民体系

【答案】C

14. 资本主义由自由竞争阶段进入垄断阶段，最根本的标志在于（　　）

A. 垄断代替自由竞争在经济生活中占统治地位

B. 资本输出代替商品输出在经济生活中占统治地位

C. 银行资本代替工业资本在经济生活中占统治地位

D. 国家垄断代替私人垄断在经济生活中占统治地位

【答案】D

15. 国家垄断资本主义发展的基础是（　　）

A. 国有垄断资本　B. 资产阶级国家　C. 私人垄断资本　D. 资本输出

【答案】C

16. 国家垄断资本主义的发展（　　）

A. 改变了经济的资本主义性质　　B. 符合垄断资本家的整体利益

C. 代表了个别资本家的利益　　D. 消灭了私人垄断资本主义的基础

【答案】B

17. 经济全球化的实质决定了它的发展必然（　　）

A. 有利于所有国家　　B. 有利于发达资本主义国家

C. 有利于发展中国家　　D. 有利于社会主义国家

【答案】B

18. 下列不属于经济全球化发展趋势的选项是（　　）

A. 市场经济成为全球经济体制　　B. 区域经济集团日益发展

C. 跨国公司的主导作用增强　　D. 国际经济新秩序的建立

【答案】D

19. 经济全球化带给发达国家的好处很多，但不包括（　　）

A. 从世界各地获取大量的利润　　B. 降低其生产成本

C. 扩大了贸易逆差　　D. 加强对国际金融市场的控制

【答案】C

20. 经济全球化带给发展中国家的消极影响有许多，但不包括（　　）

A. 经济发展受到一定程度的损失

B. 在国际贸易关系中剩余价值大量流失

C. 金融风险加大

D. 经济发展机会大大减少

【答案】D

二、多项选择题

1. 垄断形成的原因有 （　　　）

A. 生产高度集中的必然产物

B. 资本高度集中必然引起垄断

C. 少数大企业为避免两败俱伤

D. 规模经济效益促使少数大资本走向垄断

【答案】ABCD

2. 垄断竞争的特点包括 （　　　）

A. 垄断竞争与非垄断竞争并存

B. 价格竞争与非价格竞争并存

C. 国内竞争与国际竞争并存

D. 垄断企业与非垄断企业的控制与反控制的竞争

【答案】ABCD

3. 垄断价格 （　　　）

A. 完全是人为定价　　　　　B. 受替代品竞争的制约

C. 受市场需求量的制约　　　D. 违背了价值规律

【答案】BC

4. 垄断高价和垄断低价并不否定价值规律，因为 （　　　）

A. 垄断价格的形成只是使价值规律改变了表现形式

B. 从整个社会看，商品的价格总额和价值总额是一致的

C. 垄断高价是把其他商品生产者的一部分利润转移到垄断高价的商品上

D. 垄断高价和垄断低价不能完全离开商品的价值

【答案】ABCD

5. 资本主义在全世界范围被社会主义代替是一个很长的历史过程，在这个过程中两种社会制度的国家（　　　）

A. 可能相互交往　　　　　　B. 可以和平共处，但也存在斗争

C. 不存在和平共处的可能性　D. 可以平等互利地发生经济联系

【答案】ABD

6. 垄断利润的主要来源有 （　　　）

A. 垄断企业内部工人创造的剩余价值

B. 非垄断企业工人创造的一部分剩余价值

C. 小生产者创造的一部分价值

D. 落后国家劳动人民创造的一部分价值、国内劳动人民必要劳动创造的一部分价值

【答案】ABCD

7. 垄断资本主义的发展为向社会主义过渡准备了物质条件，主要表现在（　　）

A. 生产全面社会化　　　　　　　B. 生产管理日益社会化

C. 工会组织日益社会化　　　　　D. 资本日益社会化

【答案】ABD

8. 经济全球化已成为当今世界经济发展的重要趋势，其明显表现有（　　）

A. 国际直接投资迅速增长，投资格局多元化

B. 跨国公司越来越成为世界经济的主导力量

C. 国际贸易成为各国经济不可缺少的组成部分

D. 国际金融交易总额大大超过国际贸易总量

【答案】ABCD

9. 资本输出的必要性在于（　　）

A. 为大量过剩资本寻找高额利润的投资场所

B. 为商品输出开路

C. 为控制国外原料产地和其他重要资源

D. 有利于争夺霸权地位

【答案】ABCD

10. 第二次世界大战后，垄断发展的新现象有（　　）

A. 垄断资本跨部门发展

B. 大型企业间的联合与兼并加剧

C. 私人垄断加速向国家垄断转变

D. 跨国公司成为垄断组织的主要形式

【答案】ABCD

11. 第二次世界大战后，发达资本主义国家资本输出（　　）

A. 以跨国公司为主体　　　　　　B. 以国家资本输出为主

C. 生产资本输出为主要形式　　　D. 发达国家互相输出为主要流向

【答案】ACD

12. 战后发达资本主义国家实行的重大体制改革和政策调整包括（　　）

A. 建立社会保障制度　　　　　B. 实行部分国有化

C. 实行职工持股　　　　　　　D. 推行企业民主，实现劳资合作

【答案】ABCD

13. 以下说法中正确地说明了社会福利制度的是（　　）

A. 社会福利制度是一种国民收入再分配

B. 社会福利制度的推行是资本主义生产关系自我调整的表现

C. 社会福利制度是以一种渐进的方式实行社会主义

D. 社会福利计划力图纠正市场初次分配中的不公平，具有一定的社会进步意义

【答案】ABD

14. 发达资本主义国家主导之下的国际经济协调机制包括（　　）

A. 国际货币基金组织　　　　　B. 世界银行

C. 七十七国集团　　　　　　　D. 世界贸易组织

【答案】ABD

15. 第二次世界大战后，西方国家跨国公司迅速发展是由于（　　）

A. 生产力发展的需要　　　　　B. 国内外市场竞争的需要

C. 资本输出的需要　　　　　　D. 争夺国际垄断地位的需要

【答案】ABCD

16. 经济殖民地对垄断资本主义国家的重要作用是（　　）

A. 可靠而有利的商品销售市场和投资场所

B. 重要的廉价原料产地

C. 高新技术产品的重要供应地

D. 高新技术人才的培养地

【答案】AB

17. 资本主义无法根除的主要矛盾是（　　）

A. 垄断资本与中小资本的矛盾

B. 社会化生产与资本主义私人占有的矛盾

C. 无产阶级与资产阶级的矛盾

D. 生产和消费的矛盾

【答案】BCD

18. 资本主义制度的历史进步性主要表现在（　　）

A. 促使科学技术转变为生产力

B. 追求剩余价值的动力和竞争的压力推动了生产力发展

C. 资本主义政治制度促进和完善了资本主义生产方式

D. 资本主义意识形态促进和完善了资本主义生产方式

【答案】 ABCD

19. 资本主义为社会主义所代替的历史必然性表现在（　　）

A. 资本主义的内在矛盾决定了资本主义必然被社会主义所代替

B. 资本积累推动资本主义最终否定资本主义自身

C. 国家垄断资本主义为向社会主义过渡准备了条件

D. 资本主义生产关系的调整促进了生产力的发展

【答案】 ABCD

20. 社会主义代替资本主义是一个（　　）

A. 长期的历史过程   B. 隐蔽的历史过程

C. 曲折的历史过程   D. 复杂的历史过程

【答案】 ACD

三、辨析题

1. 国家垄断资本主义是一种新的资本主义。

【答案要点】

此观点错误。由于国家垄断资本主义全面调节和干预经济的目的，依然在于保证整个垄断资产阶级获得高额垄断利润，维护资本主义制度的生存和发展，因此，其生产关系的实质并没有发生变化。具体讲：首先，国家垄断资本主义并没有改变资本主义私有制的经济基础。其次，国家垄断资本主义的出现加速了资本主义积累的进程和规模。最后，国家垄断资本主义代表垄断资产阶级的整体利益。

2. 经济全球化是不可逆转的客观历史进程。

【答案要点】

此观点正确。经济全球化是世界经济发展到高级阶段出现的一种现象，是伴随着科技和社会生产达到更高水平，各国经济相互依赖、相互渗透大大加强，阻碍生产要素在全球自由流通的各种壁垒不断削减，规范生产要素在全球自由流通的国际规则逐步形成而出现的一种客观历史进程。早在 150 多年前，马克思恩格斯在《共产党宣言》中就科学预见到了"地方的和民族的自给自足和闭关自守状态，被各民族的各方面的互相往来和各方面的互相依赖所代替"的趋势。冷战结束后，经济全球化加速发展，成为不可逆转的事实，不以任何人、任何国家的意志为转移。任何国家都只有积极参与，趋利避害，才能求得自身更好的发展。

3. 一些国家从社会主义经济制度改变为资本主义经济制度，说明社会主义取代资本主义已不是人类社会的必然规律了。

【答案要点】

此观点错误。资本主义经济制度必然被社会主义经济制度所替代，这是社会形态由低级向高级演变的历史规律。一些国家从社会主义经济制度改变为资本主义经济制度，表明了社会经济制度演变的复杂性和反复性。社会主义经济制度从产生、形成和发展以至替代资本主义经济制度充满着两种经济制度的对立和比较，但最终社会主义经济制度替代资本主义经济制度是不可抗拒的规律。

4. 垄断资本主义占统治地位的是金融资本。

【答案要点】

此观点正确。（1）工业资本的集中和垄断促进银行资本的集中和垄断。大公司既有大量闲置资本为大银行提供充足存款来源，又能获得大银行的贷款。大银行能筹集大量货币资本，迅速增强实力，加剧兼并中小银行，走向垄断。（2）银行垄断资本与工业垄断资本通过股权结合、人事结合的途径相互渗透融合为一种新型资本，即金融资本。

四、材料分析题

［材料］据估计，今天在美国有 6000 家公司推行"雇员拥有股票计划"，其中包括西尔斯——罗伯克百货公司、美国电话电报公司等。"雇员拥有股票计划"在这些公司的推行，使工人们积极地经营他们的公司，产生了一种充满活力的责任感，在生产率、高质量和低成本等方面取得了巨大的成就。美国争取雇员拥有股票全国委员会对 350 家高技术公司所作的一项调查发现，利用雇员拥有股票计划的公司要比没有利用这种计划的公司发展快 2～4 倍。随着这一计划的推行，到 2000 年，全美国有 25% 的雇员分享他们公司的所有权。这种迅速出现的"工人资本主义"概念也适用于相当大部分的美国经济。但是工人拥有股票不会轻易转变为工人管理。有的工人股东说：我看不出有什么变化。一切都和以前一模一样。也有的工人股东认为，在"雇员拥有股票计划"下，越是尽力干，得到的就越多。

（摘自 w. E. 哈拉尔著：《新资本主义》，社会文献出版社 1999 年版）

请回答：

（1）根据材料分析当代资本主义社会实行"雇员拥有股票计划"的原因。

（2）评析工人股东的两种看法。

【答案要点】

（1）随着当代科学技术的迅速发展，生产社会化程度的日益提高，资本主义国家为缓和、克服资本主义基本矛盾，在资本主义制度范围内进行着生产关系的不断调整，以适应生产社会化发展的要求。"雇员拥有股票计划"的推行正是调整资本主义生产关系以适应生产社会化发展要求的一种措施。

（2）工人股东的第一种看法主要是从当代资本主义的本质方面来看的，也就是说，当代资本主义社会推行"雇员拥有股票计划"并不改变资本主义社会中资本与雇佣劳动关系的实质，资本与雇佣劳动之间的关系仍然是剥削与被剥削的对立关系。雇员拥有股票，只是说明了在资本主义私有制范围内，资本对雇佣劳动的剥削锁链稍有放松，但不可能改变雇佣劳动者的阶级地位。

（3）工人股东的第二种看法，看到了当代资本主义社会出现的新变化，看到了推行"雇员拥有股票计划"对资本主义经济发展的作用，这些作用主要有：使工人积极参与企业的生产管理活动，从而提高企业的生产效率；缓和劳资冲突和社会分配不平等的矛盾，有利于资本家的利润得到实现，有利于资本主义经济的稳定发展。但是，这种看法忽视了资本与雇佣劳动之间关系的实质。

【考研真题】

1.（2004 年）把公司全部资本分为等额股份，股东以其出资额为限对公司承担责任，公司以其全部资产对公司的债务承担责任，这是（　　　）

A. 无限责任公司　B. 股份有限公司　C. 有限责任公司　D. 合伙制企业

【答案】B

【分析】本题考点：股份有限公司是现代市场经济条件下企业的典型组织形式。

股份有限公司是指其全部注册资本由等额股份构成并通过股票（或股权证）筹集资本，股东以其所持股份为限对公司承担责任，公司以其全部资产对公司的债务承担责任的企业法人，因此选项 B 正确。

选项 A 是全体股东对公司债务承担连带无限责任的公司；C 项是指股东仅以自己的出资额为限对公司债务负责；D 项是指按相关规定，由两个以上自然人按照协议共同投资、共同经营、共负盈亏，以雇佣劳动为基础，对债务承担无限责任的企业，均与题意不符。

2.（2009 年）国家垄断资本主义条件下，政府对经济生活进行干预和调节的实质是（　　　）

A. 维护垄断资产阶级的整体利益和长远利益

B. 维持资本主义经济稳定增长

C. 消除或防止经济危机的爆发

D. 提高资本主义社会的整体福利水平

【答案】A

【分析】本题考查的是国家垄断资本主义中政府对经济调节和干预的实质。

3.（2006 年）垄断资本主义的基本经济特征包括（　　　）

A. 垄断组织在经济生活中起决定作用

B. 资本输出有了特别重要的意义

C. 在金融资本的基础上形成金融寡头的统治

D. 垄断使竞争趋于缓和

【答案】ABC

【分析】本题考查的是"垄断资本主义生产关系的特征"这一知识点的内容。属于基本知识考查。列宁在帝国主义论中把垄断资本主义的基本经济特征概括为五个方面。垄断资本主义的基本经济特征是政治经济学的一个重要理论点，也是考研复习的一个相对比较重要的知识点，但是把垄断资本主义的基本经济特征作为多选题这一考查方式在近 10 年来的考研当中并不多见，考的相对比较多的是垄断资本主义基本经济特征二战后的新发展和变化，仅从这一角度讲，本题相对比较偏和冷。D 选项是错误观点，不选；其他三项 A、B、C 是正确观点，正确选项。本题考查记忆。

4.（2003 年）资产阶级国家掌握和运用国有资本，是为了直接获取高额垄断利润。

【答案】

（1）资产阶级国家直接掌握和运用国有资本，是国家垄断资本主义的主要形式之一。资本主义基本矛盾不断加深，迫使垄断资本与国家政权相结合，凭借国家的力量来加以缓解。

（2）资产阶级国家掌握和运用国有资本，是为资本主义整体生产过程创造必要条件，为私人垄断资本提供公共基础设施、基本产品、开发高新技术等方面的服务，支持私人垄断资本的发展以获取高额垄断利润。

（3）资产阶级国家掌握和运用国有资本，主要是为干预和调节经济运行提供必要的物质基础，以维护其垄断统治，并非直接为获取丰厚的利润。

【分析】本题考点：国家垄断资本主义的基本形式、实质和双重作用。

资产阶级国家掌握和运用国有资本，即指资本主义国家掌握和运用国有经济。其作用主要有：（1）为私人垄断资本的发展提供基础设施、基础工业产品、满足私人垄断资本生产和扩大再生产的需要；（2）开发高新技术，为促进私人垄断企业提高技术水平和整个国民经济的发展服务；（3）国民经济成分直接给私人垄断企业提供各种支持，促进私人垄断资本的发展；（4）为资本主义国家干预和调节经济运行提供了重要的物质基础。

解答本题分三个层次：首先指出国有资本是国家垄断资本主义的基本形式之一，其产生与发展的根源是资本主义基本矛盾的加深；其次，辩证分析国有资本这种国家垄断资本主义基本形式的双重作用；最后指出其直接目的是为整个垄断资产阶级的根本利益服务，而不是为直接获取高额垄断利润。

5. （2004 年）分析题：

据估计，今天在美国有 6000 家公司推行"雇员拥有股票计划"，其中包括西尔斯－罗伯克百货公司、美国电话电报公司等。"雇员拥有股票计划"在这些公司的推行，使工人们积极地经营他们的公司，产生了一种充满活力的责任感，在生产率、高质量和低成本等方面取得了巨大的成就。美国争取雇员拥有股票全国委员会对 350 家高技术公司所作的一项调查发现，利用雇员拥有股票计划的公司要比没有利用这种计划的公司发展快 2～4 倍。随着这一计划的推行，到 2000 年，全美国有 25% 的雇员分享他们公司的所有权。这种迅速出现的"工人资本主义"概念也适用于相当大部分的美国经济。但是工人拥有股票不会轻易转变为工人管理。有的工人股东说："我看不出有什么变化。一切都和以前一模一样。"也有的工人股东认为，在"雇员拥有股票计划"下，越是尽力干，得到的就越多。

摘自 W. E. 哈拉尔著：《新资本主义》

请回答：

①根据材料分析当代资本主义社会实行"雇员拥有股票计划"的原因。

②评析工人股东的两种看法。

【答案】

（1）随着当代科学技术的迅速发展，生产社会化程度的日益提高，资本主义国家为缓和、克服资本主义基本矛盾，在资本主义制度范围内进行着生产关系的不断调整，以适应生产社会化发展的要求。"雇员拥有股票计划"的推行，正是调整资本主义生产关系以适应生产社会化发展要求的一种措施。

（2）工人股东的第一种看法主要是从当代资本主义的本质方面来看的，也就是说，当代资本主义社会推行"雇员拥有股票计划"并不改变资本主义社会中资本与雇佣劳动关系的实质，资本与雇佣劳动之间的关系仍然是剥削与被剥削的对立关系。雇员拥有股票，只是说明了在资本主义私有制范围内，资本对雇佣劳动的剥削锁链稍有放松，但不可能改变雇佣劳动者的阶级地位。

工人股东的第二种看法，看到了当代资本主义社会出现的新变化，看到了推行"雇员拥有股票计划"对资本主义经济发展的作用，这些作用主要有：使工人积极参与企业的生产管理活动，从而提高企业的生产效率；缓和劳资冲突和社会分配不平等的矛盾，有利于资本家的利润得到实现，有利于资本主义经济的稳定发展。但是，这种看法忽视了资本与雇佣劳动之间关系的实质。

【分析】本题考点：股份资本产生的根源、本质及其作用。

回答本题的关键，是要辩正的分析工人股东的两种看法。资本主义国家推行雇员持股计划是资本主义制度下私人资本走向社会化的一种发展形式，是资本主义生产关系适应生产力和生产社会化发展采取的调控措施。它一方面促进了资本主义经济的发展，另一方面因为控股权始终掌握在资本家手中，并没有改变资本家和工人之间剥削的关系。股东第一种看法侧重于"本质"，第二种看法只看到了"现象"。

回答本题要分两个层次：首先说明资本主义国家推行"雇员拥有股票计划"的原因；然后结合相关原理对两种看法进行评析。

【小实验】

跨国公司

联合国贸易与发展组织（简称"贸发会议"）2002年9月发表《2002年世界投资报告——跨国公司与出口竞争力》：据该报告披露，主宰全球经济局面的仍然是世界上最大的跨国公司。随着国际化大生产的发展，跨国公司在世界经济全球化中所起的作用越来越大。目前，全球的跨国公司大约有6.5万家。这些跨国公司拥有大约85万家国外分支机构。2001年，这些分支机构的雇员大约有5400万人，而在1990年只有2400万人。这些公司的销售额大约是19万亿美元，是2001年全球出口额的两倍多。跨国公司的分支机构目前分别占全球国内生产总值（GDP）的1/10和全球出口量的1/3。如果把跨国公司在全球范围内的国际分包、生产许可证发放、合同制造商等活动都考虑在内，那么，跨国公司占全球GDP的份额就会更高。遗憾的是，在全球最大的100家跨国公司中，来自发展中国家的只有5家。跨国公司数量多少及其核心竞争力强弱，已经成为衡量一个国家经济、科技实力和产业结构水平的重要标志之一。

跨国公司一般指通过对外直接投资，在国外设立分支机构和子公司，从事世界规模的生产、销售或其它经营活动，以获取高额垄断利润的国际性垄断企业。它们是发达资本主义国家的垄断资本集团在现代条件下进行资本输出和对外经济扩张的重要工具。20世纪60年代以后，"跨国公司"、"多国公司"、"国际公司"、"宇宙公司"等类名称经常出现在西方报刊上。1974年8月，UN经济和社会理事会通过决议，统一使用"跨国公司"这一名称。关于跨国公司的定义，国外尚无确切定论。国际上一般都以UN经社理事会的决议为准，即：凡是在两个或更多国家控制着工厂、矿山、销售机构和其它资产的企业，统称跨国公司。前苏联学者则称跨国公司为跨国垄断组织或现代国际托拉斯和康采恩。

跨国公司建立的方式主要有三种：a. 由母公司在国外直接独自投资创建公司；b. 同别国合资建立自己控制的子公司；c. 用购买股票的办法兼并或控制别国企业，使之成为自己的子公司；另外，跨国公司还通过相互之间的合作，与小公司建立协作关系等方式从事跨国经营。

跨国公司跟生产过程都在本国进行，原料不同程度来自国外，产品只有部分在国际市场销售的一般垄断企业不同。也跟由几个国家同一行业的大型垄断企业为瓜分世界销售市场和原料产地，通过缔结各种国际协定而组成的国际垄断同盟有所区别。跨国公司把再生产活动的各个环节在很大程度上分布于世界各地，在国际金融市场和所有国筹措资金，利用当地资源和劳动力进行生产，直接在当地市场销售产品或转销其它国家和地区；其活动范围从国际流通领域扩展到国际生产领域，并涉及整个再生产过程，从而体现了垄断资本向更高程度的国际化发展。跨国公司的产生与发展。

跨国公司是垄断资本主义高度发达的产物。自 1600 年英国的东印度公司创办问世以来，其兴起和发展大体上经历了三个阶段：第一阶段，17 世纪初到 1914 年第一次世界大战爆发前，是诞生和发育阶段。第二阶段，1914 年到 20 世纪 70 年代初，跨国公司步入成熟阶段，其重要标志是已经从单中心迈向多中心结构和多业交叉结构。在垄断统治形成和巨额资本输出的基础上，主要资本主义国家的一些垄断企业就开始在国外投资进行生产，发展成为早期的跨国公司。如美国通用电气公司、福特汽车公司，英荷壳牌石油公司，德国电气公司。跨国公司的数目、规模和国外投资分布地区继续扩展，但基本上还是以局部地区为重点，其经济实力和业务经营的规模也没有达到现代跨国公司的程度。因而国际卡特尔仍是当时帝国主义国家从经济上瓜分世界的普遍形式。第三阶段，20 世纪 70 年代以后，现代跨国公司开始进入大发展时期。20 世纪 90 年代初以来，贸易、投资、金融自由化和信息网络化进程大大加快，跨国公司有了新的发展。统计显示，发展中国家和转轨国家拥有的跨国公司虽有所增加，但最大的跨国公司却几乎集中在主要发达资本主义国家。英国《金融时报》2001 年 5 月刊登的世界 500 强排行榜显示：美国拥有 239 家，欧洲和日本拥有 239 家，各占 48%；发展中国家和转轨国家仅有 22 家，占 4%，其中多数已在亚洲金融危机后被欧美国家的跨国公司兼并。随着经济全球化日益发展，跨国公司规模在不断扩大，竞争力在不断提高，其地位、作用和影响越来越大。

跨国公司富可敌国

目前，跨国公司在母国的地位和影响已经大大增强。在美国，三大汽车公司基本上控制了国内汽车业，三大网站控制了该行业市场的 66%，五大公司已经垄断了美国的军工行业。美国《国际先驱论坛报》今年 1 月 24 日载文指出：美国政治制度本身现在已经受企业的摆布，主要是受大公司和金钱利益的驱使，大公司不仅控制国家经济和社会政策，而且在对外政策决策中拥有影响力。同时，跨国公司对世界各国经济发展的影响也越来越大。目前世界上 100 个最大经济实体中，51 个是跨国公司，49 个是主权国家。1999 年，美国福特汽车公司的产值（1806 亿美元）超过波兰的国民生产总值 GNP（1608 亿美元），德国奔驰汽车公司的产值（1501 亿美元）相当于印尼的 GNP（1537 亿美元）。

跨国公司是科技创新主体

跨国公司的核心竞争力来自其强大的科技创新能力，各公司都有自己的研究与开发机构。2000 年，全世界研究与开发投资约 5870 亿美元，其中美国、日本、德国、法国、英国、意大利和加拿大 7 个发达国家约 5280 亿美元，占世界的近 90%；在这些国家中，企业的研究与开发投资占 70% 左右，美国通用汽车公司年度研究与开发投资达 80 多亿美元，巴斯夫一家公司从事研究与开发的科技人员就超过 1 万人。许多跨国公司拥有数量巨大的知识产权，全世界每年产生的新技术新工艺的 70% 以上为全球 500 家跨国公司所拥有。比如，IBM 公司和朗讯公司分别拥有 3.4 万项和 2.4 万项发明专利；而美国则拥有世界半数以上的发明专利，其中在信息、生物和制药技术领域分别拥有世界发明专利的 67.4%、57.1% 和 59.8%。知识产权已成为跨国公司控制世界经济的重要手段之一，特别是信息化、电脑化以及各种电子通信手段，正在起到增强跨国公司权力的作用，"信息技术革命"已经成为强化跨国公司影响力的新手段。

跨国公司是全球投资贸易主角

跨国公司是与对外直接投资同时出现和同步发展的。2000 年全球跨国直接投资达到创纪录的 1.318 万亿美元，其中 90% 是属于跨国公司的投资。发达国家既是对外投资最多的国家，也是引进外资最多的国家。2001 年流向发达国家的直接投资占全球跨国直接投资的 69.6%，流向发展中国家的占 30.4%，但共同点基本上都是跨国公司的投资。这种情形意味着跨国公司无可争辩地成为全球贸易的主角。据联合国贸发会议统计，2001 年全球 6.3 万多家跨国公司的年销售额超过 14 万亿美元，控制了全球产出的近 50%、世界贸易的 60% 和技术转让的 70%。跨国公司通过建立独资、合资企业、战略联盟以及其他合作形式，几乎渗透到各个国家和地区的所有产业领域和部门，其影响已遍及全球生产、流通和消费等各个领域。跨国公司依靠其雄厚的经济实力和其母国政府的支持，不仅左右着世界经济的发展，而且力图从民族国家分享更多的财富甚至政治权力。

跨国公司是贫富分化"元凶"

贫富差距不断扩大，是全球化进程加快所产生的主要负面影响。究其原因，主要是跨国公司畸形发展而造成的。跨国公司从其经济实质看，它是剩余价值国际资本化的产物，是垄断资本统治在国际范围内的延伸，是私人垄断组织发展到更高层次的形式，因而有别于一般垄断组织，具有显著特点：（1）规模巨大、实力雄厚、拥有先进技术；（2）在世界范围内的分工协作相对稳定；（3）强调从"全球战略"出发安排企业的经营活动，即"全球经营战略"；

（4）在经营管理上高度统一，在企业管理体制上灵活多样；（5）投资行业以汽车、微电子等高新技术领域为主。

跨国公司在二战后迅速发展的原因

（1）生产和资本的高度集中，垄断企业规模不断扩大，导致国内市场相对狭小，剩余价值的实现发生困难，因此，大量的过剩资本必然转向国外寻找出路，以垄断原料来源，扩大商品销售市场，从而获得高额利润。这是根本原因。

（2）科技空前发展，出现了许多新兴工业部门（如电子、石化、精密仪器等），它们的产品种类繁多，工艺技术复杂，质量要求严格，以致任何垄断企业都不可能在所有产品和所有生产阶段上拥有最优越的技术和经济条件。这就促使各国垄断企业跨出国界，实行国际范围内的生产专业化和分工协作，以降低成本，达到获取最大利润的目的。

（3）战后各资本主义国家经济实力对比发生了明显变化，各国垄断资本集团争夺世界市场和投资场所的斗争加剧，对跨国公司的发展和地区分布产生了重大影响。战后初期，美国垄断资本扩张到一些石油和矿产资源丰富的发展中国家；50年代后期，美国企业大举涌向欧洲（马歇尔计划），以投资代替出口，力图扩大并保持其国外市场；60年代后，日、欧实力增强，其跨国公司不仅在发展中国家激烈竞争，而且逐步向美国进军，彼此渗透。

（4）商品输出常会遇到别国公开或变相的贸易保护主义限制，而采取对外直接投资打入其他国家，就地建厂，就地销售，既可绕开关税壁垒和非关税限制，又有利于降低成本并适应市场需求，同时也可减轻经济震荡带来的损失。

（5）资本主义国家通过各种措施推动跨国公司向国外扩张。如政府对企业直接投资或改组私企，增强其实力，从事对外扩张；利用对外"援助"，大搞国家资本输出，为跨国公司提供有利的投资条件；对跨国公司从国外取得的利润给予减免税；提供优惠信贷，鼓励其投资国外。

（6）战后，亚非拉地区民族解放运动蓬勃发展，殖民地、附属国纷纷独立，殖民地体系瓦解。而发达资本主义国家为维护其垄断资本的海外利益，继续使第三世界各国成为其销售市场和原料基地，不得不推行新殖民主义政策，鼓励和支持跨国公司在亚非拉的投资，把它们作为控制和剥削这些国家的工具。

跨国公司对世界经济的影响：

跨国公司的投资本质上具有两重性。一方面，追求垄断地位和高额利润；另一方面，进行跨越国家、地区界限的生产要素及资源的优化配置和重组，带动了资金、技术、人才和管理经验的流动，推动了世界经济发展。对于引资国，有利于经济结构调整和升级，有利于扩大出口，有利于增加就业。总之，如果政策正确并引导得好，是能够达到跨国公司和引资国互利互惠的目的的。

（1）促进了生产力的发展。既解决了发达国家国内市场狭小、资源紧张的情况；也在客观上部分地解决了发展中国家资金不足、技术落后的困难，从一定程度上促进了产业技术的改造和民族经济的发展。当然也造成了本国的投资减少，引起了生产停滞、工人失业、经济增长缓慢、产业结构落后等后果；把污染重、耗能大的产业转移到发展中国家，造成一系列恶果。而且还凭借其实力，很容易控制其关键部门，使这些国家的经济受到牵制。跨国公司将大量的资金在各国间频繁转移，也使所在国国际收支平衡和汇率的稳定常遭破坏。

（2）跨国公司促进了国际贸易的扩大，使商品、设备、资金、劳务等都进入了国际市场，而且一些零件及半成品的运输也大大增加了世界贸易量，各国间的联系更加密切了。

（3）跨国公司加剧了国际金融市场的动荡。跨国公司除需将手中的大量闲置资金存放在国际金融机构以获取利息或准备再投资，还需从国际金融市场上筹措更多的资金以及在各地子公司之间调拨资金，掀起国际金融市场波澜。另一方面，跨国公司由于业务经营需要，经常引起大量资金的转移，各国政府无法加以控制。此外，跨国公司还经常利用汇率、利率的变动以及各国金融管理办法不一致，大搞货币投机，这些都严重影响了国际货币金融的稳定。

跨国公司对东道国的积极的促进作用：（1）有助于补充东道国资金不足，共担资金风险。（2）有利于促进新兴工业部门的建立和发展，引进先进技术。（3）有利于培养科技、管理人才，提高企业管理水平。（4）有利于扩大就业，并有利于增加税收。（5）有利于利用外资落后地区、落后部门的开发，克服国民经济的薄弱环节。（6）有利于发展出口产品，赚取外汇。

对东道国不利的方面：（1）大量外资引进，使一些国家的再生产过程对国外的依赖加深。因而容易受到国外市场的被动和一些国家经济周期的影响。（2）有的国家对外企管理不善，缺乏必要的限制。使跨国公司流往母公司的利润和其他收入大大超过原投资，造成这些国家国际收支逆差，债务严重。（3）有的跨国公司为了避免本国的公害规定，而进行"公害输出"。最典型的是美国联合碳化物公司转移到印度，发生的悖帕尔事件，2500 人丧生。(4) 跨国公司将一些技术过时的劳动密集型产业转移到发展中国家，这些产业往往不符合所在国需要，是一种装配性企业，缺乏产前产后联系，与所在国的经济脱节，是一种"孤岛型"工业，不利于东道国经济的发展。(5) 有的国家忽视对民族工业的扶植，使民族工业手到排挤，在竞争中处不利地位。

跨国公司"转移价格"的问题

从某种程度上讲，独资形式可以使跨国公司的利益最大化。其独有的跨国交易内部化及其避开各国监管和控制的能力向东道国提出了挑战。其中一个重要的问题是如何控制跨国公司的"转移价格"，以增加东道国的税收。所谓"转移价格"，也称"转移定价"是指跨国公司内部销售公司的价格，即公司一个分部向公司的另一个分部销售时使用的价格点，在进行内部跨国交易时，对交易的商品和劳务等进行价格操纵，将在低税收国的分公司盈利提高，并将高税收国的盈利抑低，以使跨国公司的整体税赋减到最小。这种"转移价格"不仅对东道国造成税收损失，同时也是跨国公司逃避外汇管制的有效方式。国际上最早对跨国公司在发展中国家进行"转移价格"操作所作的研究是在 60 年代后半期进行的，经济学家当时对哥伦比亚的外资进行了研究，得出的结论是跨国公司卖给其在哥伦比亚子公司的中间产品的价格均定价过高。定价过多操纵价格一直是个世界性的难题，专家们没有更好的办法，税务官员更是头疼。外商的脚步会越来越快，跨国公司开业的鞭炮声也会此伏彼起，白花花的银子很诱人，但能收到税吗？

跨国公司对我国经济的影响：

到 2001 年底，大型跨国公司在我国设立的独立研发机构已超过 110 家，包括微软、英特尔、IBM、诺基亚、摩托罗拉、朗讯、富士通、宝洁、惠普、SUN、通用汽车、GE、松下、东芝、北方电讯等著名跨国公司。这些研发机构主要集中在信息通讯、生物制药、精细化工、运输设备制造等行业。中国社会科学院财贸经济所副所长、研究员江小涓说："究其原因，主要是我国内地拥有较好的科技基础和众多优秀的科研人员，有庞大的国内市场。但更重要的是，我国已经成为一些跨国公司的全球性重要制造基地，到我国从事研发活动，靠近市场，靠近制造企业，靠近科研力量，能够迅速开发和不断修改设计、设备和工艺，提高效率。同时，在我国从事研发，可以较大幅度地节约成本。"

跨国公司给中国经济带来了什么

全球最大的 500 家跨国公司中，已有近 400 家在华投资设厂。随着中国加入世贸组织，有更多的跨国公司来华投资。这些跨国公司来华投资办企业，有效地促进了中国经济的发展，并加快了中国经济融入世界经济一体化的进程。跨国公司来华投资，对中国经济的影响还表现在就业、税收、国企改革等诸多方面。

据新华社报道，美国南卡来罗那大学和北京大学、清华大学的学者最近进行了一次联合调查，选择最早进入中国市场的美国可口可乐公司作为调查对象，全面调查向跨国公司开放市场对中国经济究竟会带来什么影响。美国南卡来罗那大学的道格拉斯·伍德沃德教授，北京大学中国经济研究中心林毅夫、平新乔教授和清华大学经济管理学院刘冀生教授等人共同进行了这次调查研究。

研究表明，外国直接投资为中国提供了大量的就业机会。1998 年中国的41.4 万个就业机会同可口可乐的生产和销售有直接或间接的关系。可口可乐系统直接雇了 1.4 万员工，可口可乐的独立供应商雇用了 35 万名中国员工，可口可乐的独立销售商、批发商和零售商则雇用了 5 万名中国员工。另据外经贸部提供的情况，目前全国已开业投产的外商投资企业超过 16 万家，截至1999 年底，在外商投资企业中就业的人数约 2000 万人，占全国城镇劳动人口的十分之一左右。

外国直接投资对中国的经济总产值也产生了积极作用。可口可乐公司直接注入资金 80 亿元人民币，间接创造了 220 亿元人民币的增加值，每年通过乘数效应使中国经济增加 300 亿人民币的产值。据有关部门的统计，1999 年外商投资企业工业增加值增幅明显高于全国平均水平，占全国工业增加值的比重达到 20%。

外国直接投资对中国的税收也做出了贡献。1998 年可口可乐生产、经营和销售者直接和间接提供了 16 亿人民币的利税。据税务部门的统计，1999 年外商投资企业缴纳税收比上年增长 33.78%，纳税额占全国工商税收的 16%，并且成为增长最快的税源之一。北京大学林毅夫教授指出，调查中发现可口可乐通过其在全国 21 个省份和城市的装瓶厂网络，实现了对效率低下的国有企业向高效、成功合资企业的转型。引进了先进的管理和营销经验，提高了企业的生产技术。可口可乐在中国的经营还带动了玻璃、塑料、铝罐和制糖等相关产业的发展。

如何看待跨国公司进入中国市场的负面效应呢？清华大学的刘冀生教授以可口可乐为例指出，可口可乐进入中国市场初期确实使国内的一些碳酸饮料企业陷入困境，甚至倒闭。但是应该看到正面效益大大高于负面效益，可口可乐饮料在中国市场的绝对额和中国整体饮料产量同步增加。中国目前国产饮料品种之多，市场销量之大，与可口可乐进入中国市场所带来的竞争是分不开的。

可口可乐公司是全世界最大的饮料公司，产品销售到世界 200 多个国家和地区。根据美国《商业周刊》最新全球 1000 家公司排名，可口可乐位居第 26 位，市场价值达到 1319 亿美元。可口可乐公司自 80 年代初进入中国，累计对华投资超过 11 亿美元，并基本实现产品和包装原材料本地化。目前，可口可乐系列产品占中国饮料市场四分之一的份额，占碳酸饮料市场的三分之一。

【求索参考资料】

一、马克思主义经典著作

1. 马克思：《（政治经济学批判）序言》，《马克思恩格斯选集》第 2 卷，人民出版社 1995 年版。

2. 马克思：《资本论》第 1 卷，《马克思恩格斯全集》第 44 卷，人民出版社 2001 年版。

3. 马克思：《资本论》第 2 卷，《马克思恩格斯全集》第 45 卷，人民出版社 2003 年版。

4. 马克思：《资本论》第 3 卷，《马克思恩格斯全集》第 46 卷，人民出版社 2003 年版。

5. 恩格斯：《共产主义原理》，《马克思恩格斯选集》第 1 卷，人民出版社 1995 年版。

6. 恩格斯：《反杜林论》，《马克思恩格斯选集》第 3 卷，人民出版社 1995 年版。

7. 列宁：《帝国主义是资本主义的最高阶段》，《列宁选集》第 2 卷，人民出版社 1995 年版。

8. 列宁：《国家与革命》，《列宁选集》第 3 卷，人民出版社 1995 年版。

9. 列宁：《大难临头，出路何在》，《列宁选集》第 3 卷，人民出版社

1995 年版。

10. 列宁：《工人国家和征收党员周》，《列宁选集》第 4 卷，人民出版社 1995 年版。

11. 列宁：《共产主义运动中的"左派"幼稚病》，《列宁选集》第 4 卷，人民出版社 1995 年版。

二、其他参考书目

1. 江泽民：《在联合国千年首脑会议分组讨论会上发言》，《人民日报》（海外版）2000 年 9 月 8 日。

2. 胡锦涛：《在省部级主要领导干部提高构建社会主义和谐社会能力专题研讨班上的讲话》，《人民日报》2005 年 6 月 27 日。

第六章　社会主义社会及其发展

【明确学习目标】

1. 学习目标概述

学习和了解社会主义理论从空想到科学、从理论到实践的发展过程，把握社会主义的基本特征；认识经济文化相对落后的国家社会文化建设的艰巨性和长期性；进一步坚定社会主义必胜的信心；明确马克思主义政党在革命和建设中的地位与作用，提高坚持党的领导的自觉性。

2. 重点掌握

本章重点：

（1）社会主义从空想到科学的发展。

（2）无产阶级革命与社会主义制度的建立。

（3）无产阶级专政和社会主义民主。

（4）20世纪社会主义制度的巨大贡献和历史经验。

（5）在实践中深化对社会主义基本特征的认识。

（6）经济文化相对落后的国家社会主义建设的艰巨性和长期性。

（7）社会主义发展道路的多样性。

（8）社会主义的自我发展和完善。

（9）马克思主义政党在社会主义革命和建设中的地位和作用。

本章难点：

（1）无产阶级革命

无产阶级革命的性质：无产阶级革命是迄今人类历史上最广泛、最彻底、最深刻的革命，是不同于以往一切革命的最新类型的革命。这是因为：第一，无产阶级革命是彻底消灭一切私有制、代之以生产资料公有制的革命。第二，无产阶级革命是要彻底消灭一切阶级和阶级统治的革命。第三，无产阶级革命是为绝大多数人谋利益的运动。从理论上说，无产阶级革命有暴力的与和平的两种形式。

（2）东欧剧变、苏联解体教训

最深刻的教训是：放弃了社会主义道路，放弃了无产阶级专政，放弃了共产党的领导地位，放弃了马克思列宁主义，结果使得已经相当严重的经济、政治、社会、民族矛盾进一步激化，最终酿成了制度剧变、国家解体的历史悲剧。

（3）社会主义的本质

社会主义的本质，是解放生产力，发展生产力，消灭剥削，消除两极分化，最终达到共同富裕。

（4）必须充分认识经济文化相对落后的国家社会主义建设的艰巨性和长期性。

第一，生产力发展状况的制约。第二，经济基础和上层建筑发展状况的制约。第三，国际环境的严峻挑战。第四，马克思主义执政党对社会主义发展道路的探索和对社会主义建设规律的认识，需要一个长期的艰苦的过程。

【教师导航分析】

本章逻辑概述

第一节　社会主义制度的建立

一、社会主义从空想到科学、从理论到实践的发展

1. 最早的空想社会主义思想在 16～17 世纪资本主义原始积累和初期发展阶段即已出现。早期空想社会主义的代表作是英国人莫尔的《乌托邦》和意大利人康帕内拉的《太阳城》。19 世纪初期欧州的三大空想社会主义者，有法国的圣西门、傅立叶和英国的欧文。圣西门、傅立叶、欧文的空想社会主义思想，成为马克思主义科学社会主义的直接理论来源。

科学社会主义理论与辩证唯物主义和历史唯物主义、马克思主义政治经济学一起，构成马克思主义理论的三个组成部分，成为无产阶级、社会主义和共产主义事业的指导思想和理论武器。

2. 无产阶级革命是迄今人类历史上最广泛、最彻底、最深刻的革命，是

不同于以往一切革命的最新类型的革命。无产阶级革命的形式，从理论上说可以有暴力革命和非暴力革命即和平形式两种。

二、列宁、斯大林领导下的苏维埃俄国对社会主义的探索

1. 十月革命的胜利，开辟了人类历史的新纪元。

2. 从1917年末的十月革命到1924年初列宁逝世仅有短短的六年多时间，这段时期在列宁领导下苏维埃俄国对社会主义道路的探索大体可分三个阶段，即进一步巩固苏维埃政权时期、战时共产主义时期、新经济政策时期。

列宁的主要贡献是：首先，把社会主义建设作为一个长期探索、不断实践的过程。其次，把大力发展生产力、提高劳动生产率放在首位。再次，在社会主义建设中，特别是过渡时期不能人为取消商品经济，而要利用商品货币关系发展经济。最后，列宁还提出利用资本主义，建设社会主义。

3. 斯大林领导下的苏联对社会主义的探索包括：生产资料所有制的变革、计划经济体制的建立和发展、政治思想文化等各项事业的建设与发展。

三、社会主义从一国到多国的发展

1. 在二次世界大战后的欧洲，出现了波兰、捷克斯洛伐克、罗马尼亚、保加利亚、匈牙利、民主德国、南斯拉夫和阿尔巴尼亚等一批社会主义国家。

2. 中国走了一条以农村包围城市、最后夺取城市、获得全国政权的独特的社会主义成功之路。

中国共产党将马克思主义基本原理同中国革命的具体实践相结合，在毛泽东思想指引下，于1949年推翻了压在中国人民头上的帝国主义、封建主义和官僚资本主义三座大山，建立了新民主主义的中华人民共和国。

3. 社会主义从一国到多国发展的历史贡献与经验教训。

20世纪各社会主义国家的实践，使社会主义从理论在多国变为现实，是人类历史上的巨大飞跃。社会主义制度对人类社会历史的发展作出了巨大的历史贡献。

首先，社会主义作为一种现实存在的社会制度出现在世界上，推动了人类历史的发展和社会制度的演进。其次，社会主义国家的存在改变了世界格局，在一定程度上遏制了帝国主义和霸权主义在世界上的扩张。第四，社会主义力量坚定地支持被压迫民族和被压迫人民，推动着和平与发展的世界时代潮流。第五，社会主义引导着世界人民的前进方向。

20世纪社会主义的实践，有辉煌的成绩，也发生过曲折，特别是东欧剧变、苏联解体的严重挫折。东欧剧变、苏联解体最深刻的教训是：放弃了科学社会主义道路，放弃了共产党的有效领导，放弃了马克思列宁主义，结果使得已经相当严重的经济、政治、社会、民族矛盾进一步激化，最终酿成制度巨变、国家解体的历史悲剧。邓小平指出："不坚持社会主义，不改革开放，不发展经济，不改善人民生活，只能是死路一条。""一些国家出现严重曲折，社会主义好像被削弱了，但人民经受锻炼，从中吸取教训，将促使社会主义向着更加健康的方向发展。"

四、无产阶级专政和社会主义民主

1. 无产阶级专政和社会主义民主是科学社会主义的核心内容。

无产阶级专政是建立社会主义社会、发展社会主义事业的政治保证。马克思恩格斯在《共产党宣言》、《法兰西内战》等著作中阐明了他们关于无产阶级专政的思想。无产阶级专政是新型民主和新型专政的国家。社会主义国家政权的领导核心是工人阶级的先锋队共产党，社会主义国家政权的阶级基础是工农联盟。无产阶级专政的最终目标是消灭剥削、消灭阶级，进入无阶级社会。

2. 民主是有阶级性的，不同的阶级、不同的社会制度下有不同的民主类型与具体形式。

社会主义民主是人类社会最高类型的民主，与以往剥削阶级占统治地位的社会中少数人的民主在性质上根本不同。社会主义民主是绝大多数人的民主，它的本质是人民当家作主。

社会主义民主首先是社会主义的国家制度。从国体上说，社会主义国家是工人阶级和广大劳动人民当家作主的国家，他们享有充分广泛的社会主义民主权利。从政体上说，社会主义国家采取民主共和国的形式，即按照民主集中制的原则组成政府，管理国家，劳动人民在这种社会政治体制中享有管理国家的最高权力。

社会主义民主是目的和手段的统一。社会主义民主是为社会主义经济基础服务的手段，因为民主是上层建筑，是建立在经济基础之上并为其服务的，社会主义民主归根结底是为了发展生产力、实现社会主义、共产主义的最终目的。从另一方面看，社会主义民主又是人们在社会主义事业中不断奋斗和追求的目的，社会主义的民主制度建设需要不断发展完善，把建立和完善社会主义民主作为目的，作为战略目标和战略任务，才能有力地促进社会主义民主建设。

第二节 社会主义在实践中发展和完善

一、在实践中深化对社会主义基本特征的认识

1. 共产主义第一阶段的主要特征是：生产资料归全社会所有的公有制；根据社会的需要对社会生产的计划管理和调节；劳动者生产的社会总产品经过一定扣除后，对个人消费品实行按劳分配；商品经济消亡；阶级对立和阶级差别消失；国家开始消亡但尚未完全消亡。

2. 邓小平把社会主义的本质概括为"解放生产力，发展生产力，消灭剥削，消除两极分化，最终达到共同富裕"。在社会主义实践中，特别是中国的改革开放实践中，人们关于社会主义基本特征的认识可归纳为以下几个方面：

第一，解放和发展生产力，创造高度发达的生产力和比资本主义更高的劳动生产率。第二，建立和完善社会主义的生产资料公有制，逐步消灭剥削，消除两极分化，最终达到共同富裕。第三，社会主义的分配原则是按劳分本。第四，社会主义事业要有以马克思主义为指导的共产党的领导，建立起社会主义国家政权，发展社会主义民主，完善社会主义法制，建设社会主义的政治文明。第五，以马克思主义为指导的社会主义文化和精神文明建设。

二、经济文化相对落后的国家建设社会主义的艰巨性和长期性

1. 社会主义首先在经济文化相对落后的国家取得胜利的原因。第一，这些国家已具备了一定程序的社会化生产力，这是发生社会主义革命、建立社会主义社会的物质基础。第二，这些国家发生社会主义革命时的客观形势和条件，使得它们在特定的历史条件下能够获得革命的成功。

2. 经济文化相对落后的国家社会主义建设的艰巨性和长期性。第一，在这些国家里大力发展生产力，赶上和超过发达国家是一个长期而艰巨的历史任务。第二，在这些国家里建设社会主义精神文明、发展社会主义民主与完善社会主义法制，充分显示社会主义制度的优越性，也将是一个长期而艰巨的历史任务。第三，这些国家的建设和发展是在与资本主义国家并存的环境下，在资本主义发达国家主导的世界政治经济秩序中曲折前进的，面临着国际环境的严峻挑战。第四，这些国家的执政党和广大人民对社会主义发展道路的探索，对社会主义建设客观规律的认识和利用，需要一个长期的艰苦的过程。

三、社会主义发展道路的多样性

社会主义发展道路多样性的原因。第一，各国在社会主义革命时，其生产

216

力状况和社会发展阶段是不同的，由此决定，不同社会主义国家的发展道路具有不同的特点。第二，各国的历史传统、文化习俗及具体国情各不相同，这是各国的发展道路不同的另一原因。第三，在社会主义的实践中，各国都在探索适合本国国情的发展道路，时代在前进，实践在发展，社会主义的发展道路因此而更具多样。

四、社会主义在实践探索中曲折前进

1. 社会主义在曲折中前进，主要是由以下因素决定的：社会主义作为一种崭新的社会经济制度，其成长过程必然不会一帆风顺；作为发展中国家的社会主义的基本矛盾运动，推动了社会主义的经济社会发展；世界经济政治形势错综复杂的发展变化，国际经济政治秩序和格局的变动演化。社会主义基本矛盾是非对抗性的，能够通过自身的改革与发展克服前进中的困难，会在自我发展和自我完善中走向辉煌。

2. 实现社会主义的自我发展与完善，要把握如下几点：

第一，要以与时俱进的马克思主义理论为指导，把握正确的改革方向。

第二，要选择正确的改革方式与步骤，因地制宜，循序渐进。

第三，要妥善处理改革、发展与稳定的关系。

第三节 马克思主义政党在社会主义事业中的地位和作用

一、马克思主义政党是新型的革命政党

马克思主义政党是科学社会主义与工人运动相结合的产物。政党的出现，政党政治的发展是资本主义社会的产物。马克思主义政党是新型的革命政党，是无产阶级反对资产阶级的斗争发展到一定阶段的产物，与资产阶级政党有本质区别。马克思主义政党产生的条件，一是工人运动的发展，二是科学社会主义理论的传播。马克思主义政党是工人阶级先锋队，马克思主义政党是为实现共产主义而奋斗的党，马克思主义政党的最高纲领和最终奋斗目标，是实现共产主义。马克思主义政党是为人民群众谋利益的党。马克思主义政党是按照民主集中制原则组织起来的团结统一的党。民主集中制是马克思主义政党的组织原则。

二、马克思主义政党是社会主义革命和建设的领导核心

在社会主义革命中，马克思主义政党的坚强领导主要体现在：思想领导方面、政治领导方面、组织领导方面。马克思主义政党的领导是实现工人阶级历史使命的根本保证。坚持党的领导是社会主义民主政治的首要内容。加强和改善党的领导，必须加强马克思主义政党的先进性建设。

【观点案例点评】

空想社会主义和三大空想社会

空想社会主义产生的历史条件

18世纪末、19世纪初，资本主义生产方式还很不发达，无产阶级还没有形成为一个独立的阶级，解决资本主义社会问题的物质条件和社会力量尚隐藏在不发达的经济关系中，所以解决社会问题的办法就只能从头脑中空想出来。正如恩格斯所说："这种历史情况也决定了社会主义创始人的观点。不成熟的理论，是和不成熟的资本主义生产状况、不成熟的阶级状况相适应的。"

空想社会主义的局限性

空想社会主义者的理论基础是唯心史观的；他们反对阶级斗争和社会革命，幻想通过和平途径实现社会改造；他们始终无法找到埋葬资本主义旧制度、建立新的社会制度的社会力量。所以"他们都不是作为当时已经历史地产生的无产阶级的利益的代表出现的。"

圣西门

社会主义思想奠基人之一，19世纪初，法国伟大的空想社会主义者。

1760年10月17日，圣西门出生在巴黎的一个贵族家庭。1779年曾参加北美殖民地反对美国的独立战争，从此时起，他逐步形成了改造人类社会的理想，并为之奋斗了终生。

18世纪80年代法国革命爆发以后，圣西门曾积极投身于家乡的人民革命运动，宣传政治平等和自由的思想，要求废除贵族和僧侣的一切特权。为了表示对革命的决心，他自动放弃了自己的伯爵头衔。当时，随着资产阶级的深入发展，革命者采取了暴力方式，处死了国王，这时，不理解阶级斗争的空想社会主义者圣西门便脱离了革命的行列。

资产阶级革命胜利后，法国社会矛盾日益尖锐。目睹资产阶级大发横财，而广大劳动群众备受压迫和剥削，圣西门坚定了自己的"改变人类命运"，建立一个理想社会的信念。

1802年，圣西门发表了处女作《一个日内瓦居民给当代人的信》，描述了他的空想社会主义的轮廓。为了实践自己的理想，他积极从事科学研究和著书立说，为此，他花掉全部财产，而致一贫如洗。1808 年，在他的以前的仆人迪亚尔的资助下，出版了《十九世纪科学著作导论》一书，进一步发挥了他的空想社会主义的基本思想。

1813 年，圣西门的《人类科学概论》和《论万有引力》两本书问世。在这本书中，阐述了他关于人类社会发展具有规律性的世界观，在他看来，每一种社会制度，在其产生时期，都是历史发展过程中的一个进步。

1821 年，圣西门出版了他的主要代表作《论失业制度》。1825 年，出版了他的最后一部著作《新基督教》，标志着其创立的空想社会主义思想体系的最后完成。在这部著作中，圣西门写道，他渴望的最终目的就是解放工人阶级，消灭贫困和增进"贫穷阶级"的物质文化福利。

圣西门一生渴望建立一个人人品德平等、幸福的社会，但他所渴望的理想社会是建立在阶级调和的原则基础上的，他认为未来社会改造的任务应由企业主、商人和银行家来承担，否认无产阶级是新的社会的缔造者，反对用革命的手段来解决资产阶级社会的矛盾。他甚至请求统治阶级帮助他实现社会主义制度。

在哲学思想上，圣西门既有唯心主义，也有唯物主义。关于社会发展的动力，他认为科学知识、道德和宗教的进步决定者社会的发展，同时他又承认所有制和阶级在社会发展中的作用。

1825 年 5 月 19 日圣西门病逝。

傅立叶

19 世纪初法国的伟大的思想家，著名空想社会主义者。

1772 年 4 月 7 日，傅立叶出生在法国贝桑松市的一个巨商家庭。中学毕业后，傅立叶来到里昂学习经商，从此店员工作几乎伴随他渡过了漫长的一生。

傅立叶勤奋好学，知识十分渊博。他个人的曲折经历和对 18 世纪末法国社会的深刻观察，使他在 90 年代末初步建立了自己的思想体系。

1803 年，傅立叶在《里昂公报》上发表了重要的论文《全世界和谐》，标志着他的学说的基本观点已初步形成。在这篇文章中，傅立叶指出资本主义制度是不合理的制度，将被"和谐制度"取代。

1808 年，傅立叶又发表了重要理论著作《关于四种运动和普遍命运的理论：关于发现的说明和解释》，系统地阐述了他的世界观和历史观。他对资本主义社会进行了批判和揭露。

19世纪20年代，傅立叶的思想开始在法国社会底层引起人们的注意，赢得了一批信徒和拥护者。

1828年，傅立叶返回故乡，专事著书立说。翌年，他的主要代表作《新的工业世界和社会事业》问世。这一年他回到巴黎。1832年6月，傅立叶出版《法伦斯泰尔》杂志，1836年又出版《法郎吉》杂志，宣传自己的思想主张。

傅立叶作为一个伟大的思想家，他的思想体系中最有价值的部分是他对资本主义制度的揭露和批判，指出文明制度，即资本主义制度"是颠倒世界，是社会地狱"。他第一个提出资本主义经济危机是不可避免的。他同时又明确指出，文明制度最终必将被理想的未来社会，即他称之为"和谐制度"的社会所代替，在这个社会里人和人之间的关系将是协调无间的，是没有任何利益冲突的。

傅立叶不主张废除私有制，反对暴力革命，他不了解无产阶级的伟大历史作用，把希望寄托在百万富翁身上，因此，他的社会主义理论只能是空想。

尽管如此，傅立叶对社会主义思想的发展影响很大。他的社会主义与欧文、圣西门的社会主义同为科学共产主义的理论来源之一。马克思将傅立叶誉为"社会主义的始祖"之一。

欧文

伟大的空想社会主义者之一，杰出的思想家。

1771年5月14日，欧文出生于英国北威尔士的一个手工业者家庭。由于家境贫困，小学没有读完便开始当学徒谋生。欧文十分刻苦好学，掌握了丰富的知识。

1787年，欧文来到英国纺织工业中心曼彻斯特当学徒。1789年，他和朋友合办了一家小纺织厂，后自行经营。1791年，欧文应聘到一家大纺织厂任经理，他的管理才干得到充分发挥。

1799年，欧文与他后来的岳父合伙购买了一家大企业，在此基础上办起了新拉纳克工厂，欧文任经理。此时，英国正处于工业革命的鼎盛期，一方面是生产力的飞速发展，资产阶级财富的极度膨胀，另一方面是劳动人民惨遭剥削，工人和资本家之间的矛盾加剧。欧文决心在自己的工厂进行改革社会不合理状况的试验。他的改革原则是既有利于工厂主，又有利于工人。他把工人的工作时间缩短为10小时，禁止不满九岁的童工劳动，提高工人工资，工厂暂时停止工资照付。改善工人的生活和劳动条件，设立工厂商店向工人出售比普通市场价格便宜的消费品，开办工厂子弟小学、幼儿园和托儿所，建立工人互助储金会。欧文的这些改革措施取得了明显的成效。工厂增加了利润，工人生活得到改善。

1812 年，欧文为宣传自己的改革成就，发表了《关于新拉纳克工厂的报告》，引起欧洲社会的广泛关注。

此后，欧文为了争取议会制定工厂法和限制工作日的立法进行了大量的工作。1815 年他在《论工业制度的影响》一书中，呼吁制定改善工人劳动条件的议会法案。经过不断努力，议会终于在 1819 年第一次通过了限制工厂中女工和童工劳动日的法案。

1817 年，欧文在《致工业和劳动贫民救济协会委员会报告》中提出建立合作社来解决失业问题的主张。

1820 年，欧文在《致拉纳克郡报告》中提出消灭私有制，建立财产公有，权利平等和共同劳动的改革社会的理想主张，这标志着他的空想社会主义思想体系的形成。

为了用典型示范自己改造社会的计划是可行的，1824 年欧文到美国创办了"新和谐"公社，公社实行生产资料公共占有，权利平等，民主管理等原则。在资本主义制度下，欧文的这些想法只能是幻想，行动的结局也必然是失败。

1829 年欧文回到英国，适值英国工人运动处于高涨时期。他一方面在工人中宣传自己的主张，一方面投身于蓬勃的工会运动。

1833 年 10 月和 1834 年 2 月，欧文主持了英国工会和合作社的代表会议，成立了英国工会运动史上第一个全国性的总工会——"全国大统一工会"，并任联盟主席。但是后来由于欧文坚持自己的空想社会主义理论，反对无产阶级的政治斗争，他逐渐脱离了工会运动。

欧文的一生是一个伟大改革者和空想家的一生，他尖锐地批判资本主义的制度，指出劳动人民的贫困是资本主义社会的必然产物，他幻想建立完美的社会主义制度，但反对通过暴力对社会关系进行社会主义的改造。他同情工人阶级的处境，但不了解这个阶级的伟大历史作用，反对无产阶级的革命斗争。尽管如此，欧文的思想在许多方面都具有伟大的历史意义。

1858 年 11 月 17 日，欧文逝世，终年 87 岁。

【游弋大千题海】

一、单项选择题

1. 科学社会主义的直接理论来源是（　　）

A. 16、17 世纪的早期空想社会主义

B. 19 世纪初期以圣西门、傅立叶、欧文为代表的空想社会主义

C. 18 世纪的空想平均共产主义

D. 文艺复兴运动

【答案】B

2. "解放生产力，发展生产力，消灭剥削，消除两极分化，最终达到共同富裕。"这句话揭示的是（　　）

A. 社会主义的本质　　　　　　　B. 目前我国社会的性质

C. 我国的基本经济制度　　　　　D. 社会主义的根本任务

【答案】A

3. 马克思说："暴力是每一个孕育着新社会的旧社会的助产婆。"这说明了（　　）

A. 暴力革命是无产阶级革命的唯一形式

B. 暴力革命是无产阶级革命的主要的基本形式

C. 暴力革命与和平发展互相排斥

D. 暴力革命与和平发展可以相互取代

【答案】B

4. 列宁对社会主义革命学说的重大贡献是（　　）

A. 提出了新经济政策

B. 提出了战时共产主义政策

C. 提出了社会主义革命将首先在一国或数国取得胜利的理论

D. 提出了利用国家资本主义过渡社会主义的理论

【答案】C

5. 社会主义由空想到科学的标志是（　　）

A.《共产党宣言》的发表　　　　B. "共产主义者同盟"的建立

C. 空想社会主义理想的破灭　　　D. 无产阶级革命的胜利

【答案】A

6. 科学社会主义的核心内容是（　　）

A. 无产阶级专政和社会主义民主　　B. 唯物史观

C. 无产阶级专政　　　　　　　　　D. 国家政权

【答案】A

7. 社会主义政治制度的基本特征是坚持（　　）

A. 马克思主义的指导　　　　　　B. 共产党的领导

C. 无产阶级专政　　　　　　　　D. 社会主义方向

【答案】C

8. 科学社会主义问世的标志是（　　）

A.《资本论》第一卷出版　　　　B. 第一国际的成立

C.《共产党宣言》的发表　　　　D. 唯物史观的创立

【答案】C

9. 建设社会主义的根本目的是（　　）

A. 消灭剥削、消除两极分化，最终达到共同富裕

B. 实行无产阶级专政

C. 巩固共产党的领导

D. 镇压资产阶级的反抗

【答案】A

10. 无产阶级政党的组织原则是（　　）

A. 集体领导　　　　　　　　　　B. 理论联系实际

C. 实事求是　　　　　　　　　　D. 民主集中制

【答案】D

11. "民主社会主义"实质上是（　　）

A. 发达国家的社会主义　　　　　B. 改良的资本主义

C. 科学社会主义中的一种　　　　D. 社会主义的最佳模式

【答案】B

12. 社会主义政治制度的基本特征是（　　）

A. 坚持社会主义方向　　　　　　B. 无产阶级政党领导

C. 无产阶级专政的政权　　　　　D. 马克思主义的指导

【答案】C

13. 无产阶级政党的组织原则是（　　）

A. 民主集中制　　B. 理论联系实际　C. 实事求是　　　D. 集体领导

【答案】A

14. 无产阶级夺取国家政权的最终目的是（　　）

A. 改变无产阶级受剥削、受压迫的地位

B. 实现共产主义

C. 解放和促进社会生产力的发展

D. 彻底打碎资产阶级国家的机器

【答案】C

15. 列宁提出社会主义可能在一国或数国首先取得胜利观点的依据是（　　）

A. 无产阶级是最先进、最革命的阶级的原理

B. 帝国主义时代资本主义政治经济发展不平衡的规律

C. 资本主义国家无产阶级与资产阶级斗争的规律

D. 资本主义必然灭亡、社会主义必然胜利的规律

【答案】B

16. 下列观点中，错误的是（　　）

A. 国际共产主义运动当今正处在低潮时期

B. 社会主义必然取代资本主义

C. 社会主义取代资本主义是一个长期的曲折的过程

D. 社会主义在若干国家的严重挫折改变了资本主义必然灭亡的命运

【答案】D

17. 资本主义必然被社会主义所代替的主要依据是（　　）

A. 现代无产阶级日益壮大和觉醒

B. 个别企业有组织的生产与整个社会生产无政府状态之间的矛盾

C. 无产阶级与资产阶级斗争的尖锐化

D. 生产的社会化与资本主义私人占有制之间的矛盾

【答案】D

18. 无产阶级革命之所以能取得胜利，其根本保证是（　　）

A. 无产阶级政党的正确领导

B. 取得国家政权

C. 人民群众的革命积极性的极大提高

D. 建立革命统一战线

【答案】A

19. 无产阶级革命的根本问题是（　　）

A. 统一战线中的领导权问题　　　　B. 国家政权问题

C. 武装斗争问题　　　　　　　　　D. 农民问题

【答案】B

20. 无产阶级反对资产阶级的斗争中，最具决定意义的是（　　　）

A. 理论斗争　　　B. 议会斗争　　　C. 经济斗争　　　D. 政治斗争

【答案】D

二、多项选择题

1. 空想社会主义的最杰出的代表是（　　　）

A. 昂利·圣西门　　　　　　　　　B. 沙尔·傅立叶

C. 罗伯特·欧文　　　　　　　　　D. 托马斯·莫尔

【答案】ABC

2. 马克思对阶级斗争学说的新贡献是（　　　）

A. 发现阶级和阶级斗争的存在

B. 指出阶级斗争的长期性

C. 论证了阶级的存在与生产发展的一定历史阶段相联系

D. 说明阶级斗争必然导致无产阶级专政

E. 指出阶级斗争只有暴力革命一种形式

【答案】CD

3. 空想社会主义者（　　　）

A. 对资本主义的弊病进行了深刻的揭露和猛烈的抨击

B. 揭示了资本主义灭亡的客观必然性

C. 对未来社会作出了天才的设想

D. 发现了变革社会的革命力量

E. 要求埋葬资本主义

【答案】ACE

4. 社会主义社会的基本特征有（　　　）

A. 消灭了剥削制度并建立起以公有制为主体的生产资料所有制体系

B. 实行按劳分配的原则　　　　C. 大力发展社会主义市场经济

D. 在政治上实行无产阶级专政　　E. 实行改革开改的政策

【答案】ABCD

5. 从资本主义社会向社会主义社会过渡必须具备的条件是（　　　）

A. 有无产阶级政党的领导　　　　B. 夺取了资产阶级的国家政权

C. 实行生产资料公有制　　　　D. 建立无产阶级政权的政府

E. 生产力高度发达

【答案】ABCD

6. 人民民主专政实际上就是无产阶级专政，原因是它们的（　　　）

A. 领导力量是相同的　　　　　B. 阶级基础是相同的

C. 内容是相同的　　　　　　　D. 形式是相同的

E. 指导思想是相同的

【答案】ABCDE

7. 无产阶级革命是不同于以往一切革命的最新类型的革命，因为（　　　）

A. 无产阶级革命是彻底消灭一切私有制的革命

B. 无产阶级革命是彻底消灭一切阶级和阶级统治的革命

C. 无产阶级革命是一个阶级推翻另一个阶级的革命

D. 无产阶级革命是不断前进的历史过程

E. 无产阶级革命是为所有人谋福利的运动

【答案】ABD

8. 社会主义发展史的两次飞跃是（　　　）

A. 社会主义由空想到科学的发展

B. 早期空想社会主义到空想平均共产主义的发展

C. 空想平均共产主义到批判的空想社会主义的发展

D. 社会主义由理论到实践

【答案】AD

9. 马克思主义政党的领导核心作用主要体现在（　　　）

A. 社会主义革命中　　　　　　B. 社会主义建设中

C. 改革开放事业中　　　　　　D. 自发的群众运动中

【答案】AB

10. 社会主义由空想变为科学的标志是（　　　）

A. 唯物史观的发现　　　　　　B. 辩证唯物主义的创立

C. 剩余价值的发现　　　　　　D. 无产阶级专政学说的创立

【答案】AC

11. 加强党的先进性，必须（　　　）

A. 准确把握时代脉搏，保证党始终与时代发展同步伐

B. 把最广大人民的根本利益作为党全部工作的出发点和落脚点，保证党

226

始终与人民群众共命运

C. 使党的理论和路线方针政策不断与时俱进，保证党的全部工作始终符合实际和社会发展规律

D. 围绕党的中心任务来加强自身建设，坚持党要管党，从严治党

【答案】ABCD

12. 苏联解体、东欧剧变，社会主义在一些国家出现严重曲折，但是社会主义中国在改革开放中却迅速发展起来。这说明（　　）

A. 社会主义只是历史发展中的偶然现象

B. 人类社会由资本主义向社会主义转变过程中暂时的倒退是难以避免的规律性现象

C. 马克思主义学说过时了

D. 社会主义代替资本主义虽然是不可逆转的历史趋势，但社会主义的发展并非一帆风顺

【答案】BD

13. 我国社会主义初级阶段的含义是（　　）

A. 我国还处在社会主义过渡的新时期

B. 我国已经是社会主义社会

C. 我国正处于向共产主义过渡的新时期

D. 我国的社会主义还处在初级阶段

【答案】BD

14. 之所以说无产阶级革命是迄今为止人类历史上最广泛、最彻底、最深刻的革命（　　）

A. 是因为无产阶级革命是彻底消灭一切私有制的革命

B. 是因为无产阶级革命是彻底消灭一切阶级和阶级统治的革命

C. 是因为无产阶级革命是一个阶级推翻另一个阶级的革命

D. 是因为无产阶级革命是不断前进的历史过程

【答案】ABD

15. 马克思主义关于无产阶级革命形式的基本观点（　　）

A. 暴力革命是无产阶级革命的唯一形式

B. 暴力革命是主要的基本形式

C. 在任何情况下都要争取革命的和平发展

D. 无产阶级革命有暴力和和平两种形式

【答案】BCD

16. 无产阶级政党选择革命形式和道路应该遵循的基本原则是（　　）

A. 暴力革命是无产阶级革命的唯一形式原则

B. 马克思主义普遍真理与本国具体实践相结合的原则

C. 由各国共产党自己决定、反对国际组织发号施令的原则

D. 在任何情况下都要争取和平发展原则

【答案】BC

17. 无产阶级专政国家的基本特征包括（　　）

A. 无产阶级专政国家是消灭剥削、消除两极分化的国家

B. 无产阶级专政国家是大多数人享有民主而只对少数人实行专政的国家

C. 无产阶级专政的国家代表和维护着无产阶级和最广大劳动人民的利益

D. 无产阶级专政国家的历史任务是为消灭阶级和使国家走向消亡创造条件

【答案】BCD

18. 列宁的"一国或数国首先胜利"的理论内容是指（　　）

A. 社会主义将在经济文化比较落后的国家首先取得胜利

B. 社会主义将首先在一个或几个国家取得胜利，而其余的国家在一段时间内将仍然是资产阶级或资产阶级以前的国家

C. 社会主义将在资本主义统治的薄弱环节首先取得胜利

D. 帝国主义时代的无产阶级社会主义革命，将是一国或数国首先取得胜利，然后波浪式地发展为全世界的胜利

【答案】ABCD

19. 马克思主义政党是工人阶级的先锋队，这是对马克思主义政党的性质所作的最简要最明确的表述。因为（　　）

A. 工人阶级是现代大工业的产物，与先进的生产方式相联系

B. 工人阶级是在斗争中不断成长成熟，从自在的阶级走向自为的阶级

C. 工人阶级是唯一同资产阶级直接对立和完全对立的因而也是唯一能够革命到底的阶级

D. 工人阶级最有政治远见，最有组织纪律性的阶级

【答案】ABCD

20. 列宁在"政治遗嘱"中，提出了一系列关于社会主义的新构想，如（　　）

A. 学习和利用资本主义一切有价值的东西

B. 用合作社形式将农民引向社会主义道路

C. 发展大工业，实现工业化和电气化

D. 进行文化革命，大力发展文化教育事业

【答案】ABCD

三、辨析题

1. 空想社会主义的思想是科学社会主义的直接思想来源，因为它们的社会历史观是唯物主义的。

【答案要点】

此观点错误。空想社会主义是科学社会主义的直接思想来源，是因为它们对资本主义社会所作的制度性批判和对社会主义新制度的设想被马克思恩格斯所借鉴和吸收，而不是由于它们的历史观。实际上，历史唯物主义直到马克思恩格斯才被创立，三大空想社会主义者的历史观基本上都是唯心主义的。并且，正是由于马克思恩格斯创立了唯物史观和剩余价值学说，才真正超越了空想社会主义，创立了科学社会主义。

2. 20 世纪 80 年代末期和 90 年代初期，东欧剧变、苏联解体并不能说明社会主义运动完全失败。

【答案要点】

此观点正确。20 世纪 80 年代末期和 90 年代初期，东欧剧变、苏联解体确实是国际社会主义运动的重大挫折：许多曾经走上社会主义道路的国家又回到资本主义的轨道，世界上坚持走社会主义的国家更少了。但是，这并不表明资本主义获得了完全的胜利，因为资本主义社会的基本矛盾的不可调和性仍然存在，其最根本的社会弊端仍然无法自我消解，而只有社会主义才能真正彻底地解决这些问题。因此，如何真正地超越资本主义，或者说如何建设社会主义仍然是我们应该认真思索的问题。事实上，东欧剧变、苏联解体只是表明，苏联的社会主义模式，以及形成两大对立的冷战格局不是国际社会主义运动的形式，国际社会主义运动必须一种全新的形式进行。因此，东欧剧变和苏联解体只是社会主义在探索中遇到的挫折，是社会主义获得新发展所付出的代价。

3. 民主社会主义是社会主义的一种特殊模式，中国可以在一部分地区试验。

【答案要点】

此观点错误。民主社会主义同科学社会主义是两个不同的思想体系，它们之间的区别主要表现在两个方面：第一，在对待马克思主义的态度和观点上，

科学社会主义坚定不移地把马克思主义当作指导思想的理论基础，既坚持马克思主义的立场、观点和方法，坚持马克思主义的基本理论，又在把马克思主义同时代特征、客观实际相结合的过程中与时俱进、开拓创新，推进和发展马克思主义。反之，民主社会主义却由信奉马克思主义，逐步变为把世界观中立、指导思想多元化奉为自己的思想纲领。第二，在对待资本主义与社会主义的态度上，科学社会主义认为资本主义有其存在的历史必然性和现实依据，但也具有其自身难以克服的固有矛盾和弊端，因此，社会主义代替资本主义是社会历史发展不可逆转的总趋势。而民主社会主义从最初把建立社会主义制度作为目标，逐步发展为仅仅把社会主义作为一种价值追求，进而把社会主义从人类社会发展阶段的选项中排除出去，最后认为资本主义已经无可取代。

因此，民主社会主义既非纯粹的资产阶级政治思想，因为它继承了社会主义的一些价值目标；也不是真正的马克思主义，因为它不坚持辩证唯物论和历史唯物论，不承认社会主义代替资本主义的历史必然性。民主社会主义在某些方面如在提倡社会保障、促进社会公平、促进人与自然协调发展方面所积累的经验，对建设中国特色社会主义有一定的借鉴意义，但无论从历史还是从现实来看，民主社会主义都不适合中国国情。它不是社会主义的一种特殊模式，在我国不能搞这种试验。

4. 社会主义代替资本主义是历史的必然，因此就不可能有反复。

【答案要点】

此观点错误。社会主义取代资本主义是历史发展的必然趋势，但其实现过程是会发生曲折的。马克思恩格斯分析了资本主义社会的基本矛盾，认为这一矛盾在资本主义制度范围内是无法解决的。唯一的出路是把生产资料的私人资本主义占有形式变为公有的，即社会主义的占有形式。社会主义取代资本主义是不依人们意志为转移的、必然要实现的客观规律。

20世纪一系列社会主义国家的产生和发展，说明马克思的上述论断是科学的，富有预见性。然而也应该清醒地看到，从世界历史进程看，社会主义的历史还是短暂的，总的来说还处于实践和发展的初期。还要看到，十月革命以来先后诞生的社会主义国家，基本上都是原来经济政治文化落后的国家。彻底改变这种落后面貌，在建立社会主义基本制度以后需要经历一个漫长的发展过程，其前进途中也不可避免地会遇到许多难以预料和想象的困难与风险，不会是一帆风顺的。必须充分估计建设和发展社会主义事业的长期性、艰巨性。巩固和发展社会主义制度，需要长时期的努力奋斗。由于社会主义是一种崭新的社会制度，没有现成的经验可以遵循，对于"什么是社会主义，怎样建设社会主义"，需要不断地实践、认识，再实践、再认识，在这个过程中就可能发生这样那样的失误以至挫折。但是，不管出现多大曲折，由社会规律所决定的发展趋势是不会改变的，它将在漫长、曲折的斗争过程中为自己开辟道路，并最终得到实现。

四、材料分析题

［材料1］"无论哪一个社会形态，在它所能容纳的全部生产力发挥出来以前，是决不会灭亡的；而新的更高的生产关系，在它的物质存在条件在旧社会的胎胞里成熟以前，是决不会出现的。所以人类始终只提出自己能够解决的任务，因为只要仔细考察就可以发现，任务本身，只有在解决它的物质条件已经存在或者至少是在生成过程中的时候，才会产生。"（《马克思恩格斯选集》第2卷，人民出版社1995年版，第32页）

［材料2］正像达尔文发现有机界的发展规律一样，马克思发现了人类历史的发展规律，即历来为繁芜丛杂的意识形态所掩盖着的一个简单事实：人们首先必须吃、喝、住、穿，然后才能从事政治、科学、艺术、宗教等等；所以，直接的物质的生活资料的生产，从而一个民族或一个时代的一定的经济发展阶段，便构成基础，人们的国家设施、法的观点、艺术以至宗教观念，就是从这个基础上发展起来的，因而，也必须由这个基础来解释，而不是像过去那样做得相反。（《马克思恩格斯选集》第3卷，人民出版社1995年版，第776页）

［材料3］一方面，马克思认为社会主义的产生取决于某些"客观"的条件的成熟，特别是先进工业结构的形成，这些条件由资本主义通过盲目的、不以人的意志为转移的必然规律的作用产生出来。这样资本主义就是注定要产生出另一种更高级社会社会主义社会的社会发展中的一个阶段。

另一方面，马克思又认为他的理论不只是一种社会科学。它还是另一种暴力革命的学说。马克思主义不是只要了解社会；它不是革命的无产阶级将起来推翻资本主义，而是积极地动员人们去这样做。它插手去改变世界。问题是，如果资本主义的确是由注定它要被一种新的社会主义社会替代的规律所支配，那么为什么还要强调"问题是要改变它"呢？如果资本主义的灭亡是由科学保证了的，为什么还要费那么大的力气去为它安排葬礼呢？既然看来人们无论如何受必然规律的约束，为什么又必须动员和劝告人们遵照这些规律行事呢？（［美］阿尔温·古尔德纳：《两种社会主义》。摘自陶德林、石云霞主编：《马

克思主义基本原理概论》，武汉大学出版社、湖北人民出版社 2006 年版，第 252 页）

请回答：

（1）为什么说社会主义是人类社会发展的必然？

（2）试分析阿尔温·古尔德纳的观点。

【答案要点】

（1）社会主义的历史必然性问题，是马克思恩格斯社会主义思想中一个首要的基本问题。上述材料是从历史唯物主义来回答这一问题的。根据历史唯物主义的原理，社会存在决定社会意识，社会意识对社会存在具有反作用，因而人类社会，也像自然界一样，有着客观的发展规律，有一个从低级向高级的发展过程，其根本动力就是生产力和生产关系，经济基础和上层建筑。这两对基本矛盾就使得人类社会的发展呈现为原始社会、奴隶社会、封建社会、资本主义社会和共产主义社会（其初级阶段是社会主义社会）依次替代，也就是说，社会主义代替资本主义社会是以客观规律代为依据的，因而具有必然性。当然，马克思又承认，社会主义出现的必然性并不意味当下的实现，在人类社会发展的某一阶段中，资本主义有其存在的合理性和必然性，"无论哪一个社会形态，在它所能容纳的全部生产力发挥出来以前，是决不会灭亡的；而新的更高的生产关系，在它的物质存在条件在旧社会的胎胞里成熟以前，是决不会出现的。"即社会主义只能在资本主义充分发展之后才能出现。因此，资本主义当下的存在，并不意味着它是永存的，而只能说明它被社会主义所替代的条件还没有成熟，一旦资本主义发展到一定程度，社会主义就必然出现。

（2）阿尔温·古尔德纳试图用规律的必然性否定人在社会发展中的能动作用，否定人们可以按照客观规律去改变世界，没有意识到自然规律和社会规律的差异，割裂了社会发展的客观规律与人的主观能动性之间的辩证关系，没有真正掌握马克思主义的立场、观点和方法。马克思主义认为，社会规律与自然规律虽然都具有客观性，但与自然规律运行的盲目性不同，社会规律的实现需要人的主观能动性参与。因此，社会主义代替资本主义虽然是历史发展的必然规律，但社会主义却不会自发地实现，而要有赖于以马克思主义理论为指导的无产阶级的积极的革命行动。

【考研真题】

1. （2003 年）中国共产党领导的新民主主义革命的根本目的是（　　）

A. 推翻帝国主义、封建主义和官僚资本主义的统治

B. 改变中国半殖民地半封建社会的面貌

C. 建立新民主主义的人民共和国

D. 解放被束缚的生产力

【答案】D

【分析】本题考点：新民主主义革命的直接目的和根本目的。

江泽民在庆祝建党八十周年大会上的讲话指出："我们党领导的新民主主义革命，目的是取消帝国主义在中国的特权，消灭地主阶级和官僚资产阶级的剥削和压迫，改变买办的封建生产关系，以及改变建立在这种经济基础之上的腐朽的政治上层建筑，确立人民民主专政为核心的政治上层建筑，从根本上解放被束缚的生产力"。因此选项 D 正确。

选项 A、B、C 是新民主主义革命的直接目的，最终都是为解放被束缚的生产力，提高人民生活水平服务的。

2. （2003 年）在中国革命进程中，具有新民主主义革命和社会主义革命双重性质的事件是（　　）

A. 没收地主阶级的土地归农民所有

B. 没收官僚资本归新民主主义国家所有

C. 没收帝国主义在华企业归新民主主义国家所有

D. 赎买民族工商业归人民民主专政国家所有

【答案】B

【分析】本题考点：没收官僚资本具有双重革命性质。

没收官僚资本具有双重革命性质，既是新民主主义革命的任务，又是社会主义革命的范畴。这是因为：一方面没收官僚资本，就是反对封建的买办资本，这是新民主主义革命的目标之一，因而具有新民主主义革命的性质；另一方面，没收官僚资本，就是反对大资产阶级，使这种控制国家经济命脉的巨大经济力量集中到新民主主义国家手中，成为社会主义性质国营经济的主要来源，并为社会主义改造创造条件，因而具有社会主义革命的性质。因此，选项 B 正确。

选项 A 仅是新民主主义革命的内容，不具有社会主义革命性质；C 项既不属于新民主主义革命内容也不属于社会主义革命内容；选项 D 是过渡时期对资本主义工商业的社会主义改造，只具有社会主义革命的性质。

3.（2004 年）新民主主义革命和社会主义革命的关系是（　　）

A. 新民主主义革命与社会主义革命可以"毕其功于一役"

B. 新民主主义革命和社会主义革命的任务相同

C. 两个革命之间需要有一个资本主义的过渡阶段

D. 新民主主义革命是社会主义革命的必要准备

E. 社会主义革命是新民主主义革命的必然趋势

【答案】DE

【分析】本题考点：新民主主义革命与社会主义革命的内在联系。

毛泽东在《中国革命和中国共产党》中明确指出，民主主义革命社会主义革命，是两个性质不同的革命工程，只有完成了前一个革命才有可能去完成后一个革命，民主主义革命是社会主义革命的必要准备，社会主义革命是民主主义革命的必然趋势。因此，选项 D、E 为正确答案。

选项 A 是王明的"左"倾错误，他混淆了民主主义革命和社会主义革命的界限。新民主主义革命的任务是改变中国半殖民地半封建的社会形态，建立一个独立的新民主主义的国家；而社会主义革命的任务是使革命继续向前发展，建立一个社会主义社会，因此 B 项错误。C 项是陈独秀的"二次革命论"他把中国革命过程中两个紧密相连的阶段割裂开来，也是错误的。

4.（2005 年）在新民主主义革命时期，中国共产党的建设面临的特殊困难是（　　）

A. 党的理论长时期准备不足

B. 中国社会封建思想的影响

C. 农民和小资产阶级出身的革命者大量入党，使党处于小资产阶级思想的包围之中

D. 共产国际在一段时期内存在的教条主义倾向对中国共产党的影响

【答案】ABCD

【分析】本题考点：新民主主义革命时期党内面临的特殊困难。

新民主主义革命时期，中国共产党自身建设中面临的特殊困难包括：封建主义思想的深远影响，党的理论准备不足，小资产阶级思想的影响，广大党员文化水平很低和共产国际的影响等。

5. （2004 年）分析题：在新民主主义革命时期，只有当民族资产阶级拥护革命时，才要保护民族资本主义。

【答案】

（1）中国共产党在新民主主义革命时期对民族资本主义的政策，基于对中国社会性质和革命性质的正确认识，并不取决于民族资产阶级的政治态度及其变化。（2 分）

（2）近代中国是半殖民地半封建社会，中国革命是以反对帝国主义和封建主义为基本内容的资产阶级民主革命。民族资本主义的存在与发展具有历史进步性。中国共产党在新民主主义革命过程中，对民族资本主义必须始终采取保护政策。（2 分）

（3）民族资产阶级是一个具有两面性的阶级，既有革命要求又有动摇性。但是，无论民族资产阶级拥护革命，还是脱离革命阵营，中国共产党都不应改变对民族资本主义的保护政策。（2 分）

【分析】本题考点：在新民主主义条件下，中国共产党对待民族资本主义的政策。

民族资产阶级和民族资本主义既相联系又属于不同范畴，考生在回答本题时要对它们进行科学地判断并加以分析。回答本题的重点在于了解新民主主义革命时期，党对民族资本主义采取的政策及其依据。毛泽东在《目前形势和我们的任务》中明确提出新民主主义革命时期，党对民族资本主义采取的是保护政策。同时说明了其原因：首先，中国是一个半殖民地半封建的社会，民族工商业属于比较先进的生产方式，民族资本主义的存在与发展具有历史进步性；其次，中国革命是反帝反封建的资产阶级民主革命，民族资产阶级有革命要求，是中国革命的动力之一。题干中的命题没有准确认识民族资本主义和民族资产阶级的地位、作用，是一种片面的观点。

6. （2005 年）分析题：关于中国革命的性质与动力，在中国共产党早期历史上，曾经出现以下两种观点。一种认为，每个阶级的革命，都要建立在每个阶级的力量上面；资产阶级的民主革命如果没有资产阶级的有力参加，便会失去革命的阶级意义和社会基础。另一种认为，中国资产阶级民主革命，只有在坚决进行反对资产阶级的斗争中，才能得到彻底的胜利。

请回答：

（1）上述两种观点分别存在什么错误倾向？

（2）毛泽东在 1948 年明确指出："决定革命性质的力量是主要的敌人和主

要的革命者。"请依据这一观点分析建国前中国共产党所领导的人民革命的性质。

【答案】

(1) 第一种观点视资产阶级为中国民主革命的主体和阶级基础,夸大资产阶级的力量和作用,忽视无产阶级,特别是农民阶级的革命主力军地位,在指导革命实践过程中容易放弃无产阶级对革命的领导权,犯右倾机会主义的错误。

第二种观点混淆民主革命和社会主义革命的性质,无视民族资产阶级有参加民主革命的可能性,在指导革命实践过程中容易排斥和打击民族资产阶级,犯"左"倾教条主义和关门主义的错误。

(2) 因为革命的主要敌人是帝国主义、封建主义和官僚资本主义,所以中国革命的性质不会是无产阶级的社会主义革命,只能是资产阶级性质的民主革命。由于主要的革命者是以工农联盟为主体的工人阶级同农民阶级、城市小资产阶级等其他劳动人民的联盟,其中无产阶级是革命的领导者,这就决定了中国革命又不同于一般的资产阶级民主革命,而是新式的、特殊的资产阶级民主革命,即新民主主义革命。

【分析】本题考点:中国革命的性质与动力、中共党内在中国民主革命任务与对象问题上的"左"的错误。

【小实验】

警钟与教训——原苏联高层领导谈苏联解体

世界上第一个社会主义国家苏联为何在存在了 70 多年后垮台?苏联解体是世界社会主义运动的一大悲剧,为社会主义事业留下了深刻的教训。在苏联解体后,原来在苏共担任过领导职务的一些领导人也对这起 20 世纪最具悲剧性的事件进行了总结,这些人中就有原苏共中央政治局委员苏共中央书记利加乔夫,原苏共中央政治局委员、苏联国家安全委员会主席、"8·19 事件"的组织者之一克留奇科夫,原苏共中央意识形态部副部长、俄罗斯联邦共产党中央政治局委员兼中央书记久加诺夫,原苏联国防部长亚佐夫元帅。

改革要坚持社会主义方向

利加乔夫在与中国学者的交谈中以及在其《警示》一书中坚持认为改革的初衷是要革新社会主义,由于中途放弃了社会主义方向,他说声"经常有人说当年经济改革没有任何计划和理论基础使改革归于失败。之初，苏共中央有相当明确的目标和具体的计划。改革计划中保持循序渐进和继承性，逐步地、分阶段地进行，也就是说，改革的目的是改善而不是破坏。改革的失败是因为丧失了社会主义方向。

克留奇科夫指出：1991 年 12 月的《别洛韦日协议》乃是为苏联安排的葬礼。策动者瓦解苏联之后，便开始瓦解俄罗斯。一种社会制度代替另一种社会制度，用资本主义代替社会主义；为实现这种替代，一切服从于这个目标，不惜任何代价。而代价实在不小——这就是全体人民的权利、尊严、幸福、生命和安全。

要加强共产党的领导

利加乔夫认为，苏联改革以国家解体而告终，最主要的原因在于，苏共在社会中的领导作用先是弱化，而后被完全消除。他说，苏共被从大政治中排挤出去，从思想和组织上被瓦解。这表明政党的内部形成各种派别；投机分子、民族分裂分子向党和国家、向各共和国党和权力机构的领导层渗透；以戈尔巴乔夫为首的国家领导层也形成派别，他们的立场转向消灭共产党和苏维埃国家，所有这些都是毁灭苏共链条的环节。戈尔巴乔夫在未召开中央全会的情况下，自行辞去总书记职务，没有对叶利钦签署禁共令、瓦解苏联的《别洛韦日协议》的举动给予有力的回击。中国社会主义建设的成功最重要的因素是中国共产党的领导作用。

克留奇科夫指出：中国共产党的作用不能低估。在社会主义国家，共产党理应占据应有的地位。戈尔巴乔夫在未把共产党的作用降低到三流角色之前，接连不断地打击它，使其所起的决定性作用越来越小。戈尔巴乔夫把共产党清除出政治舞台以后，一下子就使苏联社会失去了支撑整个社会主义制度和实践活动体系的基座。

坚持党的领导必须改善党的领导

利加乔夫认为苏共在组织工作、干部工作和意识形态领域存在很多问题和训，苏共没有做到不断加强自身建设，改善党的领导。第一，党内民主集中制原则遭到严重破坏；第二，党的干部队伍建设存在严重问题，选拔干部时没有考虑到干部的政治素质和政治坚定性；第三，放松对媒体的领导和控制地位；第四，没有做到自己提出的"意识形态工作要与现实生活相符合，保证经济和社会发展任务的实现"，对祖国历史的宣传和评价存在偏差，对领导层错误的批评有时过火。

注意舆论导向

久加诺夫认为，在苏联解体过程中，新闻媒体起了相当重要的作用，戈尔巴乔夫、叶利钦掌权期间，利用媒体传播西方民主价值观，破坏了人民对爱国主和祖国历史的感情，由此产生的后果，比法西斯主义还严重。西方也正是从内部对苏联实施逐步侵占战略的。

亚佐夫指出，戈尔巴乔夫当选后，雅科夫列夫控制了苏共舆论宣传阵地，借"公开性"和"民主化"的"春风"，大搞无政府主义的民主；通过在舆论上全盘否定斯大林，夸大苏共的历史错误和揭露存在的官僚腐败等问题，搞乱了党员和群众的思想，为最后背叛确立了思想理论基础。1991 年 3 月 17 日，苏联最高苏维埃就是否保留苏联问题举行全民公决，有 76% 以上的人赞成保留苏联，但戈尔巴乔夫却置广大人民的意愿于不顾，加紧了与各加盟共和国签署"主权国家联盟条约"的步伐，向苏联解体迈出了重要一步。

思考与讨论

苏联解体后留给社会主义国家和这些国家的马克思主义政党哪些深刻的教训？

怎么理解苏联解体后俄罗斯国内出现的"反思苏联历史"的思潮？

案例点评：

一个具有 93 年历史的苏联共产党解散了，人类历史上第一个社会主义国家经历 74 年后轰然垮台了，一个唯一能与美国抗衡的超级大国分裂了。这个震撼世界、深刻影响人类发展的历史事件，究竟是什么原因引起的呢？

苏联解体是一个错综复杂、诸多因素相互作用影响的结果，但最根本的问题，还是出在苏联共产党内部，它的领导层、政治路线、思想路线、组织路线和党的作风，这些方面的错误、失误相互叠加，在西方世界的趁机演变下，苏联这个超级大国轰然倒塌。

苏共作为一个老党、大党，在夺取政权、巩固政权、进行社会主义建设中积累了大量宝贵的经验和教训，但是它却没能利用好这些经验教训，没有与时俱进地加强党的执政能力建设，反而逐步走上了一条蜕变、丧权、亡党、亡国之路。苏共垮台给社会主义国家的执政党留下深刻教训：第一，共产党必须用马克思主义理论指导自己的活动，要善于把理论同实践相结合，坚持和发展马克思主义，反对教条主义；第二，要坚持民主集中制的组织原则，发扬党内民主；第三，党必须时刻紧密地广泛联系群众，决不能脱离群众，必须代表本国人民的利益并始终捍卫这些利益。苏共在几十年的历程中虽然带领苏联人民取得了巨大的成就，但也有过许多缺陷和失误，比如思想上的教条主义和僵化；制定的路线、纲领、方针、政策在一定程度上脱离苏联的国情；在组织路线上集中过度而民主不足，个人崇拜和个人专权的现象十分明显；党严重脱离群众等。

共产党是社会主义国家的领导力和指挥中心，执政党的中央机构和主要领导人出现失误和问题，对国家来说是致命性的。只有牢牢把握共产党是领导社会主义事业的核心力量这个命题，坚持共产党的领导，才能坚持社会主义方向；并通过在政治、经济、文化、社会等各个领域的改革，不断发展和完善社会主义。中国共产党必须认识到社会主义事业成功的关键在于坚持、加强和改善党的领导，在思想上、组织上、作风上"从严治党"，把党建设成为用马克思主义武装起来、全心全意为人民服务、思想上政治上组织上完全巩固、能够经受住各种风险、始终走在时代前列、领导全国人民胜利进行社会主义建设的马克思主义政党。

自治社会主义

南斯拉夫在建国初期由于缺乏经验，几乎全部照搬了苏联模式。1948年，苏南关系恶化，南斯拉夫被苏联开除出了情报局，苏联和东欧一些国家随后对南实行经济封锁，直到断绝外交关系。以铁托为首的南共顶住了苏联大国主义的压力，率先突破了被人们奉为社会主义标准的苏联模式，并结合本国实际，创造了以社会主义自治为中心的社会主义建设道路。

南斯拉夫共产党认为，社会主义体制改革的目的就是要使广大劳动群众发挥主人翁的作用，"并使他们越来越多地参加对每个企业、事业机构等的直接管理"。这是南斯拉夫以工人自治为中心内容的社会主义改革的核心思想。1950年6月27日，南联邦议会颁布了《工人自治法令》。这标志着以工人自治为中心内容的社会主义自治制度的正式开始。随即自治制度在南迅速地发展。

在经济方面，这种体制变社会主义国家所有制社会所有制；实行企业自治，使企业完全具有作为独立商品生产者所必须的一切权限；改变了中央集权的管理体制和管理方法，废除了指令性计划，实行社会计划制度，依靠经济手段，利用市场经济；实行劳动者自行决定成果的分配原则；废除外贸、外汇的"国家垄断制"，实行外贸、外汇的自由。

在政治制度方面，实行了代表团制的原则。这是社会主义自治原则在政治上的体现。1974 年的新宪法规定，由劳动者和公在基层组织中选出代表团，再由代表团推选代表参加各级议会活动。南斯拉夫的议会分三级：区议会、共和国（自治省）议会和联邦议会。议会的日常行政事务由议会选出的执行委员会负责。议会制的目的是要使公民直接管理社会事务。区议会设三个平行的院：三院地位平等，都可以独立地决定本院职权范围内的事，有关全局和共同性的问题，则三院的代表联合召开会议，共同决定。共和国议会和联邦议会实行代表团制，在议会各院行使职权。

南斯拉夫自治制度的发展，大体分为三个阶段：第一阶段（1950～1964年），自治制度在工厂和企业内部发展，它首先是针对简单再生产的问题；第二阶段（1964～1971 年）自治越过工厂和企业范围，发展扩大到整个社会，从而涉及到扩大再生产的问题，并且使自治具有发展为完整的社会组织体制的趋势；第三阶段（1971 年以后）自治发展到联合劳动及其产生的社会主义民主的政治制度。经过长时间的改革和建设，南斯拉夫逐步建立起来了社会主义自治的体制。南斯拉夫的改革和自治体制的建立，极大地促进了它经济的发展。

以 苏 为 鉴

建国初期，以美国为代表的大多数资本主义国家对新中国实行封锁、禁运和遏制，苏联党和国家对新中国则予以真诚的援助，而且苏联模式又适应了新中国在工业化初期着重发展重工业的需要。所以新中国在建设的许多方面，主要是工业（特别是重工业）、计划管理、金融、统计等方面。基本上照般了苏联的经验，采取了苏联模式。"向苏联老大哥学习"成为当时响亮的口号；"苏联的今天，就是我们的明天"，成为当时我国各族人民的理想追求和奋斗目标。

但是，任何一种模式都是有局限性的，都是与特定的社会历史条件联系在一起的。一种模式在这个国家可行，在另一个国家却未必可行。苏联模式也是如此。随着经济发展规模的扩大和经济生活的多样性，这种高度集中体制的弊端也开始暴露出来。中国共产党比较早地认识到，建设道路不能照搬外国，从而开始了具有深远意义的探索工作。

为了探索适合中国情况的社会主义建设道路，毛泽东进行了大量的调查研究工作。1956 年 2 月 14 日至 4 月 22 日，他先后听取了国务院 34 个部、委、办负责人的汇报。5 月，他又亲自为中央起草了《中央关于各省市区党委向中央汇报工作的具体安排的通知》及其《补充通知》，要求各地向中央汇报包括经济、干部、统一战线、失业安排等 11 个方面的问题，要求"'汇报的时候，除第一书记应来之外，可以带几个与工作人员有关的助手来'。汇报文件中要有材料，有议论，要突出批评中央工作和地方工作中的缺点和错误，揭露矛盾（包括中央和地方的矛盾），并提出解决意见。不成熟的意见也可以提出"。他还采纳李富春的建议，通知全国工交部门约 200 到 300 个重要工厂、建设工地，向中央写出书面汇报材料。这是建国以来一次大规模的调查研究，也是一次深入的对我国社会主义建设经验的总结。

在这次调查研究的基础上，4 月，毛泽东在中央政治局扩大会议上作《论十大关系》的报告，开宗明义："最近苏联方面暴露了他们在建设社会主义过程中的一些缺点和错误，他们走过的弯路，你还想走？"强调要"引以为戒"，开始提出自己的建设道路。毛泽东后来说：1956 年 4 月提出十大关系，开始提出自己的建设路线，原则和苏联相同，但方法有所不同，有我们自己的一套内容。又说：十大关系的基本观点就是同苏联作比较。除了苏联办法以外，是否可以找到别的办法比苏联、比东欧各国搞得更快更好。这些论述表明，以苏联为鉴戒，总结自己的经验，探索适合中国情况的社会主义建设道路，是贯穿《论十大关系》的基本指导思想。

【求索参考资料】

一、马克思主义经典著作

1. 马克思和恩格斯：《共产党宣言》，《马克思恩格斯选集》第 1 卷，人民出版社 1995 年版。

2. 马克思：《法兰西内战》，《马克思恩格斯选集》第 3 卷，人民出版社 1995 年版。

3. 马克思：《哥达纲领批判》，《马克思恩格斯选集》第 3 卷，人民出版社 1995 年版。

4. 恩格斯：《社会主义从空想到科学的发展》，《马克思恩格斯选集》第 3 卷，人民出版社 1995 年版。

5. 恩格斯：《在马克思墓前的讲话》《马克思恩格斯选集》第 3 卷，人民出版社 1995 版。

6. 恩格斯：《家庭、私有制和国家的起源》，《马克思恩格斯选集》第 4 卷，人民出版社 1995 版。

7. 列宁：《马克思主义的三个来源和三个组成部分》，《列宁选集》第 2 卷，人民出版社 1995 年版。

8. 列宁：《论粮食税》（新政策的意义及其条件)，《列宁选集》第 4 卷，人民出版社 1995 年版。

9. 列宁：《新经济政策和政治教育委员会的任务》，《列宁选集》第 4 卷，人民出版社 1995 年版。

10. 斯大林：《论列宁主义的基础》，《斯大林选集》上卷，人民出版社 1979 年版。

11. 毛泽东：《论十大关系》，《毛泽东文集》第 7 卷，人民出版社 1999 年版。

12. 毛泽东：《关于正确处理人民内部矛盾》，《毛泽东文集》第 7 卷，人民出版社 1999 年版。

二、其他参考书目

1. 邓小平：《建设有中国特色的社会主义》，《邓小平文选》第 3 卷，人民出版社 1993 年版。

2. 江泽民：《论"三个代表"》，中央文献出版社 2001 年版。

3. 胡锦涛：《在省部级主要领导干部提高构建社会主义和谐社会能力专题研讨班上的讲话》，《人民日报》2005 年 6 月 27 日。

4. 柏拉图：《理想国》，商务印书馆 1986 年版。

5. 托马斯·莫尔：《乌托邦》，商务印书馆 1982 年版。

6. 卢梭：《论人类不平等的起源和基础》，商务印书馆 1962 年版。

7. 卢梭：《社会契约论》，商务印书馆 1980 年版。

第七章 共产主义是人类最崇高的社会理想

【明确学习目标】

1. 学习目标概述

学习和掌握马克思主义经典作家预见未来社会的科学立场和方法；把握马克思主义经典作家关于共产主义社会基本特征的主要观点；深刻认识共产主义社会实现的历史必然性和长期性；树立和坚定共产主义远大理想，积极投身于中国特色社会主义建设事业。

2. 重点掌握

本章重点：

（1）马克思主义经典作家预见未来社会的科学立场和方法。

（2）共产主义社会的基本特征。

（3）共产主义社会理想实现的历史必然性。

（4）共产主义理想实现的长期性。

（5）实现共产主义不能超越社会主义发展阶段。

（6）共产主义远大理想与建设中国特色社会主义共同理想的关系。

本章难点：

（1）社会主义社会与共产主义社会有哪些异同？

（2）共产主义是人道主义的最高体现吗？

（3）人的自由与人的全面发展之间是什么样的关系？如何理解共产主义社会是人的自由而全面发展的社会？

（4）如何理解在共产主义社会"每个人的自由发展是一切人自由发展的条件"？

（5）为什么一国不能建成共产主义？

(6) 实现共产主义是渺茫的吗？

【教师导航分析】

本章逻辑概述

第一节　马克思主义对共产主义社会的展望

共产主义社会是人类最进步、最美好的社会制度，是人类最崇高的社会理想。

一、社会生产力高度发展和物质财富极大丰富

社会生产力是社会发展和社会进步的最终决定力量，是全部社会历史的特质基础。只有在社会生产力高度发展的基础上，才有可能建立起共产主义的经济基础和上层建筑，从而人类社会才能进入共产主义社会。共产主义社会的社会生产力的高度发展，是伴随着科学技术的高度发展和人们的科技水平极大提高而实现的，从而创造出前所未有的高水平的劳动生产率，这是共产主义社会制度具有巨大优越性的根本保证。一种新的社会制度具有巨大优越性的集中表现，就在于新社会制度能够创造出比以往社会更高的劳动生产率。

二、实行社会公有制和按需分配

马克思十分强调"各尽所能，按需分配"是共产主义社会的显著特征。"各尽所能，按需分配"不只是一个个人消费品分配方式，而且是一个集中体现着共产主义社会主要特征和本质要求的原则标志。

三、经济的计划调节管理和商品经济的消失

在共产主义社会，由于实现生产资料的单一社会公有制，即不存在公有制的多种形式，更不存在非公有制经济形式，而且社会各经济单位不具有由生产资料占有关系上的差别所引起的经济利益关系的差别。共产主义社会，人们的劳动具有直接的社会性。

四、阶级的消灭和国家自行消亡

马克思主义经典著作中所有的消灭阶级，首先是指消灭剥削和被剥削阶级的差别与对立。社会阶级的消灭是以生产高度发展的阶段为前提的。国家是阶级矛盾不可调和的产物，是一个阶级压迫另一个阶级的统治工具。恩格斯指出："国家不是'被废除'的，它是自行消亡的。"

五、精神境界极大提高

共产主义社会中人的精神境界的极大提高，表现在多方面：人们树立了高度自觉的劳动态度，遵守社会纪律，团结互助，诚实友爱；人们既摆脱了封建的、保守的思想观念的束缚，树立了以集体主义为核心的共产主义人生观、价值观和道德观；人们不拿报酬地为公共利益工作成为普遍现象。社会存在决定社会意识，经济基础决定上层建筑。

六、人的自由而全面的发展

1. 马克思甚至还强调指出：共产主义社会是"以每个人的全面而自由的发展为基本原则的社会形式。"

2. 共产主义社会之所以能实现人的自由而全面发展，是由于共产主义社会在生产力和科学技术高度发展的基础上，具备了实现了的自由而全面发展的必要条件。

第一，人们完全摆脱了生产资料私有制和阶级压迫的束缚。

第二，人们完全摆脱了旧式分工的束缚。在共产主义社会中，旧式分工完全消失，人们从它的束缚下解放出来，可以根据个人的意愿和社会需要来自由选择职业和变换工作，为个人的自由而全面发展，提供了广阔的空间。

第三，人们完全摆脱了仅仅是谋生手段的劳动的束缚。

第四，人们完全摆脱了接受教育和训练的限制。

共产主义社会，每个人的自由发展是一切人的自由发展的条件。

七、全人类的彻底解放

全人类彻底解放包含着深刻和丰富的内容。一是人类从自然界的奴役下解放出来，摆脱盲目自然力的支配，成为自然界的主人；二是人类从旧的社会关系束缚下解放出来，摆脱一切剥削压迫和旧式分工的束缚，成为社会关系的主人；三是人类从剥削阶级的思想观念下解放出来，摆脱传统观念和传统思维方式的束缚，成为社会意识的主人。

资本主义社会为自身被新的社会制度所取代准备了主客观条件，即物质条件——社会化大生产。社会条件——现代无产阶级，精神条件——马克思主义理论。

共产主义社会是一个实现全人类彻底解放和社会全面进步的社会。

第二节 共产主义是社会历史发展的必然

一、共产主义是历史发展规律的必然要求

1. 马克思主义科学地预见到，共产主义社会形态在其发展进程中，将经

历低级和高级两个成熟程度不同的发展阶段。第一阶段或低级阶段为社会主义社会，第二阶段和高级阶段为共产主义社会。

社会主义社会和共产主义社会同属于共产主义社会形态，并不是各自独立的两个社会形态，它们具有如下一些共同的基本特征：二者都是以生产资料公有制作为社会经济制度的基本；二者的生产目的都是为了满足劳动人民日益增长的物质文化生活需要，实现劳动人民的共同富裕；二者在公有制范围内的产品分配，都按照有利于社会发展和实现劳动人民利益的原则进行；二者都要消灭剥削制度，劳动人民成为社会的主人，他们之间的本质关系是平等和谐、互助合作的关系；二者都以马克思主义为指导思想，以集体主义为意识形态的核心。

2. 马克思主义认为，人类社会的发展是生产力与生产关系之间矛盾运动的必然结果。依据人类社会的发展规律，社会主义社会也是在生产力和生产关系的矛盾运动中不断向前发展的。社会主义基本矛盾的运动，必将推动着社会主义社会过渡到共产主义社会，这是人类历史发展的必然趋势。以往不同性质的社会形态的过渡和更迭，是由新的、性质完全不同的生产关系和上层建筑取代旧的生产关系和上层建筑而实现的。

二、实现共产主义是人类最伟大的事业

共产主义之所以是人类最伟大的事业，就在于它是崇高理想与科学理想的统一，体现了人类对理想社会目标的追求与符合规律的科学社会实践的有机结合。马克思主义认为，共产主义既是一种理想的社会制度，又是一种社会运动。

三、实现共产主义是一个不断实践的长期过程

1. 实现共产主义要在实践中长期探索。

2. 社会主义的充分发展和向共产主义的过渡要经历长期的实践过程。

3. 经济落后国家实现共产主义需经更长的实践过程。

4. 我国建立社会主义制度以后，必须经历一个社会主义初级阶级的长期发展过程，以便实现工业化与经济的社会化、市场化、现代化和国际化。

5. 共产主义在世界范围的实现是长期、曲折、复杂的历史过程。

6. 社会主义在世界范围内取代资本主义，进而在全世界实现共产主义，必然要经历一个长期、曲折、复杂的历史过程。

第三节　在建设中国特色社会主义的进程中为实现共产主义而奋斗

一、社会主义是走向共产主义的必由之路

1. 社会主义社会是走向共产主义社会的必经阶段；为实现共产主义创造

条件。

2. 实现共产主义所需具备的基本条件，概括地说就是：

（1）社会生产力的高度发展，为实现共产主义创造物质技术基础；

（2）全体社会成员的文体教育的普及和科学技术水平的极大提高；

（3）全体社会成员的思想觉悟和道德品质的极大提高；

（4）建立起同高度社会化生产相适应的生产资料社会公有制；

（5）消灭旧的社会分工特别是三大差别，造就出体力和智力全面发展的新人；

（6）在全世界消灭一切剥削制度和剥削阶级，作为阶级统治工具的国家自行消亡。

二、树立共产主义远大理想，积极投身中国特色社会主义事业

1. 社会理想是人们对社会制度和社会面貌的预见和期望。共产主义远大理想是我们实现人生价值的基础和归宿，是凝聚一切进步社会力量、推动社会不断前进的精神航标。

2. 我国当前正处于社会主义初级阶段，建设中国特色社会主义是我国人民的历史使命和共同理想。中国特色社会主义道路，是我国进一步实现民族振兴、国家富强、人民幸福、社会和谐的必由之路。当代中国坚持走中国特色社会主义道路的关键，在于坚定不移地坚持解放思想、实事求是的思想路线，坚定不移地坚持改革开放的方针，坚定不移地促进科学发展与社会和谐，坚定不移地为实现全面建设小康社会的目标而奋斗。

【观点案例点评】

案例 1　美好的"大同"理想

"《礼记·礼运》篇借孔子与其弟子子游的问答，向人们展示了一幅儒家向往、追求的理想社会——"大同"之世的蓝图。"大同社会理想"，对中国社会主义思潮的发展，产生了积极的影响。千百年来成为无数仁人志士为之奋斗的崇高理想。

"大道之行也，与三代之英，丘未之逮也，而有志焉。大道之行也，天下为公，选贤与能，讲信修睦，故人不独亲其亲，不独子其子，使老有所终，壮有所用，幼有所长，矜寡孤独废疾者，皆有所养。男有分，女有归，货恶其弃于地也，不必藏于己；力恶其不出于身也，不必为己。是故谋闭而不兴，盗窃乱贼而不作，故外户而不闭，是谓大同。今大道既隐，天下为家，各亲其亲，各子其子，货力为己，大人世及以为礼，城郭沟池以为固，礼义以为纪，以正君臣，以笃父子，以睦兄弟，以和夫妇，以设制度，以立田里，以贤勇知，以功为己。故谋用是作而兵由此起。禹、汤、文、武、成王、周公由此其选也。此六君子者未有不谨于礼者也。以著其义，以考其信。著有过，刑仁讲让，示民有常。如有不由此者，在执者去，众以为殃，是谓小康。"

《礼记·礼运》篇里对"大同"之世的构想，有以下几方面的特点：

首先，这种大同社会是建立在财产公有制基础之上的。财产不必有一家一己之私藏，而归社会所共有。其次，这种大同社会的观念形态是建立在"天下为公"的思想基础之上的。在用人问题上，没有宗法血缘、等级观念，"选贤与能"以管理社会。人人为他人、社会尽力，而无一己之藏。再次，在社会关系上，人人和睦相处，相互帮助，具有高尚的道德情操，社会之爱取代了亲情之爱。社会太平安定，无礼义刑罚等社会政治道德法律规范。最后，每一位社会成员都有其合理的社会分工，"男有分，女有归"，"壮有所用"。并且享有充分的社会福利养护权益，"矜寡孤独废疾者皆有所养"。

毫无疑问，这种大同世界是一个没有私有制，从而也没有剥削压迫的，人人自由、平等、享有幸福生活的社会。

案例 2　永不停止的"乌托邦"

社会主义从空想发展到科学，使社会主义运动有了科学理论的指导，从而开辟了社会主义运动的新篇章。19 世纪后半叶有声有色的社会主义运动，就是第一次飞跃的巨大成果。但这并不意味着空想社会主义从此就退出了历史舞台。实际上，科学社会主义诞生以后，空想社会主义的影响虽然大为削弱，但并没有绝迹。1871 年巴黎公社革命失败后，欧洲革命处于低潮，乌托邦思潮又有所抬头，欧美出版了不少乌托邦的著作。比较著名的有美国人爱得华·贝拉米所普的《回顾》（1889 年）、奥地利人西奥多·赫茨卡的《自由之乡：一个社会的理想》（1890 年）、威尔斯的《现代乌托邦》（1905 年）。此外，在澳大利亚，19 世纪 70 年代还流传着由法国人所传抄的查尔·赛克莱丁的《我的乌托邦》等。

19 世纪后半叶，有许多人在美国搞乌托邦的试验，据统计，1840 年到 1860 年间，在美国大约出现过 100 多个乌托邦公社。这些乌托邦公社在 20 世纪继续发展，其中相当一部分发展为各种形式的合作社。英国也有为数不少的合作社，其中属于乌托邦性质的大约有 20 多个，最有名的一个叫"老厅公社"。至今仍然有活力、在西方影响最大的乌托邦合作社是"隆哥·玛依"合作社，它是 60 年代末欧洲学生运动失败后，1973 年在法国南部出现的。现在在欧洲共有 6 个分支合作社，在南美也建立了 1 个分支合作社。目前，"隆哥·玛依"合作社有不断发展的趋势。类似的乌托邦公社在世界其他地方也不少，如西班牙的"孟德拉贡合作社"规模不小，经济实力相当可观，估计其资金在 40 亿美元左右。以色列的"基布兹"公社，在世界上的影响也相当大。"基布兹"是希伯来语"集体定居点"的音译，也有人把它译成"农业合作社"或"集体农庄"。这种组织形式早在本世纪初，在巴勒斯坦的犹太移民中就产生了。1909 年有一批东欧年轻犹太移民创建了一个名叫"克武查"的新型农业集体生产组织，它就是第一个"基布兹"。"基布兹"的基本原则是"各尽所能，各取所需"，它的一切财产和生产资料归全体成员所共有，成员之间完全平等，大家一起劳动，共同生活。"基布兹"内部没有金钱往来，成员没有任何报酬和工资。衣、食、住、行、教育、医疗，甚至到国外度假等的一切基本需要，全由"基布兹"提供。儿童从小就过集体生活，由"基布兹"的儿童之家统一抚养。"基布兹"的各种内部问题都由全体成员集体讨论，投票决定，领导机构也由民主选举产生，目前，在以色列共有 12 万多人生活在 270 多个"基布兹"。早年"基布兹"，农业是唯一的收入来源，现在大多数"基布兹"都发展起了工业及旅游业，甚至高科技，许多"基布兹"建立了大型的农工联合体，甚至跨国公司。这种，"基布兹"的跨国公司目前在中国的代表处就有十余家。尽管"基布兹"人口只占以色列的百分之五，但它对这个国家的影响却大大超过了它的人口比例。有许多名人政要前往参观，中国领导人李鹏于 1998 年，江泽民于 2000 年访问以色列时，曾参观过。

　　进入 20 世纪以后，又出现了一批新型的乌托邦思想家，如恩斯特·布洛赫（1885～1977 年），赫尔伯特·马尔库塞，特奥多·阿多尔诺（1903～1969 年），尤根·哈贝尔斯。他们以马克思主义为研究对象，被称作"西方马克思主义者"或"新马克思主义者"。他们分别提出了"具体的乌托邦"、"乌托邦革命"、"美学乌托邦"等概念。他们的共同点在于精神上追求完美，在精神上设计未来完美的社会蓝图，这是与古典乌托邦主义不同的。

案例 3　跑马乡的故事

　　1958 年我国出现了大跃进运动，这一年的 10 月中旬，湖北省当阳县跑马乡的党委书记在大会上宣布：11 月 7 日是社会主义结束之日，11 月 8 日是共产主义开始之日。会议开完，大家就上街去拿商店的东西。商店的东西拿完后就去拿别人家的，在乡里，你家的鸡，我可以抓来吃；这个队种的菜，别的队可以随便跑来挖。小孩子也不分你的我的了。只保留一条：老婆还是自己的。这位乡党委书记说，这一条还得请示上级。后来，湖北省的一位领导谈起此事说，这说明这位书记原则性还是很强的。这件事足可见当时急于向共产主义过渡所引起的思想混乱和社会后果。

案例 4　正在消失的三大差别

　　目前，从发达国家的工业和农业、城市和乡村、脑力劳动和体力劳动的外观来看，其差别已越来越小，有的已经基本消除。在这些围家里，高速公路四通八达，农舍院中停着高级轿车，电话、联网电脑、彩电、冰箱、自动燃油锅炉等已相当普及。工人和农民之间的生活质量和人的素质等方面的差别也基本消失。例如，美国、加拿大及西、北欧的农民大多摆脱了愚昧、落后和贫穷状态，他们中多数是大学毕业，有的还有农艺师、教授等职称或硕士、博士学位。农业生产不仅已经机械化，而且和工业、科技以及城市经济相连结。1998年，一位中国学者用一个月的时间走访美国农民，发现每家农户都拥有价值十多万美元的大型农业机械，拥有汽车、电话、电脑、电视、舒适的住房等物质生活条件，具有良好的文化素养。一位叫杰克的农民在家里通过电脑网络获得各种信息，指导农业生产；一位叫肯尼的农民不仅拥有几台大型收割机，每天还看芝加哥谷物交易所的市场行情，做期货套期保值，规避风险。在农业生产第一线，还有大量的农学博士、教授从事着农业技术开发、推广工作。在美国，城乡差别、工农差别在人们的观念中大多消失了。中国这位学者曾就上述问题问过马里兰农业大学校长米勒先生，回答是，美国根本没有瞧不起农民的意识和观念。

案例 5　傅立叶的悲哀

　　法郎斯瓦·马利·沙利·傅立叶（1772 ~ 1837）是 19 世纪初期法国的一位伟大的空想社会主义者。傅立叶对资本主义制度进行了全面而深刻的批判，他的理想社会是和谐制度，实行和谐制度的社会是什么样的呢？

和谐社会的基层组织是"法朗吉"，"法朗吉"一词来源于希腊语，意思是重型设备的步兵队形。傅立叶多次表示他们组织的有组织性。每个法朗吉规模应是1620人，因为在他的设想中人的性格共810种。法朗吉包括所有不同性格的人，并各有一副职，以换工种。全体居民住在叫"法伦斯泰尔"的宏伟建筑里，并设有权威评判会，称为"阶瑞斯"。这个漂亮的大厦中心是食堂、商场、俱乐部、图书馆、礼堂、电报局、气象台、花房，一侧是工厂，另一侧是旅馆、会议厅。人们在此过异常幸福的生活。

和谐社会的生产是"大规模的生产、高度的科学和优美的艺术"。生产部门主要是农业，同时兼营各种工业生产，"协作制度把工业生产只看做对农业的补充，看做是漫长的冬闲季节和倾盆大雨时期避免发生情欲消沉的一种手段。"

傅立叶的和谐社会的劳动是自由和多样化的，"法朗吉"人员人人参加劳动，每个人自由选择劳动，劳动时间按在"不同的谢利叶的工作小时计算"。例如，这个小时可以到牧马组，下个小时可以到园艺组种花，一天可换六七个组。

在消费品的分配上，傅立叶提出和谐社会的分配原则是按劳动、资本、才能分配，"法朗吉"总收入中十二分之五按劳分配，十二分之四按资本分配、十二分之三按才能分配。他认为这样可以使富人不厌恶劳动，穷人可以增加财富。傅立叶这样才能达到"普遍的和谐"和"阶级的融合"。

如何实现和谐社会呢？傅立叶认为，以前的社会之所以充满着罪恶，是因为人们还没有发现能够取代它的更好的社会。而现在他发明了和谐社会，只要人们了解了这个构想，就会自动建立起"法朗吉"和和谐社会。所以，傅立叶认为他所要做的就是让尽可能多的人，特别是王公贵族和富人了解"法朗吉"和和谐社会的好处，然后通过他们来建立"法朗吉"和实现和谐社会。于是傅立叶逢人就讲"法朗吉"的好处，宣传和谐社会，他还在外面打起了广告，请愿意与他创办"法朗吉"的人与他联系，而他自己则每天中午在家等候明智人士前来与他合作。遗憾的是，傅立叶在家等了一辈子，竟没有等到一个人来与他合作。

案例6 "跑步进入共产主义"

1958年5月中国共产党八大二次会议通过了"鼓足干劲，力争上游，多快好省地建设社会主义"的社会主义建设总路线。为贯彻这条路线，中央和毛泽东没有经过认真的调查研究和试点，就在总路线提出后轻率地发动了"大跃进"运动和农村人民公社化运动，出现了以高指标、瞎指挥、浮夸风和"共产风"为主要标志的所谓"跑步进入共产主义"的严重左倾错误。

急于求成的大跃进运动。

农业方面，毛泽东在《工作方法六十条》中，把农业纲要四十条中规定十五年达到的粮食亩产400、500、800斤指标，提前到五至八年达到。同时又提出："十年决定三年，争取三年内大部分地区的面貌基本改变……口号是苦战三年。"于是许多省区县又提出三年、二年达标。河南省甚至提出在1958年当年就达标。浮夸风愈演愈烈，1958年6月8日，河南省遂平县首先放出亩产小麦2105斤的"卫星"；江西省贵溪县又放出水稻亩产2340斤的"卫星"。开了这两个恶劣的先例，随后就"卫星"越放越大。

工业方面，脱离实际，急于赶超英美，从1958年5月到6月，仅一个月，1958年的钢产指标就由800万吨上升到1070万吨（内部下达的实际指标是1100，后来为了提高保险系数，又增加到1150），而1959年更是猛升到3000万吨；赶超英美的时间更是神奇地分别由15年缩到2年，25年缩到4年。于是在中国大地上，出现了空前绝后的6亿人民"大炼钢铁"的群众运动，据后来统计：1958年，全国共建手工操作（即"土法"生产）的小型工业企业121.5万个，共有工人（大部是农民）2489万人；主要作业由机器操作（即"洋法"生产）的小型企业7.5万个，职工840万人。至于各工厂、商店、学校、机关、农村业余"小土炉"就不计其数了。仅农村投入"小土炉"生产的劳动力，最多时就达6000万人以上。

农村人民公社化运动。

大跃进中出现的高指标和浮夸风，又推动着在生产关系方面急于向更高级的形式过度，毛泽东认为：农业合作社的规模越大，公有化程度越高，就越能促进生产，只要人为地改变所有制，就可以提前进入共产主义。毛泽东对集体所有制向全民所有制的过渡时间的估计，毛泽东认为快的三四年，慢的五六年或者更长一些时间就可完成。毛泽东认为中国进入共产主义时代，最迟到第四个五年计划完成即1972年就可以了。所以共产主义在我国的实现，已经不是什么遥远将来的事情了，我们应该积极地运用人民公社的形式，摸索出一条过渡到共产主义的具体途径。认为乡社合一，将来就是共产主义的雏形，毛泽东提出让农民过共产主义生活的设想：让农民一天干半天活，另外半天搞文化，学科学，搞文化娱乐，办大学、中学，搞全民武装，搞大地园林化，等等。全国农村掀起人民公社化热潮，有些公社迈出了向共产主义过渡的实际步伐。河北省徐水县几天之内，全县 248 个农业生产合作社宣布转变为人民公社。1958年 8 月 22 日，徐水县制订了《关于加速社会主义建设向共产主义迈进的规则（草案）》，规定 1959 年基本完成社会主义建设并开始向共产主义过渡，1963年进入共产主义社会。8 月 23 日，《人民日报》发表长篇报道，宣称："徐水的人民公社将会在不远的时期，把社员们带向人类历史上最高的仙境，这就是'各尽所能，按需分配'的时光。"

案例 7　千里之行　始于足下

凡是游过泰山的人都会知道，欲登玉皇顶，必须拾级而上，循序攀登。从岱宗坊起步，沿着 6000 多级石阶，一级一级向上走，经过红门到达中天门，再艰难跋涉十八盘，跨入南天门，最后才会有"一览众山小"的感觉。共产主义是人类的美好未来，争取实现共产主义的奋斗历程，犹如攀登泰山。通过实现一个阶段又一个阶段的最低纲领，最后实现自己的最高纲领——共产主义。江泽民同志在庆祝中国共产党成立 80 周年大会上的讲话中指出："在革命、建设和改革的各个历史阶段中，我们党既有每个阶段的基本纲领即最低纲领，也有确定长远奋斗目标的最高纲领。我们是最低纲领与最高纲领的统一论者。"

【游弋大千题海】

一、单项选择题

1. 在下列观点中，正确的是（　　）

A. 只有空想社会主义思想家预见了未来社会

B. 许多思想家都预见了未来社会

C. 只有唯心主义思想家预见了未来社会

D. 只有马克思列宁主义经典作家预见了未来社会

【答案】B

2. 采用"通过批判旧世界来发现新世界"方法的是（　　）

A. 空想社会主义者　　　　　　　B. 马克思主义

C. 唯物主义　　　　　　　　　　D. 唯心主义

【答案】B

3. "代替那存在着阶级和阶级对立的资产阶级旧社会的，将是这样一个联合体，在那里，每个人的自由发展是一切人的自由发展的条件"。这一段话出现在（　　）

A.《资本论》中　　　　　　　　B.《共产主义原理》中

C.《哥达纲领批判》中　　　　　D.《共产党宣言》中

【答案】D

4. "人的依赖性关系"指（　　）

A. 资本主义社会之前的人与人之间的关系

B. 资本主义社会之中的人与人之间的关系

C. 社会主义社会之前的人与人之间的关系

D. 共产主义社会之中的人与人之间的关系

【答案】A

5. "物的依赖性关系"是（　　）

A. 资本主义社会以前的人与人之间的关系

B. 资本主义社会之中的人与人之间的关系

C. 社会主义社会之中的人与人之间的关系

D. 共产主义社会之中的人与人之间的关系

【答案】B

6. 实现了人的"自由个性"的发展，是（　　）

A. 资本主义社会以前的人的生存状态

B. 资本主义社会之中的人的生存状态

C. 社会主义社会之中的人的生存状态

D. 共产主义社会之中的人的生存状态

【答案】D

7. "两个必然"和"两个决不会"是（　　）

A. 相互矛盾的　　　　　　　　B. 完全不同的两回事

C. 有着内在联系的　　　　　　D. 内容和形式的关系

【答案】C

8. "必然王国"和"自由王国"是（　　）

A. 空间性概念　　B. 物质性概念　　C. 历史性概念　　D. 时间性概念

【答案】C

9. 在马克思主义看来，消灭"三大差别"的关键在于（　　）

A. 消灭利益差别　　　　　　　B. 消灭城市和乡村的差别

C. 消灭脑力劳动和体力劳动的差别　D. 消灭工业与农业差别

【答案】A

10. 实行"各尽所能，按需分配"分配方式是（　　）

A. 原始社会　　　　　　　　　B. 阶级社会

C. 社会主义社会　　　　　　　D. 共产主义社会

【答案】D

11. 共产主义社会的物质基础是（　　）

A. 比资本主义社会高的社会生产力

B. 与发达资本主义国家相同的社会生产力

C. 远远高于以往一切社会的高度发达的社会生产力

D. 高新技术发达的生产力

【答案】C

12. 共产主义社会制度具有巨大优越性的根本保证是（　　）

A. 社会制度的和谐完善

B. 创造出前所未有的高水平的劳动生产率

C. 人的精神境界极大提高

D. 科学技术的不断进步

【答案】B

13. 阶级消灭和国家消亡的实现是在（　　）

A. 社会主义革命中　　　　　　B. 社会主义初级阶段

C. 社会主义高级阶段　　　　　D. 共产主义社会

【答案】D

14. 共产主义社会的本质因素是（　　）

A. 实现社会单一的公有制　　　B. 按需分配

C. 人的自由而全面发展　　　　D. 劳动生产率的极大提高

【答案】C

15. 人的发展和社会发展之间的关系是（　　）

A. 前者体现了个人价值，后者体现了社会价值

B. 前者是个人的理想，后者是社会的目标

C. 前者和后者是彼此独立的历史发展过程

D. 前者和后者互为前提和基础

【答案】D

16. 江泽民说："忘记远大理想而只顾眼前，就会失去前进方向，离开现实工作而空谈远大理想，就会脱离实际。""远大理想"是指（　　）

A. 共产主义远大理想

B. 建设中国特色社会主义共同理想

C. 个人对将来职业的向往与追求

D. 个人对美好生活的向往与追求

【答案】A

17. 属于自由王国社会状态的是（　　）

A. 资本主义社会　　　　　　B. 封建社会

C. 原始社会　　　　　　　　D. 共产主义社会

【答案】A

18. 自由王国是指人们（　　）

A. 处于绝对自由的原始社会状态

B. 不再受自然规律和社会规律支配的状态

C. 允许自由竞争的资本主义状态

D. 摆脱了自然和社会关系的奴役，成为自己社会关系主人的状态

【答案】D

19. 社会主义和共产主义都存在的经济关系是（　　）

A. 实行生产资料的社会公有制　　B. 实行按劳分配原则

C. 实行按需分配原则　　　　　　D. 实行商品经济、市场经济体制

【答案】A

20. 共产主义社会的必经阶段和必由之路是（　　）

A. 社会主义革命和无产阶级专政　　B. 向社会主义过渡时期

C. 社会主义初级阶段　　　　　　　D. 社会主义社会

【答案】D

二、多项选择题

1. 下列选项中属于共产主义含义的有（　　）

A. 共产主义是一种科学理论　　B. 共产主义是一种现实运动

C. 共产主义是一种社会制度　　D. 共产主义是一种社会理想

【答案】ABCD

2. 马克思主义经典作家与其他思想家预见未来社会的方法区别在于（　　）

A. 前者从客观规律出发，后者从理性出发

B. 前者侧重于一般特征的揭示，后者侧重于详尽细节的描绘

C. 前者通过批判旧世界发现新世界，后者凭空猜测无法知道的事情

D. 前者是乐观主义的态度，后者是悲观主义的态度

【答案】ABC

3. 下属现象中属于共产主义社会特征的有（　　）

A. 社会财富极大丰富，消费品按需分配

B. 社会财富极大丰富，消费品按劳分配

C. 社会关系高度和谐，人们的精神境界极大提高

D. 每个人自由而全面的发展

【答案】ACD

4. 马克思和恩格斯认为在共产主义社会将要消失的"三大差别"有（　　）

A. 资产阶级和无产阶级的差别 　　B. 工业和农业的差别

C. 城市与乡村的差别 　　　　　　D. 脑力劳动与体力劳动的差别

【答案】BCD

5. 共产主义是能够实现的社会理想的根据是（　　）

A. 以人类社会发展规律为依据的

B. 以资本主义社会基本矛盾的发展为依据的

C. 可以用社会主义运动的实践来证明的

D. 要靠社会主义的不断完善和发展来实现的

【答案】ABCD

6. 社会主义代替资本主义和最后实现共产主义的历史进程（　　）

A. 离不开工人阶级及其政党的能动性

B. 离不开社会主义国家建设事业的发展

C. 离不开世界社会主义运动的发展

D. 离不开马克思主义理论的指导

【答案】ABCD

7. 作为社会历史范畴，自由王国是指（　　）

A. 人们不受任何制约的自由状态

B. 人们完全认识了自然和社会历史的必然性

C. 人们摆脱了盲目必然性的奴役而成为自己和社会关系的主人

D. 共产主义的社会状态

【答案】BCD

8. 下列属于必然王国社会状态的有（　　　）

A. 奴隶社会　　　B. 封建社会　　　C. 资本主义社会　D. 社会主义社会

【答案】ABCD

9. 下列选项属于人类解放含义的有（　　　）

A. 完全摆脱自然力和社会关系　　　B. 获得绝对自由

C. 从自然必然性奴役下解放出来　　D. 从社会必然性奴役下解放出来

【答案】CD

10. 人的全面发展是指（　　　）

A. 德、智、体、美、劳各方面都得到发展

B. 人的需要的全面丰富和充分满足

C. 个人潜力和智能得到最大限度的发挥

D. 人的各种要求都能得到满足

【答案】ABC

11. 马克思主义认为，人的自由而全面的发展（　　　）

A. 是社会发展的根本目标

B. 是社会进步的重要内容

C. 既是社会发展的结果，又是社会发展的原因

D. 与社会政治、经济、文化的发展互为前提

【答案】ABCD

12. 下列共同理想与远大理想之间的关系，说法正确的有（　　　）

A. 实现了共同理想也就实现了远大理想

B. 实现共同理想是实现远大理想的必经阶段

C. 实现远大理想是实现共同理想的必然趋势和最终目的

D. 共同理想和远大理想是辩证统一的

【答案】BCD

13. 社会主义按劳分配的原则（　　　）

A. 实现了在分配上的真正平等　　　B. 默认劳动者不同的个人天赋

C. 体现着等价交换原则　　　　　　D. 有其历史局限性

【答案】BCD

14. 建设中国特色社会主义是（　　　）

A. 现阶段我党的低级纲领

B. 中华民族的共同理想

C. 世界社会主义运动的重要组成部分

D. 通向共产主义的康庄大道

【答案】ABCD

15. 关于共产主义理想，下列提法正确的有（　　）

A. 共产主义渺茫论

B. 共产主义是能够实现的理想

C. 在社会主义历史阶段不应树立共产主义理想

D. 共产主义理想的实现是一个漫长的历史过程

【答案】BD

16. 马克思说："无论哪一种社会形态，在它所能容纳的全部生产力发挥出来以前，是决不会灭亡的；而新的更高的生产关系，在它存在的物质条件在旧社会的胞胎里成熟以前，是决不会出现的。"这段话说明（　　）

A. 生产力的发展是促使社会形态更替的最终原因

B. 一种新的生产关系的产生需要客观的物质条件的成熟

C. 无论哪一种社会形态，当它还能够促进生产力发展时，是不会灭亡的

D. 社会形态总是具体的、历史的

E. 在一定程度上生产关系决定生产力

【答案】ABCD

17. 人类解放的含义包括（　　）

A. 人们获得绝对自由　　　　　B. 人类完全摆脱自然力和社会关系

C. 人从自然必然性奴役下解放出来　　D. 人从社会必然性奴役下解放出来

E. 人们的任何设想都能实现

【答案】CD

18. 必然王国和自由王国是两种不同的社会状态，这两种社会状态是（　　）

A. 共产主义以前的社会　　　　B. 共产主义

C. 社会主义　　　　　　　　　D. 资本主义

【答案】AB

19. 在共产主义社会里（　　）

A. 国家将消亡　　　　　　　　B. 阶级将消亡

C. 三大差别将消失　　　　　　D. 旧时的分工将消除

【答案】 ABCD

20. 共产主义社会的第一阶段的基本特征是（　　　）

A. 生产资料归全社会所有　　　B. 根据社会的需要，是有计划的

C. 按劳分配　　　　　　　　　D. 没有阶级对立和阶级差别

【答案】 ABCD

三、辨析题

1. 实现共产主义是合规律性与合目的性的统一。

【答案要点】

此观点正确。与自然规律一样，社会规律具有客观性，符合社会规律的事物必然要得到实现。而社会发展的基本规律已被历史唯物主义所揭示。根据历史唯物主义原理，资本主义社会由于其生产力与生产关系、经济基础与上层建筑的矛盾的不可调和性，它必将被更为高级的共产主义社会所替代。因而共产主义的实现是合规律的。同时，社会规律是在人们社会活动中起作用的，而人们的活动是有目的有意志的，因而社会规律的实现和发挥作用又离不开人的主观能动性。具体说来，共产主义的实现离不开工人阶级及其政党的能动性，离不开社会主义国家建设事业的推进，离不开世界社会主义运动的发展。因此，实现共产主义是合规律性与合目的性的统一。

2. 自由王国是在必然王国中自由时间积累的结果。

【答案要点】

此观点正确。在认识上，必然王国指人在认识和实践活动中，对客观事物及其规律还没有真正认识而不能自觉地支配自己和外部世界；自由王国指人在认识和实践活动中，认识了客观事物及其规律并自觉依照这一认识来支配自己和外部世界。在社会历史中，必然王国指人受盲目必然性支配，特别是受自己所创造的社会关系的奴役和支配的社会状态；自由王国指人自己成为自然界和社会的主人，摆脱了盲目性，能自觉创造自己历史的社会状态。人类真正进入自由王国也就是共产主义的实现。人类的认识史和社会史，都是从必然王国向自由王国发展的历史。必然王国向自由王国的发展是一个无限的过程。

一方面，必然王国和自由王国是历史发展的不同阶段，两者有着本质的区别；另一方面，进入自由王国所需的条件是在必然王国中积累起来的，表现为在必然王国中劳动时间不断缩减，自由时间不断增加。自由时间不断增加且得到合理的享用，人们在日益增加的自由时间中全面而自由的发展，是进入共产主义社会的基本条件。

3. 既然一国或少数国家可以实现社会主义，那么，一国或少数国家也可以实现共产主义。

【答案要点】

此观点错误。它混淆了实现社会主义与实现共产主义之间的区别。根据历史唯物主义和马克思恩格斯的设想，在共产主义社会中，人类社会关系高度和谐，阶级和国家都将消亡，"三大差别"也将消失，因而共产主义只能在全世界范围内才能实现。那么，怎样才能从一个有阶级有国家的社会发展到一个无阶级无国家的社会呢？根据历史唯物主义的原理，由于共产主义社会是与资本主义社会是性质迥异的社会，以及资产阶级将极力维护自己的利益，从资本主义直接进入共产主义是不可能，因此，又需要一个社会主义的发展阶段。也就是说，共产主义不是从发达资本主义，而是从高度发达的社会主义直接过渡的，建设社会主义实际上是实现共产主义的一种手段，一个必经阶段，即共产主义的实现和社会主义的实现两个完全不同的过程：社会主义是要从资本主义世界为实现共产主义开辟出一个新的天地，因而在资本主义内部经济和政治发展的不平衡性的情况下，一国或少数国家可以实现社会主义，并建设社会主义；而共产主义的实现却是世界社会主义高度发展的自然结果，意味着国家的消亡，不存在一国或少数国家实现共产主义的问题。

4. 空想社会主义的意义是同历史的发展成反比的。

【答案要点】

此观点正确。这是马克思和恩格斯在《共产党宣言》中对空想社会主义的历史意义做出的评价。马克思和恩格斯充分肯定了空想社会主义理论在历史上曾经发挥的重要作用，同时马克思主义认为，空想社会主义存在着严重缺陷：第一，空想社会主义没有发现资本主义的规律和资本主义雇佣劳动的本质，他们是从道德情感出发对资本主义进行批判的；第二，空想社会主义不承认无产阶级是变革资本主义世界，建设新世界的社会力量，宣扬天才论和唯心史观；第三，空想社会主义不懂得阶级斗争的意义，否认暴力革命的必要性，因而无法找到变革社会的现实道路。马克思主义认为，当无产阶级和资产阶级的矛盾尚未激化，无产阶级尚未觉悟时，空想社会主义理论对资本主义的批判具有解放人们的思想、启发人们的觉悟的积极作用。当无产阶级和资产阶级的矛盾已经激化，无产阶级革命已经付诸实践时，空想社会主义理论的局限和缺陷就日益暴露出来。

四、材料分析题

[材料1] 马克思的全部理论，就是运用最彻底、最完整、最周密、内容最丰富的发展论去考察现代资本主义。自然，他也就要运用这个理论去考察资本主义的即将到来的崩溃和未来共产主义的未来的发展。（《列宁选集》第3卷，人民出版社1995年版，第186页）

[材料2] 新思潮的优点又恰恰在于我们不想教条地预期未来，而只是想通过批判旧世界发现新世界。（《马克思恩格斯全集》第47卷，人民出版社2004年版，第64页）

[材料3] 在将来某个特定的时刻应该做些什么，应该马上做些什么，这当然完全取决于人们将不得不在其中活动的那个既定的历史环境。（《马克思恩格斯选集》第4卷，人民出版社1995年版，第643页）

[材料4] 我们可以绝对有把握地说，剥夺资本家一定会使人类社会的生产力蓬勃发展。但是，生产力将以什么样的速度向前发展，将以什么样的速度发展到打破分工、消灭脑力劳动和体力劳动的对立、把劳动变为"生活的第一需要"，这都是我们所不知道而且也不可能知道的。（《列宁选集》第3卷，人民出版社1995年版，第197~198页）

[材料5] 我们只能谈国家消亡的必然性，同时着重指出这个过程是长期的，指出它的长短将取决于共产主义高级阶段的发展速度，而把消亡的日期或消亡的具体形式问题作为悬案，因为现在还没有可供解决这些问题的材料。（《列宁选集》第3卷，人民出版社1995年版，第198页）

请回答：

（1）马克思主义在预测未来社会问题上的基本态度是怎样的？

（2）马克思主义是如何理解未来社会和现实社会的关系的？

【答案要点】

（1）马克思主义反对像空想社会主义者那样从主观愿望出发，详而又详地预测未来社会，他们只是在揭示人类社会发展一般规律的基础上指明社会发展的方向，在剖析资本主义社会旧世界中阐发未来社会的特点。

（2）马克思主义认为，人们现在的美好愿望和具体计划都不能对未来社会有任何作用，我们现在的实践活动是通向未来世界的，但进入理想社会需要我们长期的在实践中积累更多的条件。

【考研真题】

1.（2010年）1884年1月3日，意大利人卡内帕给恩格斯写信，请求他为即将在日内瓦出版的《新纪元》周刊的创刊号题词，而且要求尽量用简短的字句来表述未来的社会主义纪元的基本思想，以区别于伟大诗人但丁的对旧纪元所作的"一些人统治，另一些人受苦难"的界定。恩格斯回答说，这就是："代替那存在着阶级和阶级对立的资产阶级旧社会的，将是这样一个联合体，在那里，每个人的自由发展是一切人的自由发展的条件。"这段话表明，马克思主义追求的根本价值目标是（　　）

A. 实现人的自由而全面的发展

B. 实现人类永恒不变的普适价值

C. 建立一个四海之内皆兄弟的大同世界

D. 建立一个自由、平等、博爱的理性王国

【答案】A

【分析】本题考查的是马克思主义对于共产主义社会的最终目标的描述。

2.（2010年）1981年党的十一届六中全会通过《关于建国以来党的若干历史问题的决议》对我国社会主要矛盾作了规范的表述："社会主义改造完成以后，我国所要解决的主要矛盾，是人民日益增长的物质文化需要同落后的社会生产之间的矛盾。"我国社会主要矛盾的主要方面将长期是（　　）

A. 生产力落后　　　　　　　　B. 生产力不断发展的要求

C. 经济文化发展不平衡　　　　D. 人民日益增长的物质文化需要

【答案】A

【分析】本题考查的是我国社会主义初级阶段主要矛盾的主要方面。社会主义初级阶段作为中国进行社会主义建设所需要经历的特殊阶段，其主要矛盾也是中国所特有的，把握社会主义初级阶段的主要矛盾，尤其是矛盾的主要方面，对于我们完成社会主义初级阶段的各项建设任务具有基础性的意义。

3.（2010年）"发展才是硬道理"、"发展是党执政兴国的第一要务"、"发展是解决中国一切问题的总钥匙"，这是对社会主义建设历史经验的深刻总结。中国解决所有问题的关键是要靠自己的发展，而发展的根本目的是（　　）

A. 增强综合国力

B. 体现社会主义优越性

C. 消灭剥削，消除两极分化

D. 使人民共享发展成果，实现共同富裕

【答案】D

【分析】本题考查的是我国社会主义建设的根本目的。实现人的自由全面的发展是共产主义社会的最终目标。我们虽然处在社会主义社会的初级阶段，在目前情况下还无法完成认得自由全面发展的任务，但是，对于这一目标的追求应该成为我国进行一切工作的根本价值追求。

4.（2010年）分析题：

材料一：新中国成立60年来，党和政府高度重视社会发展事业，着力保障和改善民生。改革开放以来，在社会建设方面取得显著成就。废除农业税，使延续几千年的"皇粮国税"成为历史。随着经济社会发展，人民生活水平显著改善，"吃穿住行用"水平显著提高。从1949年到2008年，城市人均住宅建筑面积和农村人均住房面积，已分别从6.7平方米和8平方米增加到30.0平方米和32.4平方米。2008年城乡居民你人民币储蓄存款余额达4.8万亿元，比新中国成立初期1952年增加32.5万倍。

我们在看到成绩的同时也要清醒认识到我国是世界上最大的发展中国家，人口众多，经济发展起点低，地区之间，城乡之间发展不平衡，造成社会保障体系建设与经济社会发展还有不适应之处，与人们的期望功能和需求还有一定差距。

摘编自《人民日报》，《理论热点面对面2009》

材料二

2007年10月党的十七大对医药卫生事业的发展做出了整体规划。2009年四月，新医改《意见》和《实施方案》正式推出。新医改明确建立了覆盖城乡居民的基本医疗卫生制度的任务和工作。

国务院决定从2009年开始在10%的县（市、区）实行新型农村社会养老保险的试点，2020年前将覆盖全国农民。60岁后享有"普惠式养老金"，对广大农民来说，是一条振奋人心的利好消息。农民在"种地不交税、上学不付费、看病不太贵"之后，又向"养老不犯愁"的新梦想迈出了坚实的一步。

（摘编自人民网 中国网）

①为什么在紧急发展的同时要加快推进以改善民生为重点的社会建设？

②如何推进以改善民生为重点的社会建设？

【答案】

（1）新中国成立60多年，特别是改革开放30多年以来，我们在社会建设方面取得了巨大的成就，人民生活显著改善，各项事业稳步推进。但也要看到，我国仍然处在社会主义的初级阶段，这一基本国情决定了我们在加快经济建设的同时，继续坚持不懈的实施社会建设；特别是与人民生活密切相关的民生建设，是我们现阶段构建社会主义和谐社会的工作重点，要常抓不懈。加快推进以改善民生建设为重点的社会建设其重要意义在于：改善民生是党的性质和宗旨的本质体现；如何把人民群众最关心的民生问题解决好，是对党的执政能力的重要检验。改善民生是贯彻落实科学发展观的必然要求。科学发展观的核心是"以人为本"，以人为本就是要不断地满足人民群众日益增长的物质文化需要，就是要提高人民的幸福指数；改善民生是发挥社会主义制度优越性的客观需要。在解放生产力、发展生产力的基础上，高度关注民生，注重改善民生，使劳动人民创造的一切财富为全民共同享有。改善民生是构建社会主义和谐社会的重要基石；构建社会主义和谐社会的核心是解决利益平衡和利益兼顾问题，维护社会公平正义。而改善民生问题，特别是解决困难群众的民生问题，是推进社会公平正义，进而实现和谐社会的基本条件。最后，改善民生是社会主义现代化建设的重要保证。我国的民生问题面临诸多新课题、新矛盾，这些问题迫切需要我们尽快加以解决，否则不仅影响经济社会的发展，还将危及社会的稳定，影响社会现代化建设的进程。因此，我们必须采取措施，把保障民生、改善民生摆在更加突出的位置。

（2）加快推进以改善民生为重点的建设其基本要求是：积极解决好教育、就业、收入分配、社会保障、医疗卫生等直接关系到人民群众根本利益和现实利益问题；优先发展教育，建设人力资源强国；实施扩大就业的发展战略，促进以创业带动就业；深化收入分配制度改革，增加城乡居民收入；加快建立城乡居民的社会保障体制，保障人民基本生活，建立基本医疗卫生制度，提高全民健康水平；完善社会管理，维护社会安定团结。

【小实验】

［材料1］法国前总理若斯潘认为，既然狂风暴雨的时代已经来临，人们也就不再可能否认无控制的资本主义可能带来的危害了，即使是那些最能吹捧

经济自由主义、不受边界限制的全球化以及市场法则的人也无法做到这一点。资本主义最坏的敌人可能就是资本主义本身。

［材料2］由于资本主义使人类屈从于经济，它腐蚀了人类关系，破坏了社会基础，产生了道德真空，在那里，除了个人的欲望外，别的什么都没有价值。人类不适应资本主义，资本主义要求没完没了地提高生产率，机器和产品可以变得越来越便宜，但人类本身并没有因此而改变。当效率的提高导致失业时，人类的生活就会变得绝望起来，他们只能靠福利和犯罪生存。社会主义者就是要提醒世界，应该放在第一位的是人而不是生产。不能为了经济目的而牺牲任何人。这种对普通人的关注正是社会主义所主张和关心的。（［英］埃里克·霍布斯鲍姆：《从历史看社会主义的未来》，载《马克思主义与现实》1998年第2期）。

［材料3］人们需要的不仅是比过去更好的社会，而是像社会主义者一贯坚持的那样，需要的是一个与现状不同的社会，这一社会不仅能使人性从不受控制的生产中制度中得到拯救，还能使人类的生活变得有价值，不仅舒适，还有尊严。（［英］埃里克·霍布斯鲍姆：《从历史看社会主义的未来》，载《马克思主义与现实》1998年第2期）。

请回答：

（1）上述外国学者主要指出了资本主义制度什么弊病？

（2）社会主义如何应对21世纪的世界性挑战？

参考答案：

（1）上述外国学者认为资本主义社会存在着不可调和的矛盾，其中，过分注重物质生产和经济利益，而忽略对普通人的价值和尊严的尊重是资本主义制度的主要弊病。

（2）21世纪，人类面临环境问题、贫富差距悬殊、普通人的权利等方面问题的挑战，社会主义和资本主义也针对这些问题的解决展开了竞争。为了迎接挑战，大多社会主义国家进行了改革，中国特色社会主义建设就是中国共产党人选择的应对21世纪世界性挑战的具体道路。

【求索参考资料】

一、马克思主义经典著作

1. 恩格斯：《共产主义原理》，《马克思恩格斯选集》第1卷，人民出版社

1995 年版。

2. 马克思和恩格斯：《共产党宣言》，《马克思恩格斯选集》第 1 卷，人民出版社 1995 年版。

3. 马克思：《哥达纲领批判》，《马克思恩格斯选集》第 3 卷，人民出版社 1995 年版。

4. 恩格斯：《社会主义从空想到科学的发展》，《马克思恩格斯选集》第 3 卷，人民出版社 1995 年版。

5. 列宁：《国家与革命》，《列宁选集》第 3 卷，人民出版社 1995 年版。

二、其他参考书目

1. 邓小平：《一靠理想二靠纪律才能团结起来》，《邓小平文选》第 3 卷，人民出版社 1993 年版。

2. 江泽民：《在庆祝中国共产党成立八十周年大会上的讲话》，人民出版社 2001 年版。

3. 胡锦涛：《树立和落实科学发展观》，《保持共产党员先进性教育读本》，党建读物出版社 2005 年版。

4. 胡锦涛：《在"三个代表"重要思想理论研讨会上的讲话》，人民出版社 2003 年版。